생전예수재 연구

프라즈냐 총서
47

생전예수재 연구

| 생전예수재의 현장론적 이해와 의례의 축제성을 중심으로 |

승범 著

서문

한국불교의 큰 특징 중 하나는 재의식이라 할 수 있다. 재의식은 석가모니부처님의 가르침을 가장 효율적으로 표현하여 전달하는 역할 뿐만 아니라, 한국을 대표하는 문화로서의 위상을 가지고 있다. 대표적으로 세계문화유산에 등재된 '영산재', 그리고 국가무형문화재인 '수륙재'와 새로이 지방문화재로 등재된 '생전예수재' 등이 있다.

한편 한국불교에서의 재의식은 종교의식과 더불어 축제의식이기도 했는데, 이는 다양한 기록으로 확인할 수 있다. 특히 '생전예수재'는 지역적 문화의 특색과 축제적 성격이 더욱 강하게 내재되어 있는 의식이라는 점에서 다른 재의식과 차별성을 갖는다.

필자는 갓 출가하여 아무것도 모르던 시절 머리를 깎아주신 은사스님으로부터 "중으로 밥이라도 먹으려면 염불이라도 잘 해야 한다"라는 말씀과 함께 각종 재의식을 배울 수 있었다. 이 책은 그중 '살아생전 자신을 위한 의식'이라는 독특한 성격을 가진 '생전예수재'에 대한 연구로, 생전예수재의 신앙적 의미, 의례의 구조, 구체적인 설행 양상, 축제적 성격 등을 고찰하였다. 그 구체적인 전개 방식을 보면 다음과 같다.

첫째, 먼저 생전예수재를 살피는 데 기반이 되는 내용을 살펴보았다.

즉 불교 재회의 기원과 성립에서 시작하여 생전예수재의 역사적 전개 과정을 살피고, 의식집에 근거하여 의례의 기본 구성과 특성을 검토하였다. 아울러 예수재가 어떠한 신앙적 배경을 지니고 있는지에 대해 분석하였다.

둘째, 조계사·통도사·봉원사·광제사·구인사·보문사 등 6개 사찰의 설행사례를 살펴 각 사찰에서 생전예수재가 전승된 내력과 전개과정, 의례의 구성과 진행과정, 설단과 장엄 등을 파악하였다.

셋째, 6개 사찰의 사례를 바탕으로 현재 설행되는 생전예수재의 보편성과 특수성을 분석하였다. 구체적으로는 의례에서 사용하는 의문儀文과 의례절차, 설단과 장엄, 범패와 작법 설행, 신도들의 참여 방식 등으로 구분하여 오늘날 설행되는 생전예수재의 다각적인 면모를 이해하고자 하였다.

넷째, 6개 사찰의 사례를 바탕으로 생전예수재가 지닌 축제적 성격을 분석하였다. 다양한 형태의 탑돌이에 내재된 연희적 요소와 화청 등의 음악적 요소가 어우러진 축제성을 살펴보고, 생전예수재의 이러한 특성을 한국인의 죽음준비 문화에서 나타나는 축제성과 연계하여 살펴보았다.

이 책은 이런 분석을 통해 생전예수재가 한국불교의 문화적 다양성을 내포한 우수한 전통문화라는 것을 보여주고자 한다. 아울러 이 책이 이제 발걸음을 뗀 생전예수재에 대한 관심과 연구의 활성화에 작은 보탬이나마 되었으면 하는 마음이다.

10년도 더 지난 어느 무더운 여름날 홀린 듯 수시모집에 응시하여 가게 된 대학, 그곳에서 무심한 듯 '열심히 공부하세요'라는 한마디의 인연으로 묵묵히 이끌어주고 바라봐주신 스승 법현스님께 다시 한번 큰 감사의 인사를 드립니다.

또한 본서가 있기까지 도움을 주신 백원기 교수님, 홍윤식 교수님, 차차석 교수님, 구미래 교수님, 운주사 김시열 대표님, 그리고 부족한 필자를 승려의 길로 이끌어주신 은사 원봉스님, 사형 승수스님과 그 외 모든 분들에게 감사의 말씀을 드립니다.

2020년 3월
승범 합장

I. 서론

한국의 불교의례는 대체로 전문의식專門儀式과 일용의식日用儀式의
두 가지로 구분된다. 전문의식은 범패梵唄와 작법作法의 전문적 기능을
갖춘 어산魚山이 진행하는 의식이다. 상주권공재常住勸供齋, 각배재各
拜齋, 영산재靈山齋, 생전예수재生前豫修齋, 수륙재水陸齋 등이 있다.
일용의식은 평염불로 일상생활에서 행하는 의식으로 조석예불이 대표
적이다.[1]

　전문의식 가운데 영산재·수륙재·생전예수재 등의 대형 재회齋會는
불교의 심오한 사상과 교리를 종합예술의 방식으로 표출하는 법회이자
죽음의 문제를 다루는 천도재薦度齋의 성격을 지닌다. 그 가운데 생전
예수재는 영산재나 수륙재와는 그 성격이 많이 다르다. 일반적인
천도재가 산 자들이 망자를 위해 치르는 의례라면, 생전예수재는
살아 있을 때 자신의 사후를 위해 치르는 의례이기 때문이다.

---

1 법현, 『불교무용』(운주사, 2002), p.23.

14

 '생전예수재'는 말 그대로 '생전生前에 미리(豫) 닦는(修) 재齋'를 뜻하는데, 여기에 독특한 불교사상이 내재되어 있다. '업業'에 따른 육도윤회六道輪廻 사상에 의해 "사람은 누구나 전생에서 왔으며, 전생에서 지은 죄업에 의해 빚을 가지고 태어나므로, 전생의 빚을 갚아야 한다."는 것이 생전예수재가 지닌 전제이자 목적이다. 따라서 동참자들이 의례의 주인공이다. 다양한 불교의례 가운데 재가불자들의 직접적인 참여도가 가장 높은 의례가 생전예수재라 할 수 있다.

 생전예수재는 또한 사후심판을 두려워하는 중생심이 의례의 근원을 이룬다. 살아 있는 동안 자신의 죄업을 살피고 수행하므로 사회적으로 권선징악의 가치를 확산시키는 긍정적 역할을 한다. 이와 같이 생전예수재는 한국인의 죽음관과 함께한 불교의례이자, 옛 사람들의 죽음에 대한 의문에 나름의 답을 내리고 위안을 주는 역할을 해왔다.[2]

 이처럼 산 자들이 자신의 극락왕생을 위해 치르는 의례이다보니 죽음의례가 지닌 엄숙함보다는 축제적 성격이 커진다. 더불어 자연스럽게 민속적 요소들이 많이 개입되면서 때로는 잔치와 같은 모습이 드러나기도 한다. 자신의 전생 빚을 갚을 금은전을 머리에 이고 부처님과 명부시왕의 위신력을 빌며 탑돌이를 한다. 또한 아미타부처님의 원력으로 극락정토에 나아가기를 염원하며 가마나 반야용선을 타는 이들은 죽음을 세상의 끝이 아니라 새로운 세상으로 나아가는 기쁨으로 받아들인다. 부처님이 상주하는 근엄한 법당은 스님의 화청소리에 춤을 추고 놀 수 있는 축제의 장으로 변하는 것이 생전예수재이다.

2 홍윤식, 「생전예수재, 기복 아닌 課業 성찰이 목적」, 현대불교, 2016년 12월 23일 기사.

생전예수재가 지닌 특성을 보면 일련의 '죽음준비 문화'와 궤軌를 같이한다는 사실을 알 수 있다. 한국의 죽음준비 문화는 오랜 역사에 걸쳐 기록으로 나타나고 있다. 특히 '공달', '여벌달'이라 부르는 윤달에 죽음을 준비하는 일련의 윤달문화가 활발하게 전승되어왔다. 생전예수재 또한 이러한 윤달문화와 깊이 결합되어 있음은 주지의 사실이다. 윤달에 '수의壽衣' 만드는 일, 영남지역에서 윤달에 치르는 '산오구굿', 고창의 윤달 '답성踏城놀이' 등이 대표적 윤달 풍속이다. 생전예수재 또한 윤달의례라는 인식이 형성되어 윤달이 드는 해에 전국의 각 사찰마다 생전예수재를 성대히 설행하고 있다.

현재 불교계에서는 포교의 방편 차원에서 불교의례를 문화콘텐츠화하기 위해 다양한 노력을 기울이고 있다. 대표적인 사례로 1996년 예술의 전당 야외광장에서 동국대 한국음악과 교수인 법현에 의해 영산재가 최초로 무대화되었다.[3] 이후 2003년 〈니르바나〉[4]라는 작품을 통해 본격적인 문화콘텐츠의 일환으로 영산재가 공연되었다. 이에 비해 수륙재와 생전예수재는 본격적인 연구가 늦게 시작되었으나, 영산재 못지않은 의례의 서사구조와 극적劇的 공연 내용을 지녔다. 따라서 무대화뿐만 아니라 다양하고 복합적인 문화콘텐츠로 확대할 수 있다고 생각된다. 특히 생전예수재가 지닌 축제성, 재자齋者가 곧 의례대상이 되는 주체와 객체의 동일성 등은 의례를 통해 불교와 대중이 만날 수 있는 접점이 매우 크다는 점에서 많은 시사점을 지닌다.

최근 들어 생전예수재에 대한 중요성이 확산되면서 활발한 연구가

---

3 1996년 9월 15일, 예술의 전당에서 '영산재'를 2시간 공연함.
4 2003년 11월 4일, 국립극장 달오름 극장에서 공연함.

이루어지고 있다. 지금까지는 생전예수재의 유래 및 문헌에 나타나는 역사적 흐름 고찰, 생전예수재의 사상과 신앙적 측면에 대한 연구 등이 주를 이루었다. 의식의 구성과 진행절차에 대한 현장론적 연구는 이제 시작 단계이다. 그렇기 때문에 각 지역에서 설행하는 생전예수재의 현장론적인 이해와 민속문화의 결합성 등을 연구할 필요성이 대두되고 있다.

한국의 전통 불교의례 가운데 국가무형문화재는 제50호 영산재, 제122호 연등회, 제125호 삼화사수륙재, 제126호 진관사수륙재, 제127호 아랫녘수륙재 등이 있다. 지방무형문화재로는 수륙재가 인천·부산·충남·전북 등 여러 지역에서 지정되어 있다. 특히 영산재는 유네스코 세계무형문화유산[5]으로 등재되어 한국 불교의례의 대표성을 지니게 되었다. 이로 인해 불교의례 연구는 봉원사 영산재를 중심으로 범패의 음악적 분석과 불교의식무인 작법무作法舞 연구가 주를 이루게 되는 편중현상이 심화되었다.[6]

생전예수재는 수륙재·영산재와 더불어 우리나라 불교 3대 재회의 하나이다. 이들은 각각 신앙적 의미가 상이함에 따라 그 의례적 구조도 차이점을 보인다. 영산재와 수륙재는 무형문화재로 지정하여 보존하고 있으나, 예수재는 그 특수성이 인정됨에도 불구하고 문화재 지정에서 제외되어 있어 체계적이고 연속적인 전승이 어려운 실정이다.[7]

---

5 2009년 9월 30일 아랍에미리트 아부다비에서 열린 유네스코 4차 무형문화유산 정부간위원회에서 등재되었다.

6 법현, 『불교의식음악 연구』(운주사, 2012).
　채혜련, 『영산재와 범패』(국학자료원, 2011).

지금까지 불교의례를 보는 관점의 하나로 생전예수재가 영산재의 하위의례라는 인식이 있어 왔다. 이러한 인식 때문에 근래 무형문화재 지정 움직임이 활성화되기 전까지는 이에 대한 연구가 거의 이루어지지 못하였다. 그러나 생전예수재는 신앙적 의미뿐만 아니라 의례의 구조와 특성에서 영산재·수륙재와 큰 차이를 지니고 있어 보다 체계적인 관심이 필요한 시점이다.

이러한 배경을 바탕으로 본서는 생전예수재를 설행하는 종단별·지역별 대표적인 6개 사찰의 현장연구를 통해 의례의 핵심을 이루는 구성과 진행과정, 설단과 장엄, 신도들의 참여 방식을 살펴 한국의 생전예수재가 지닌 현재적 의미와 특성을 분석하고자 한다. 그리고 이를 통해 생전예수재가 가지는 축제성과 우수한 문화예술성을 탐색하여 문화콘텐츠화의 다양한 기반을 마련하고자 한다.

따라서 본서는 생전예수재의 설행양상을 살피는 데 우선 초점을 두었다. 한국불교의 대표종단인 대한불교조계종(이하 '조계종'이라 칭함)·한국불교태고종(이하 '태고종'이라 칭함)·대한불교천태종(이하 '천태종'이라 칭함)과, 예수재를 활발하게 설행하고 있는 유일한 비구니종단인 대한불교보문종(이하 '보문종'이라 칭함)의 사찰을 포함하였다. 이러한 종단들의 특성이 어떻게 다른가에 주목하였다.

특히 본사·본산은 해당 종단에서 설행하는 의례의 표본을 담고 있다는 점에서, 이들 각 종단의 본사인 조계종 조계사曹溪寺, 태고종 봉원사奉元寺, 천태종 구인사救仁寺, 보문종 보문사普門寺를 대상으로

---

7 홍윤식, 「구인사 예수재의 전통과구성」, 『구인사 생전예수재 학술조사보고서』(대한불교천태종 (사)진단전통예술보존협회, 2015), p.15.

하였다. 조계종과 태고종의 양대 종단에 대해서는 지역적 특성을 살피기 위해 서울지역뿐만 아니라 경남의 두 사찰, 조계종 양산 통도사 通度寺와 태고종 밀양 광제사廣濟寺를 포함하였다. 따라서 4개 종단과, 서울·충청·영남의 3개 지역을 아울러 살펴보는 셈이다.

〈표 1〉 조사 대상 종단과 사찰

종단	지역	사찰명	조사대상 예수재 설행일시	참조
조계종	서울	조계사	2015. 11. 20~21	본사
	경남 양산	통도사	2014. 11. 16	
태고종	서울	봉원사	2014. 10. 30	본산
	경남 밀양	광제사	2016. 10. 14	
천태종	충남 단양	구인사	2015. 05. 02	본사
보문종	서울	보문사	2014. 11. 17	본사

본서는 예수재의 참관을 통한 현장연구를 기반으로 하였으며, 그 외에 관련 연구자료와 각종 자료를 참조하는 문헌연구를 병행하였다. 조사대상으로 참관한 이들 사찰의 생전예수재는 2014년 10월부터 2016년 10월에 이르기까지 2년 정도의 간격을 두고 비교적 인접한 시기에 설행된 사례들이다. 생전예수재가 윤달에 집중적으로 이루어지는 특성상 모든 사찰의 의식을 참관하지는 못하였다. 직접 참관하지 못한 봉원사와 통도사의 경우 사진·동영상·관련보고서 등 관련자료 및 해당사찰 승려와의 면담을 통해 분석하였다.

특히 봉원사의 생전예수재를 살핌에 있어서는 인근의 홍은동 백련 사, 지금은 양주로 이전한 옛 안정사(청련사)의 자료를 함께 검토하였다. 이 두 사찰은 태고종 소속이다. 태고종의 총본산 봉원사와 같은 지역에 있어서 의식에 큰 차이가 없으므로, 봉원사의 부족한 자료를 이들 사찰에서 살필 수 있기 때문이다.

아울러 여러 사찰의 생전예수재를 대상으로 하지만 연구가 지니는 한계도 있는데, 이는 종단별·지역별 생전예수재의 특성과 차이를 본격적으로 비교, 분석하지 못하였다는 점이다. 본서의 목적이 다양한 종단과 지역의 생전예수재를 살핌으로써 개괄적으로나마 현재의 설행 양상을 파악하고, 의례가 지닌 다각적인 의미를 살피는 데 있기 때문이다. 향후 이러한 개괄적 연구를 기반으로 보다 체계적인 비교, 분석 연구에 매진하고자 한다.

II. 생전예수재의 전개와 사상적 배경

1. 재회의 기원과 성립배경

한국불교는 자리이타행自利利他行을 통하여 보살(Bodhisattva)사상
을 구현한다는 대승불교 정신을 표방한다. 보살사상의 중요한 이념은
자기가 쌓은 선근공덕을 남을 위해 돌리겠다는 회향廻向과 중생을
구제하겠다는 서원誓願으로 나누어 볼 수 있다.[8] 보살의 공덕을 통해
중생을 구제하고자 하는 이러한 관념은 정토교淨土敎와 같은 타력적
신앙을 크게 성행시켰다. 천오백여년 동안 사상과 문화의 근간을
이루어 한국적 불교의 전반에 대해 지대한 영향을 주었다. 그러한
결과로 한국불교는 미타신앙, 관음신앙, 지장신앙, 미륵신앙 등이
대표적 신앙으로 자리를 잡아 지금까지 이어져오고 있다.

---

8 김태훈, 「한국 지장신앙의 사상적 연원」, 『한국종교』 34집(원광대학교 종교문제연구
　소, 2010), p.210.

이에 따라 한국불교의 의례와 의식은 정토신앙과 밀교의식을 중심으로 이루어졌다. 여기에 화엄신앙과 법화신앙이 가미되었고, 토속신앙인 산악숭배신앙과 칠성신앙, 그리고 도교적인 신앙이 두루 섞여 있다.[9]

한국불교가 가지는 가장 큰 특징 중 하나가 재회齋會라 할 수 있다. 불가의 재는 '베풀다'라는 의미를 지니고 있다. 재는 살아 있는 자와 죽은 자 모두에게 불법을 일러주는 의식이다. 죽은 자를 위한 천도재薦度齋는 상주권공재常住勸公齋, 대례왕공재大禮王供齋, 영산재靈山齋, 수륙재水陸齋 등이고, 살아생전에 재를 올리는 생전예수재가 있다. 또한 재는 설행의 목적에 따라 수륙재, 예수재, 각배재(시왕각배재), 영산재로 구분된다.[10]

한국불교에서 재회의 성격을 지닌 최초의 불교의례는 팔관회八關會에서 찾을 수 있다. 팔관회는 신라시대부터 호국적인 성격의 불교의례로 개최되었다. 사료에 나타난 신라의 팔관회는 네 차례이며 내용은 다음과 같다.

첫 번째는 진흥왕 12년(551) 거칠부居柒夫가 고구려를 공격하고 혜량법사慧亮法師를 모시고 왔을 때, 진흥왕이 혜량을 승통僧通으로 삼아 처음으로 백좌강회百座講會[11]와 팔관법을 설치하였다는 내용이다.

---

9 강동균, 「淨土信仰에 있어서 儀禮·儀式의 意義」, 『정토학연구』 제6(한국정토학회, 2003), p.11.

10 심상현, 「靈山齋 成立과 作法儀禮에 關한 硏究」, 위덕대학교 박사논문, 2011, p.16.

11 百高座法會, 백 명의 고승을 초청하여 행하는 큰 법회

진흥왕 12년 신미에 왕이 거칠부와 구진 대각찬, 비태 각찬, 탐지 잡찬, 비서 잡찬, 노부 파진찬, 서력부 파진찬, 비차부 대아찬, 미진부 아찬 등 여덟 장군으로 하여금 백제와 협력하여 고구려를 공격하도록 명령하였다. 백제인들이 먼저 평양을 격파하고, 거칠부 등은 승세를 몰아 죽령 이북 고현 이내의 10개 군을 빼앗았다. 이때 혜량 법사가 무리를 이끌고 길가에 나와 있었다. 거칠부가 말에서 내려 군례로써 읍배하고 앞으로 나아가 말하였다. '옛날 유학할 때 법사님의 은혜를 입어 성명을 보전하였는데, 오늘 우연히 만나게 되니 무엇으로 은혜를 갚아야 할지 모르겠습니다.' 법사가 대답하였다. '지금 우리나라는 정사가 어지러워 멸망할 날이 얼마 남지 않았으니, 너의 나라로 데려가 주기를 바란다.' 이에 거칠부가 그를 말에 태워 함께 돌아 와서 왕에게 배알시키니, 왕이 그를 승통으로 삼고 처음으로 백좌강회를 열고 팔관법을 실시하였다.[12]

두 번째는 진흥왕 33년(572)에 전사한 장병을 위하여 팔관회를 외사外寺에서 7일 동안 베풀었다는 내용이다.

---

12 『三國史記』卷4 列傳第4 居柒夫, "眞興大王 … 十二年辛未, 王命〈居柒夫〉及〈仇珍〉大角湌·〈比台〉角湌·〈耽知〉迊湌·〈非西〉迊湌·〈奴夫〉波珍湌·〈西力夫〉波珍湌·〈比次夫〉大阿湌·〈未珍夫〉阿湌等八將軍, 與〈百濟〉侵〈高句麗〉. 〈百濟〉人先攻破〈平壤〉, 〈居柒夫〉等, 乘勝取〈竹嶺〉以外, 〈高峴〉以內十郡. 至是, 〈惠亮〉法師, 領其徒, 出路上, 〈居柒夫〉下馬, 以軍禮揖拜, 進曰: '昔, 遊學之日, 蒙法師之恩, 得保性命, 今, 邂逅相遇, 不知何以爲報.' 對曰: '今, 我國政亂, 滅亡無日, 願致之貴域.' 於是, 〈居柒夫〉同載以歸, 見之於王, 王以爲僧統, 始置百座講會及八關之法."

33년(572)··· 겨울 10월 20일에 전쟁에서 죽은 사졸을 위하여 바깥의
절外寺에서 팔관연회八關筵會를 열어 7일 만에 마쳤다.[13]

세 번째는 자장慈藏이 중국 태화지太和池 옆을 지날 때 신인神人이
나타나서 "황룡사 구층탑을 세우면 나라가 이로우리니 탑을 세운 뒤에
팔관회를 베풀고 죄인을 구하면 외적이 해치지 못한다."라고 하는
내용이다.

본국으로 돌아가서 절 안에 9층탑을 이룩하면 이웃나라는 항복하고
9한九韓이 와서 조공하여 왕업이 길이 편안할 것이요, 탑을 세운
후 팔관회를 베풀고 죄인을 사면하면 외적이 침해하지 못할 것이오.[14]

네 번째로, 효공왕 3년(899) 11월 궁예가 팔관회를 개최하였다.[15]
『삼국사기』와 『삼국유사』에 수록되어 있는 네 번의 신라 팔관회는
모두 호국적 성격을 지니며, 불교와 밀접한 관계가 있다. 법흥왕은
불교를 국교로 정하여 행정적 중앙집권의 강력화를 추진하였다. 이어
진흥왕은 부족 고유의 토속신앙을 통합하기 위하여 사찰에서 재래의
산천용신제山川龍神祭와 시월제천(十月祭天: 東盟. 추수를 끝내고 하늘에

---

13 『三國史記』卷4 新羅本紀 第4, "冬十月二十日, 爲戰死士卒設八關筵會, 於外寺七
日罷."

14 『三國遺事』卷4 塔像, "歸本國成九層塔於寺中, 隣國降伏九韓來貢, 王祚永安矣建
塔之後, 設八關會, 敕罪人則外賊不能爲害."

15 『三國史記』卷50, 列傳第10 弓裔, "冬十一月, 始作八關會."

감사하는 제사) 등을 불교의식과 합하여 신라 특유의 팔관회를 개최하
였다.[16]

또한 고려시대에는 팔관회뿐만 아니라 공덕재功德齋나 참회법회
그리고 무차회無遮會, 수륙회水陸會를 베풀기도 하였다는 기록이 전
한다.

성상께서는 공덕재功德齋를 베풀기 위하여 때로는 친히 맷돌에
차를 갈기도 하고 때로는 보리를 찧으신다고 하시니, 저는 전하께서
친히 근로하시는 것을 매우 애석하게 여깁니다. 때로는 비로자나참
회법毗盧遮那懺悔法을 베풀기도 하고, 또 구정毬庭에서 승려들에게
음식을 공양하기도 하였으며, 어떤 때는 귀법사歸法寺에서 무차수
륙회無遮水陸會를 베풀기도 했습니다.[17]

수륙재의 가장 빠른 기록은 광종 21년(970) 갈양사葛陽寺에서 행한
수륙도량이다.[18] 하지만 중국의 양무제梁武帝가 천감天監 4년(505)에
금산사金山寺에서 수륙법회를 처음으로 개최하였다고 하였으므로[19]
그 이전에 수용되었을 가능성도 배제할 수 없다.[20]

---

16 임동주, 「신라불교 윤리사상 연구」, 동국대학교 박사논문, 2012, p.51.

17 『高麗史』 卷93, 列傳第6 崔承老, "竊聞聖上, 爲設功德齋, 或親碾茶, 或親磨麥,
臣愚深惜聖體之勤勞也. 此弊始於光宗, 崇信讒邪, 多殺無辜, 惑於浮屠果報之說,
欲除罪業, 浚民膏血, 多作佛事. 或設毗盧遮那懺悔法, 或齋僧於毬庭, 或設無遮
水陸會於歸法寺."

18 심효섭, 「朝鮮時代 靈山齋 硏究」, 동국대학교 박사논문, 2005, p.65.

19 地盤, 『佛祖統紀』, 권33, 「水陸齋」

　고려시대에 많이 열린 불교의례로는 연등회(160회), 소재도량(148회), 인왕회(120회), 팔관회(115회), 신주도량(41회), 불정도량(38회), 금강명도량(38회), 나한재(26회), 장경도량(24회), 제석도량(23회), 반야도량(20회), 공덕천도량(13회), 문수회(10회) 등 13종인데 이들이 전체 고려 불교의례의 75%를 차지하고 있다.[21] 이 가운데 연등회, 소재도량, 인왕회, 팔관회는 고려 전 시대를 통하여 다른 어떤 불교의례보다 개최 횟수가 많았으며, 고려조의 모든 불교의례 중 4대 의례(연등회, 소재도량, 인왕회, 팔관회)가 차지한 비율은 55%에 달한다[22]고 한다.

　태조 왕건이 후삼국의 분열을 종식시키고 통일을 이룩한 것이 936년이다. 삼한일가三韓一家를 이룩한 태조에게 후삼국 백성들이 지니고 있던 분열된 정서를 '고려국의 백성'으로 통합하는 것이 최대의 과제였다.[23] 이 과제를 해결하기 위하여 삼국의 공통 종교였던 불교와 민간의 사회 문화적 통합의 연결고리인 토속신앙을 활용하고자 상원연등회는 부처를, 중동팔관회는 천령·오악·명산·대천·용신 등의 토속신들을 섬기는 것으로 나누었다.[24]

　고려의 불교행사가 국가적 행사였다는 사실은 국왕의 참석 기록에 잘 나타나며, 의종의 기록을 보면 더욱 분명하다.

---

20 심효섭, 앞의 논문.
21 김미숙, 「高麗 八關會의 儀禮文化 硏究」, 원광대학교 박사논문, 2014, pp.52~53.
22 김종명, 앞의 책, pp.66~67.
23 김미숙, 앞의 논문, p.44.
24 김미숙, 앞의 논문.

팔관회를 열고 왕이 임시로 장막을 쳐서 만든 거소에서 하례를
받고는 여악女樂을 중지시키고 전각 위에 늘어선 가기歌妓들을
물러가게 했으며 이어 법왕사法王寺에 들렀다.[25]

『고려사』에 따르면 의종은 그 뒤로도 16회나 행차하였으며 또한
의종의 전대 왕부터 후대 왕까지 빠짐없이 법왕사에 행차하였다.
이처럼 고려 왕들이 팔관회 의례시 사찰에 거동하였다는 사실은 고려
팔관회가 불교에 기반한 융화사상을 바탕으로 하고 있음을 보여주는
것이라 할 수 있다.[26]

조선시대에 내려와서는 유교의 정치적 이념으로 불교가 쇠락의
길을 가지만 왕실과 민중들에게는 여전히 불교가 신앙으로 자리 잡고
있었다. 조선시대의 대표적 재의식인 수륙재와 영산재가 그 증거이다.
조선 초기까지는 왕실 주관으로 수륙재가 이루어졌음을 알 수 있는데,
이는 『조선왕조실록』에 수륙재에 대한 내용이 본문 137건, 기사 70건
등으로 빈번히 나타나는 사실을 통해 확인된다.[27] 즉 조선 초기에는
유교적 정치이념에도 불구하고 왕실 주관으로 많은 수륙재가 행하여졌
음을 알 수 있다.

수륙재의 기원은 중국 양 무제가 꿈에 신승神僧의 현몽現夢을 받은

---

25 『高麗史』 卷17 世家17 毅宗 卽位年 11月, "冬十一月 庚辰 設八關會, 御幕次受賀,
   命去殿上女樂, 遂 幸法王寺."

26 김미숙, 앞의 논문, p.86.

27 곽성영(승범), 「조선시대 감로탱 도상에 나타난 작법무형태 연구」, 동국대학교
   석사논문, 2013, p.5.

28

것에 기인하는데, 그 내용은 "육도사생六道四生의 고통이 하염없으니 수륙회水陸會를 베풀어야 한다는 것이다." 그 후 무제武帝는 수륙재의 문水陸齋儀文을 만들고, 이에 근거하여 천감 4년(505) 강소성江蘇省 금산사金山寺에서 처음으로 수륙회를 개설하였다.[28]

영산재는 연산군 2년(1496)에 인수대비仁粹大妃의 명으로 학조學祖가 교정 번역하여 간행한 언해본『진언권공』의 간행 사례로 보아 조선 초기에 이미 성립되었다고 볼 수 있다.[29]

따라서 위의 내용을 바탕으로 문헌적 기록의 근거에 의하면 한국불교에서 재의식의 기원은 '팔관회'라 할 수 있으며, 고려시대에 수륙재가 중국을 통해 수용되어 조선시대 초기 왕실에 의해 발전되었음을 알 수 있다. 이러한 영향이 조선 초기 영산재가 성립될 수 있었던 배경이라 할 수 있다.

2. 생전예수재의 역사적 전개

생전예수재는 사람이 죽은 뒤에 행할 불사佛事를 살아 있는 당시에 미리 닦기 위해서 올리는 재의식이다. 살아 있을 당시에 자신이 전생에서 진 빚을 미리 갚고 미리 닦아 놓는 불사佛事이다.[30] 사후의 명복을

---

28 『佛祖統紀』, 卷37, 志磐撰(大正藏, 권49, 史傳部1, 348下), "帝嘗夢神僧曰, 六道四生苦無量, 何不作水陸大齋普齋群靈, 帝及披覽長徑創製儀文, 三年及成, 遂於金山寺修供."

29 심효섭, 앞의 논문 p.107.

30 이지형, 「생전예수재」(동림, 1992), p.20.

미리 기원하여 생전에 선근공덕을 닦아 사후 왕생할 보리菩提의 자량資
糧을 마련하자는 재의식이라 할 수 있다.[31]

생전예수재의 교리적 근거는 여러 경전에서 확인할 수 있다. 먼저
『지장보살본원경地裝菩薩本願經』을 신앙적 바탕으로『불설관정수원
왕생시방정토경佛說灌頂隨願往生十方淨土經』, 『불설수생경佛說壽生
經』, 『불설예수시왕생칠경佛說預修十王生七經』 그리고『예수천왕통의
預修薦王通儀』 등에 잘 나타난다. 여러 경전의 '자수自修', '역수逆修',
'예수豫修'라는 표현에서 그 유래를 찾고 있다.

'자수自修'라는 표현을 보면, 『지장보살본원경』「이익존망품利益存
亡品」에서는 망자에 대한 추복의 공덕은 7분의 1이고 재를 주관하는
사람에게 7분의 6이 돌아가므로 '자수'라 하여 생전에 스스로 닦는
것을 권하는 내용이 있다.[32]

'역수逆修'에 대하여『불설관정수원왕생시방정토경』에서는 다음과
같이 설명한다. "보광보살이 부처님께 묻기를, 사부대중 남녀가 법계
를 지키고, 사람의 몸이 환과 같음을 알아서 정진하고 보리도를 수행하
며, 죽기 전에 3·7일간 '역수'를 하려고 하는데 그때에 등을 밝히고
번을 달고 스님을 모셔 경전을 읽으며 복덕을 닦는 것에 대해 부처님께
서는 그 복이 무량하여 헤아릴 수도 없으며, 마음에 따라 원하는
바의 그 과보를 얻는다고 하였다."[33]는 내용이 있다. 여기에서 '역수'란

---

31 심상현, 앞의 논문, p.24.
32 『地藏菩薩本願經』, 「利益存亡品」(大正藏, 권13, p.784중), "若有男子女人, 在生
不修善因, 多造衆罪, 命終之後, 眷屬小大爲造福利一切聖事, 七分之中, 而
乃獲一, 六分功德, 生者自利 以是之故, 未來現在善男女等, 聞健自修"

거꾸로 닦는다는 의미이며, 49재는 사후에 지내는 재이지만 역수는
역으로 살아 있을 때 지내는 재를 말한다.[34]

『불설수생경』에서는 다음과 같이 말하였다.

정관 13년(639)에 당나라의 고승인 삼장 현장 법사께서 불법을
구하고자 서역에 이르러 대장경을 열람하다 수생경을 발견하였다.
그 경전에 열두 가지 띠를 따라 사람으로 태어날 때에 누구나
할 것 없이 생명줄을 이어준 돈 수생전壽生錢을 명부에서 빌렸으므
로 갚아야 할 것이다. (중략) 아난존자가 세존께 묻기를, 중생들이
갚으려는 그 마음은 한결 같은데 빌린 돈을 갚을 길이 막막하다
합니다. 부처님이 설하기를, 선남자나 선여인이 금강경과 수생경
을 정성스레 독송하면 생명의 근본인 본명전을 갚을 수가 있다.
금강경과 수생경은 이 세상에 태어날 때 생명줄로 빌린 돈인 수생전
을 갚는데도 그 공덕이 너무 커서 그 어떠한 비유로도 견줄 수가
없다. (중략) 그러나 때를 놓치게 되어 죽게 되더라도 칠칠일(49일)
이 되기 전에 정성스런 마음으로 수생경을 읽은 뒤에 불에 살라서
바치면 삼세의 부모와 칠대의 조상 모두 천상에서 나게 되며 일가친
척들을 비롯하여 모든 맺힌 원혼들 모두 다 구제하여 생천生天할

---

33 『佛說灌頂隨願往生十方淨土經』(大正藏, 권21, p.530상), "普廣菩薩復白佛言 若四
   輩男女善解法戒 知身如幻精勤修習行菩提道 未終之時逆修三七 然燈續明懸繪
   旛蓋 請召衆僧轉讀尊經 修諸福業得福多不 佛言普廣其福無量不可度量 隨心所
   願獲其果實"

34 한보광, 「생전예수재 신앙 연구」, 『정토학연구』 제22집(한국정토학회, 2014),
   p.15.

수 있다. 선비나 학자, 승려나 도인, 속인이나 귀하거나 천하거나
없는 자나 있는 자, 남자나 여자, 노인이나 젊은이 누구나 할 것
없이 금생에서 이를 알고서 목숨 빚인 수생전을 불에 살라서 바친다
면 과거 현재 미래의 삼세에 걸쳐 부귀를 누릴 것이다.[35]

사람은 누구나 전생 빚을 가지고 태어나는데, 사람으로 태어날
때 누구나 할 것 없이 생명줄을 이어준 돈 수생전을 명부에서 빌렸으므
로 갚아야 할 것이라 하였다. 그러나 이러한 전생 빚은 갚기가 힘들다.
그러므로 전생의 빚인 수생전을 바치지 않으면 살아서 18가지 고난이
있으며 죽은 뒤에는 천도薦度를 받지 못하게 된다고 이야기하고 있다.
그러나 부처님께서는 『금강경』과 『수생경』을 정성스레 독송하면 갚을
수가 있다고 하였고, 또한 살아 있을 때 바치지 못했다면 죽은 뒤

---

[35] 『佛說壽生經』(대정장, 권17, pp.164~165중), "大藏經見壽生經一卷有十二相屬南
贍部洲生下爲人先於冥司下各借壽生錢有注命官祗揖人道見今庫藏空閑催南贍
部洲衆生交納壽生錢阿難又問世尊南贍部洲衆生多有大願不能納得佛言道教看
金剛經壽生經能折本命錢爲祗證經力甚大若衆生不納壽生錢睡中驚恐眠夢顚倒
三魂杳杳七魄幽幽微生空中共亡人語話相逐攝人魂魄減人精神爲欠壽生錢若有
善男子善女人破旁納得壽生錢免得身邊一十八般橫災第一遠路陂泊內被惡人窺
算之災第二遠路風雹雨打之災第三過江度河落水之災第四墻倒屋塌之災第五火
光之災第六血光之災第七勞病之災第八疥癩之災第九咽喉閉塞之災第十落馬傷
人之災第十一車碾之災第十二破傷風死之災第十三產難之災第十四橫死之災第
十五卒中風病之災第十六天行時氣之災第十七投井自繫之災第十八官事口舌之
災若有善男子善女人納得壽生錢免了身邊一十八般橫災若有人不納不折壽生錢
後世爲人多注貧賤壽命不長醜陋不堪多饒殘疾但看注壽生經又名受生經眞經不
虛除了身邊災免了身邊禍又"

49일 동안에 후손들이 사자死者의 천도를 위해『금강경』과『수생경』
독송하고 수생전을 바치면 된다고 설하고 있다.

『불설예수시왕생칠경』에서 생전예수재에 대하여 다음과 같이 설
한다.

> 부모님을 살해하거나 부처님 법을 파계하거나 살생을 하거나 무거
> 운 죄를 짓는다면 당연히 지옥에 들어가서 오 겁 십 겁의 많은
> 시간 속에서 고통을 당하리라. … '예수생칠재'를 지내는 자는 매월
> 초하루와 보름 두 번에 걸쳐 삼보전에 공양하고, 시왕단을 설치하여
> 이름을 써 넣고 육조에 고하며, 선업동자는 천조지부관 등에게
> 알리어 저승 명부에 기록하여 둔다. 이러한 공덕으로 죽은 뒤에
> 안락한 곳으로 태어나며, 49일 동안 중음으로 머무는 일이 없다.
> 권속들의 기도도 기다리지 않는다. 인간의 목숨이 시왕에게 달려
> 있으므로 예수재 도중 한 재라도 빠트리면 그 왕에게 잡혀 일
> 년 동안 머물게 된다. 그러하니 너희들은 이를 실천하여 그 과보를
> 받도록 생전에 기원하라.[36]

---

36 『佛設預修十王生七經』(卍續藏, 제150권, p.778상), "在生之日 殺父害母 破2]齊破
戒 殺猪牛羊雞狗毒蛇 一切重罪 應入地獄 十劫五劫 若造此經 及諸尊像 記在業鏡
閻王歡喜 判放其人 生富貴家 免其罪過… 若有善男子善女人 比丘比丘尼 優婆塞
優婆夷 預修生七齊者 每月二時 供養三寶 祈設十王 修名納狀 奏上六曹 善業童子
奏上天曹地府官等 記在名案 身到之日 便得配生快樂之處 不住中陰四十九日 不
待男女追救 命過十王 若闕一齊 滯在一王 留連受苦 不得出生 遲滯一年 是故勸汝
作此要事 祈往生報"

사람들이 악업을 지었다 할지라도 『예수시왕생칠경』을 통하여 자기
성찰과 참회를 하고 시왕전에 치성을 드리면 한량없는 그 공덕으로
악업이 소멸될 수 있다는 것을 밝히고 있다.

그리고 『예수천왕통의』에는 다음과 같은 이야기가 있다. 북인도
유사국 병사왕이 25년 동안 49번에 걸쳐 예수시왕생칠재를 올렸음에
도 불구하고 열 시왕의 종관들과 그에 따른 권속들의 명목名目을 몰라
명사들의 숨은 고통을 위로하지 못하였다. 그러던 중 저승을 다녀온
후 다시 예수시왕생칠재 35편을 올바르게 봉행함으로써 이후 미륵대
성을 친견하고 수다원과須陀洹果를 증득하여 성자가 되었다는[37] 내용
으로 예수재의 유래를 판단할 수 있다.

한국불교에서 생전예수재가 처음으로 나타나는 기록은 조선 중종
13년(1518) 강원도 원주 사람인 진사 김위金渭의 상소문에 등장하는
'소번재燒幡齋'이다.

근일 이래로 두세 승니僧尼가 머리를 땋아 늘이고 속인의 복장으로
몰래 내지內旨라 일컬으며 산중에 있는 절에 출입하며, 쌀과 재물을
많이 가져다가 재승齋僧을 공양하고, 당개幢蓋를 만들어 산골에
이리저리 늘어놓고, 또 시왕十王의 화상을 설치하여 각각 전번牋幡을

---

37 『예수천왕통의預修薦王通儀』, 『석문의범』 상, 안진호(법륜사, 1936), pp.219~223.
"冥道傳云游沙大國有王名曰瓶沙時歲十五卽登寶位二十午年間設豫修十王生
七齋四十九度備諸供具…大藏經見壽生經一卷有十二生相屬故飜譯傳於世界使
薄福衆生得大利益免了十八般苦也."
혜일명조, 『예수재』(에세이퍼블리싱, 2011), p.50.

두며, 한 곳에 종이 1백여 속束을 쌓아두었다가 법회法會를 설시設施하는 저녁에 다 태워 버리고는 '소번재燒幡齋'라 이름합니다.[38]

시왕상을 설치하고 번을 두며 한 곳에 종이 1백여 속束을 쌓았다가 저녁에 태워버렸다는 위의 내용을 보아 이는 생전예수재로 판단된다.

그리고 생전예수재의 의례집에 관한 문헌을 보면, 생몰연대는 알 수 없으나 송당대우松堂大愚가 집술集述한 『예수시왕생칠재의찬요豫修十王生七齋儀纂要』[39]가 있으며, 1566년 최초의 판본으로부터 16세기에서 17세기에 걸쳐 15종의 판본이 간행되었다.[40] 이러한 빈번한 판본은 생전예수재가 조선시대 여러 재회 중의 한 축을 담당하였다는 사실을 보여주는 것으로 판단된다.

그리고 한국불교에서 '생전예수재'라는 이름으로 설행한 것은 조선시대부터 시작되었음을 다음과 같은 기록으로 알 수 있다.

1573년 문인 태균太均이 간행한 나암보우(懶庵普雨, 1509~1565)의

38 『中宗實錄』, 正德13年, 7月 17日, 江原道原州人進士金渭上疏. "近日以來, 二三僧尼, 辮髮俗服, 潛稱內旨, 出入山寺, 多載米貨, 飯佛齋僧, 造爲幢蓋, 羅絡山谷. 又設十王畫像, 各置賤幡, 一處積紙百有餘束, 設會之夕, 悉以焚之名曰燒幡齋."

39 松堂野衲 大愚集述, 『예수시왕생칠재의찬요豫修十王生七齋儀纂要』(『韓佛全』卷 11, pp.427~429)

40 ①嘉靖 45년(1566) 安國寺, ②萬曆 2년(1574), 松廣寺, ③萬曆 4년(1576) 廣興寺, ④萬曆 5년(1577) 普願寺, ⑤崇禎 5년(1632) 龍復寺, ⑥崇禎 5년(1632) 水巖寺, ⑦崇禎 己卯(1639) 月精寺, ⑧順治 4년(1648) 松廣寺, ⑨康熙 元年(1662) 表訓寺, ⑩康熙 元年(1662) 開興寺, ⑪康熙 2년(1663) 興國寺, ⑫康熙 2년(1663) 定慧寺, ⑬崇禎後 庚戌(1670) 岬寺, ⑭康熙 19년(1680) 普賢寺, ⑮17세기중반 淸溪寺本(문상련(정각), 앞의 논문, p.172)

『나암잡저懶庵雜著』에 「예수시왕재소預修十王齋疏」,[41] 1648년 간행된
기암법견(奇巖法堅, 1522~1634)의 『기암집奇巖集』에 두 개의 「생전예
수재소生前預修疏」,[42] 1647년 비구 설청說淸 등이 스승의 글을 모아

---

41 『懶庵雜著』(『韓佛全』卷7, pp.587~588), "預修十王齋疏 振錫持珠而度生無量 唯大
聖慈悲之願言 推因之果而決案無私 乃列王聰 明之慧鑑 凡欲蒙提獎之力 誰盍盡
歸 依之誠 伏念弟子等 同承宿世之善因 共得今生之妙果 九重裏衣瞻食足 雖各沐
君恩之有差 一生中坐穩臥安 實皆承旻慈之無倆 生成重乾坤之化 報效微絲髮之
功 身雖在榮 意實無樂 故常思輪敬之禮 心心焉念念焉 唯勤備露心之財 朝朝爾夕
夕爾 謹命懶菴和尙 爲趣淸平道場 恭依科敎之儀 敬設預脩之會 玆下誠之上格
想他鑑之潛通 伏願弟子等 咸蒙諸聖之哀憐 共荷列王之護佑 色力常穩 竟無陰陽
之小乖 報壽遲延 終與松椿而並久能減多生之罪垢 頓除累劫之障塵 自從現在之
時 以至未來之際 信根轉固 生生常踐於斯門 智鏡圓明 世世廣宣於此法 幸八萬之
捺落 或四千之泥犁 縱有吾等之罪積如山 能令我輩之苦 消似雪 報盡之夕 共覩彌
陁 命終之朝 俱生極樂 十層樓閣 隨各願而逍遙 七寶蓮臺 與諸佛而遊戱 餘波所沿
云云"

42 『奇巖集』, 「生前預修疏」(『韓佛全』卷8, p.167하), "月印千江 地藏大聖之應化 星羅
十殿 冥府聖君之憲司 悲願弘深 威靈難測 故傾丹懇 仰叩玄扶 伏念弟子某 受生之
初 克荷判化而得樂 寄歸之際 亦祈報應之昇天 遂捨眼前之塵財 預修身後之坦路
就金剛之精舍 建地府之勝筵 齋體雖微 虔誠可愍 伏願苦海慈航之敎主 明天白日
之大王 乃至百萬宰僚 無邊眷屬 不違曩誓 哀憐小子之情 咸赴香壇 納受涓埃之供
弟子非止求一生之安逸 抑欲免九泉之冤愆 懸鏡擧秤之時 明因授報之處 將此今
夕之埃善 敢冀後日之天恩 倘有捺落之門 蒙彼洪施 雖無極樂之業 受厭正因"
같은 책(『韓佛全』卷8, p.172하), "悲憐六趣而恒抱慈悲 是大聖泳苦之 誓願 臨御十
殿而或上威猛 乃列王治 罪之權衡 故將有感之誠 現欲蒙無私之應 伏念弟子等
爲國王后 作民母儀 端居九重 蒙彼君恩 盖是閻羅之 陰隲 安過一生 享此天祿
抑又歡喜 之冥加 叨沐提獎之仁 謬當榮顯之報 旣荷垂慈之力 常懷報效之心 嘗畫
眞儀 現衣冠之濟濟 又安寶閣 列昭穆之巍巍 經營雖是 十二時因循 已過七八祀
謹命淸淨僧侶 敬詣金剛道場 代致虔誠 自出金帛 先當修設預修勝會 次當建置水

판각한 『편양당집鞭羊堂集』의 「생전소生前疏」와 「시왕소十王疏」,[43] 벽
암碧巖 각성覺性의 문인 지선智禪이 1661년 편찬한 『오종범음집五種梵
音集』의 조전점안에 관한 내용인 「예수문조전원상법預修文造錢願狀
法」,[44] 1710년 간행된 설암추붕(雪嵒秋鵬, 1651~1706)의 『설암잡저雪嵒

陸大齋 將此深心 想他明鑑 伏念弟子等 旣荷幽都萬乘之庇廐 後得諸司百僚之扶
持 身壽彌高 等莊園之椿樹 國祚益久 同周嶽之邦基 自從今生 以至來際 捨身受質
降地乘天 常遇斯教而勤行 每入 此門而不退 幸有八萬四千之罪 或餘 三生九刧之
寃 足不踐捺落之門 身不 經泥犁之路 與其身後 使人追薦 豈若眼前 躬自務修
肆備浦塞之羞 敬 獻藻鑑之案 無任懇禱激切之至 仰對 冥府 恭陳下情"

43 『鞭羊堂集』, 「生前疏」(『韓佛全』卷8, pp.258~259하), "恭聞釋尊化母 說法於兜利之
天 目連救親 振錫於鐵圍之域 綱常至重 恩義難忘 彼登聖賢而尙爲 我在凡下而敢
已 與其死後濟度之難也 孰若生前 提拔之易乎 有一老婆曰 余天只尊榮 渺漠 猶作
貧賤之身 齒髮蒼跣 已經耳順之歲 欲指慈嫗之樂處 須蹈先聖之弘規 箱橐盡傾
香燈是脩 不知檀財之小 獨恃菱鑑之明 伏願主上三殿 金枝産瑞而長新 玉葉凝祥
而永茂 干戈息而珠基地久 雨暘時而寶曆天長 次願孀姁年延眉壽 福至康寧 身事
摩耶之聖后 足踏蓮藏之金池 亦願先亡承斯妙力 生彼樂邦 九品蓮池 親承 諸佛之
接引三界火宅永謝群兒之水火 時無百害 日有千祥 東西南北而安閑 行住坐臥而
自在 餘波所及 苦類咸霑"

같은 책, 「시왕소」(『韓佛全』卷8, p.259중), "振錫持珠而度生無量 唯大聖慈悲之願
言 推因之果而決案無私 乃列王聰明之慧鑑 凡欲蒙提獎之力 孰若盡歸依之誠 伏
念弟子等 同承宿世之善因 其得今生之妙果 日夕一衣一食 雖各自努力之所生 平
生坐穩臥安 實皆承冥慈之無侶 生成重乾坤之化 報効微絲髮之功 勤備露心之財
暫陳輸敬之……"

44 『五種梵音集』, 「預修文造錢願狀法」(『韓佛全』卷12, p.167중), "(造錢時 證明等
虔誠開啓如常 千手七1徧 娑婆某州里居住 齋者某人等 伏爲現增福壽 當生淨利之
願 預修生七之齋 某人等發願 造錢幾貫 看經幾卷 虔誠修備 某曺官前獻納 伏願大
開方便之門 直示往生之路 以今月就於某山寺 開建法會嚴備香花 燈燭茶果 上供
十方三寶之尊 中供冥府之衆 下及庫司 一一奉獻二供養時 無小隱之災 日有大幸

雜著』에 「서윤섬예수상중소徐允暹預修上中疏」,[45] 1717년 간행된 월저
도안(月渚道安, 1638~1715)의 『월저당대사집月渚堂大師集』에 실린 「생
전시왕재소生前十王齋疏」[46] 및 「생전발원재소生前發願齋疏」,[47] 1821년

之慶 伏祈聖監照察 領納謹狀 某日齋者 伏唯誦楞嚴呪百八篇 祝願 某等金剛經幾
卷 准數爲可 又有一規 造錢時 法主誦金剛經三十二分 第一回則一卷 二回二卷
以至充滿 淨席排置 艾枝三七條 篇之作簾 黃白紙粘連 月德方水一升 其方無水
他方水汲引 過一夜 變成月德水 造錢呪百八篇 洒水錢上 不得蒿艾枝 山柳木三七
條作簾 置床上 金銀錢呪百八偏 洒水錢上 其錢變爲金銀錢云云) 造錢眞言 唵阿囉
吽莎訶 成錢呪 唵阿遮那吽莎訶 變成呪 唵半遮那伴遮尼莎 開錢呪 唵阿遮那尼莎
訶 掛錢呪 唵鈇囉囉伴遮你莎訶 獻錢眞言 唵阿遮尼莎訶 (預修上中壇排置 一如本文
然如今追論 上壇浴所五區 何者 五位別故 中位六區 其餘自初至使壇 皆結手同)"

45 『雪岳雜著』, 「徐允暹預修上中疏」(『韓佛全』 卷9, p.325상), "佛以慈悲爲衣 不啻當
世而偏憐末世 人以苦惱作室 專念今生而不慮後生輒罄丹衷 預修白報 伏念某 善
根輕尠 惡業居多 半世間業緣 掃無補於自己 百年後魂魄 必有歸於他途 返覆深思
沉痛不少 愁未來一果報 懺旣徃之罪愆 欲脫梨牢 惟祈慈悲眼之憐憫 遠離黑闇
宜仗日月面之光明 伏願八難消磨 六根淸淨 駕迅航於苦海 截煩惱之波瀾 托聖胎
於樂邦 證涅槃之眞寂 謹疏"

46 『月渚堂大師集』, 「生前十王齋疏」(『韓佛全』 卷9, p.105상), "地藏明珠 胡漢俱現
冥司業鏡 姸媸各分 二途昭昭 一心切切 伏念凡籠鍛羽 業網羅形 口四身三 恨自作
之 難道 生千劫萬 乏他力之可加 命必有終 與其死後拔濟之無人 難也 德必叵量
曷若生前歸敬之有佛 易乎一念靡他 六通無礙 伏願北鄧都臬烟堆裏 承此日之微
緣 西摩提金色光中 蒙彼佛之曲濟 闔家眷屬 障有消 福有增 壽有延 盡空生靈
佛得見 法得聞 道得證 彼空有盡 我願無窮云云"

47 『月渚堂大師集』, 「生前發願齋上中疏」(『韓佛全』 卷9, p.108상), "白玉毫光中萬八
土 顯法界而靡有其子遺 紅槿花風前七十年 善佛機以何 由得決了 盍締勝功於此
世 行登坦途 於隔陰 伏念弟子優婆塞夷 宿業障深 生慧目暗 六疵生而廓湛塞 知見
留於 夢場 四大旋而浮根流 業運遷於火宅 … 縱有九劫之寃愆 流入四千捺落迦惡
道 幸承此日之妙德 超登八萬波羅蜜 法門 然後蠢蠢四生 皆出愛欲之濁浪 茫茫九

간행된 함월해원(涵月海源, 1691~1770)의 『천경집天鏡集』에 「예수재
소豫修齋疏」,[48] 1786년에 문인 보철普喆이 저자인 진허의 입적 후 유고
를 개간한 『진허집振虛集』의 「희원동지예수대례주별소熙圓同知預修大
禮晝別疏」,[49] 연담유일(蓮潭有一, 1720~1799)의 시집 『연담대사임하록
蓮潭大師林下錄』의 「축시왕소祝十王疏」,[50] 응운공여(應雲空如, 1794~?)

有 盡入禪定之淸波 無任云云"

[48] 『天鏡集』, 「預修齋疏」(『韓佛全』 卷9, p.628하), "帝網珠恢恢焉 不漏於因果之輕重
閻羅鏡昭昭焉 不差於善惡之高低 珠鏡無私 禍福難忒 於光振錫而渡苦海 惟地藏
大聖之慈舟 懸鏡擧枰而 決罪案 乃閻羅列王之威猛 欲蒙提奬之力 盍盡歸依之誠
伏念幸得長 空一縷之身 皆由徃刦諸聖之德 不貧不富 雖過生前之年光 … 伏乞冥
王 威德 咸 通於今朝 大聖慈光 普照於來世 遂使心修正因而斷業果 身無災障而
並松椿 報盡命終 速生極 樂蓮臺寶閣 共覩彌陁 左携觀音 右伴勢至 仰對冥府
敬讀丹疏"

[49] 『振虛集』, 「熙圓同知預修大禮晝別疏」(『韓佛全』 卷10, p.173상), "雪山千浩刦 桃核
長靑梅 於臘月現星 鷲嶺萬由旬 玉毫叙白氣 於東方果日 散花天上 聳叟地中 適莫
庇陰 尊卑鑽仰 伏念弟子 身生禮域 敎乏于趨 庭 足人空門 禪踈于立雪 於儒伴食
乃釋禿頭 浪設車財 空曹衣寶 輒思嚬蜂採花 辛苦成蜜 返被殃於一年 巧者鏤氷
勤勞得文 還減功於半日 丁年纔昧 皓首稍醒 聿攤朝塵 爰採刦寶 空懸寶盖 媤月挂
於妙高 路點佳燈 勝星羅於碧落 茗獻玄圃 茄呈赤城 香五分 食陳三德 靖維義天
絶跡重象 駕於日輪 敎海忘言 再龍蟠於覺樹 灑甘雨於枯卉 指善程於盲徒 千聖摳
衣 四王奉鉢 金鼓遲振玉京際 桓因億赴而聽蓮經 角貝遙吹鶴背邊 乾達促臨而奏
法樂 山名太白 寺號普賢 賢聖可迎 白業應作 伏願普天一主 多見越海之輸誠 率土
四民 共唱擊壤之歌讚 抑願弟子 現渭三業 當出九蓮 寃親平等而蒙恩 貴賤普同而
獲益 餘波所及 枯類咸添 仰對月容 表宣雲旨"

[50] 『蓮潭大師林下錄』, 「祝十王疏」(『韓佛全』 卷10, pp.253~254상), "官不容針 於善於
惡 惟作之者受 私或通馬 爲禍爲祥 可轉之而更 況此衆生之身 皆係十王之案 肆罄
小比丘 一片丹悃 用薦亡恩師 九泉冥魂 伏念亡師 身雖出家 心未入道 業障報障煩
惱障 固非一世之資熏 貪心嗔心愚痴心 實是多生之習氣 早歲也 産業汩沒 唯是殖

의 『응운공여대사유망록應雲空如大師遺忘錄』의 「예수함합별문預修緘
合別文』,[51] 용운처익(龍雲處益, 1813~1888)의 『다송문고茶松文稿』에 시
왕생칠재의 내용,[52] 1870년에 간행된 치조환공治兆幻空의 『청주집清珠
集』의 「예수預修」,[53] 금명보정(錦溟寶鼎, 1861~1930)의 『조계고승전曹
溪高僧傳』의 「조계종용월선사전曹溪宗龍月禪師傳」[54] 등에 생전예수재

貨營財 晚年焉 疾病沉綿 何暇看經念佛 曩仍井蛇之相囓 遂致瓶雀之忽飛 考平生
之攸行 足來果之可驗 徒泣血而奚爲 愧非幹蠱之子 倘盡誠則可贖 思欲拔苦於師
故 乃百日之間 齋已營於八度十王之下禮 又非大一巡 由斯而庶度亡師之前程 止
此則奈非弟子之素願 所以特差穀日 重設法筵 齋壇禮儀 要在盡己之有 法事軌度
豈可因人而成 魚梵聲中 上請乎三寶諸聖 幡花影裡 下召夫六道群靈 明日三壇之
普供 通伸本志 今宵十王之先禮 別陳精誠 伏願亡師 蒙一聖十王之加持 速脫生前
死後之業報 享千生萬劫之快樂 唯向天上人間而往來 亦願先亡父母 永離三有之
輪回 現存弟子 不受千災之侵害 餘波所泊 苦類咸蘇"

51 『應雲空如大師遺忘錄』, 「預修緘合別文」(『韓佛全』 卷10, p.757하), "切以頭天脚地
衆生之十使煩惱無邊居陰判陽 冥王之一層業鏡有照 恒河水邊 未逢阿難之大智
同泰寺裡 難得梁皇之深心 四德三心難聞 八盖五欲轉益 奉佛弟子云云 欲除有生
之惡 業 願結無漏之善緣 獻誠懇于十王列 門 歸悃愊于四直使者 判官鬼王 護念此
身 於斷惡之日 注童錄事 扶顧斯命 於修善之時 得聞一句妙法 地獄變成蓮池 奉奏
十府王庭 鐵城化爲仙界 克供而潔蘋蘩之薦 聿修而芟秕稗之譏 是以奉尊靈於常
樂之鄕 濟群品於大迷之域 謹疏"

52 『茶松文稿』(『韓佛全』 卷12, p.714상), "糾正僧風云者三夜 此亦倘符母夢耶 已卯夏
造僧伽黎大九品 十王生七齋 七晝夜作法回向." (중략)

53 『清珠集』, 「預修」(『韓佛全』 卷11, p.759하), "世有十種人 臨終不得念佛 一者善友
未必相逢 故無勸念之理 二者業苦纏身 不遑念佛 三者偏風失語 不能稱 佛 四者狂
亂失心 注想難成 五者或遭水火 不暇至誠 六者遭遇虎狼 驚惶倉卒 七者臨終惡友
壞破信心 八者飽食過度 昏迷致死 九者戰陣鬪狠 奄忽而亡 十者忽墜高巖 傷壞性
命 此十種人 臨終斷然不得念佛 應須預 修 令淨業成就 縱有難緣 必蒙佛救 護也"

54 『曹溪高僧傳』, 「曹溪宗龍月禪師傳」(『韓佛全』 卷12, p.442하), "庚申冬爲父母修十

와 시왕생칠재에 관한 내용이 실려 있으며, 이러한 기록은 1500년대에 서부터 1900년 초반에 이르기까지 다양하게 나타난다.

위의 기록을 보아 16세기에는 '예수시왕재預修十王齋'의 명칭이 17세기에 들어서서 '생전예수재生前豫修齋'로 '생전生前'이란 명칭이 첨가되었음을 알 수 있다. 그리고 또한 '생전시왕재生前十王齋', '예수대례預修大禮', '시왕생칠재十王生七齋', '예수재豫修齋' 등의 여러 명칭으로 사용되었음을 볼 수 있다.

이러한 기록을 보아 현행 생전예수재는 조선시대 16세기 초에 소번재燒幡齋라는 명칭으로 시작되어 오늘날 생전예수재로 이어져온 것을 알 수 있다.

3. 생전예수재의 기본 구성과 특성

생전예수재는 현생에 살아가면서 전생과 현생의 과보를 갚는다는 성격을 지닌 의례이다. '살아 있는 동안 미리(豫) 닦는다(修)'는 뜻처럼 사후를 위해 미리 재를 올려 공덕을 쌓는 것[55]을 의미한다.

예수재는 사찰에 따라 하루나 삼칠일간의 의식으로 치르기도 하고, 7일마다 일곱 번에 걸쳐 칠칠재로 지내기도 한다.[56] 삼칠재 형식이지만 회향일을 이틀에 걸쳐 치르기도 한다. 2015년에 설행한 서울 조계사의 경우 2일 의식으로 봉행하였으며, 경남 밀양시 초동면 소재의 '작약산

王生七齋"

55 구미래, 「나 그리고 우리를 위한 복 짓기」(아름다운 인연, 2014), p.72.

56 구미래, 같은 책. p.72.

생전예수재'의 경우 24시간 연속으로 봉행하기도 한다.

의례를 치르기 위한 설단은 상, 중, 하단의 삼단으로 설치한다. 설단의 구성에 대해서는 송당대우松堂大愚의 『예수시왕생칠재의찬요豫修十王生七齋儀纂要』에 잘 나타나 있다. 설단의 구성은 일반적으로 '상3단', '중3단', '하3단'의 3단으로 이루어진다. 상단은 비로자나불·노사나불·석가모니불의 삼신불단이며, 상중단은 지장보살·무독귀왕·도명존자이고, 상하단은 대범천왕·제석천왕·4천왕으로 증명단이다. 중단은 먼저 중상단에 명부시왕을 봉안하고, 중중단에는 하판관·지등관, 중하단에는 시왕의 안내 권속들을 봉안한다. '하단'은 별치단으로 조관단, 사자단, 마구단 등[57]으로 되어 있다. 이러한 단의 규식은 현행 생전예수재에도 통용되고 있다.

현행 생전예수재의 구성은 예수재 준비의식과 본의식으로 나누어지며, 준비의식은 시련侍輦, 대령對靈, 관욕灌浴, 영산작법靈山作法, 괘불이운掛佛移運, 조전점안造錢點眼 등으로 지역과 사찰 장소에 따라 다르게 진행한다.

본 의례의 구성은 대부분 안진호의 『석문의범釋門儀範』을 저본으로 삼고 있다. 『석문의범』의 내용에 나타나는 본 의례의 구성은 통서인유편通敍因由篇/엄정팔방편嚴淨八方篇/주향통서편呪香通序篇/소청사자편/안위공양편安慰供養篇/봉송사자편奉送使者篇/소청성위편召請聖位篇/봉영부욕편奉迎赴浴篇/찬탄관욕편讚歎灌浴/인성귀의편引

---

57 松堂野衲 大愚集述, 『예수시왕생칠재의찬요豫修十王生七齋儀纂要』(『韓佛全』 卷 11, p.440하), 一三身佛爲上壇 二自地藏至無毒爲 中壇 三帝釋四天王爲下壇 此三皆爲 證明壇也 次以十王爲上壇 自夏判官 至靈祇等爲中壇 其餘爲下壇也.

聖歸位篇/헌좌안위편獻座安位篇/소청명부편召請冥府篇/청부향욕편 請赴香浴篇/가지조욕편加持澡浴篇/제성헐욕편諸聖歇浴篇/출욕참성 편出浴參聖篇/참례성중편參禮聖衆篇/헌좌안위편獻座安位篇/기성가 지편祈聖加持篇/보신배헌편普伸拜獻篇/공성회향편供聖廻向篇/소청 고사판관편召請庫司判官篇/보례삼보편普禮三寶篇/수위안좌편受位安 座篇/제위진백편諸位陳白篇/가지변공편加持變供篇 상단/가지변공편 加持變供篇 중단/가지변공편加持變供篇 하단/공성회향편供聖廻向篇/ 경신봉송편敬伸奉送篇/화재수용편化財受用篇/봉송명부편奉送冥府篇 /보신회향편普伸回向篇 등의 35편으로 구성되어 있다.

생전예수재의 저본은 송당대우의 『예수시왕생칠재의찬요』이다. 송당대우의 생몰연대는 알 수 없으나 조선시대에 15종 이상의 판본이 있었다. 1576년 광흥사 판본의 의례구성은 다음과 같다.

통서인유편 제1通敍因由篇第一/엄정팔방편 제2嚴淨八方篇第二/주향 통서편 제3呪香通序篇第三/주향공양편 제4呪香供養篇第四/소청사자편 제5召請使者篇第五/안위공양편 제6安位供養篇第六/봉송사자편 제7奉 送使者篇第七/소청성위편 제8召請聖位篇第八/봉영부욕편 제9奉迎赴浴 篇第九/찬탄관욕편 제10讚歎灌浴篇第十/인성귀위편 제11引聖歸位篇第 十一/헌좌안위편 제12獻座安位篇第十二/소청명부편 제13召請冥府篇第 十三/청부향욕편 제14請赴香浴篇第十四/가지조욕편 제15加持澡浴篇第 十五/출욕참성편 제16出浴參聖篇第十六/참례성중편 제17參禮聖衆篇第 十七/헌좌안위편 제18獻座安位篇第十八/소청고사판관편 제19召請庫司 判官篇第十九/보례삼보편 제20普禮三寶篇第二十/수위안좌편 제21受位 安坐篇第二十一/제위진백편 제22諸位陳白篇第二十二/가지변공편 제23

加持變供篇第二十三/가지변공편 제24加持變供篇第二十四/보신배헌편
제25普伸拜獻篇第二十五/가지변공편 제26加持變供篇第二十六/공성회
향편 제27供聖回向篇第二十七/경신봉송편 제28敬伸奉送篇第二十八/화
재수용편 제29化財受用篇第二十九/봉송명부편 제30奉送冥府篇第三十/
보신회향편 제31普伸回向篇第三十一[58] 등이다.

『석문의범』의 절차와 송당대우가 집술集述한 『예수시왕생칠재의
찬요』의 절차를 비교하면 다음과 같다.

〈표 2〉『예수시왕생칠의찬요』의 구성

차례	석문의범(1935)	광흥사 (1567) 예수시왕생칠재의찬요	비고
1	통서인유편 제1	통서인유편 제1	운수단
2	엄정팔방편 제2	엄정팔방편 제2	
3	주향통서편 제3	주향통서편 제3	
4	주향공양편 제4	주향공양편 제4	
5	소청사자편 제5	소청사자편 제5	사자단
6	안위공양편 제6	안위공양편 제6	
7	봉송사자편 제7	봉송사자편 제7	
8	소청성위편 제8	소청성위편 제8	상단
9	봉영부욕편 제9	봉영부욕편 제9	
10	찬탄관욕편 제10	찬탄관욕편 제10	
11	인성귀의편 제11	인성귀의편 제11	
12	헌좌안위편 제12	헌좌안위편 제12	
13	보례삼보편 제13		
14	소청명부편 제14	소청명부편 제13	중단(명부시왕)
15	청부향욕편 제15	청부향욕편 제14	

---

58 김형우, 「한국 불교에서의 생전예수재와 그 양상」, 『구인사 생전예수재 학술보고
서』(대한불교천태종 총무원, (사)진단전통예술보존협회, 2015), p.137.

	석문의범	예수시왕생칠재의찬요	
16	가지조욕편 제16	가지조욕편 제15	
17	제성헐욕편 제17		
18	출욕참성편 제18	출욕참성편 제16	
19	참례성중편 제19	참례성중편 제17	
20	헌좌안위편 제20	헌좌안위편 제18	
21	기성가지편 제21		
22	보신배헌편 제22	보신배헌편 제25	
23	공성회향편 제23		
24	소청고사판관편 제24	소청고사판관편 제19	하단(고사판관)
25	보례삼보편 제25	보례삼보편 제20	
26	수위안좌편 제26	수위안좌편 제21	
27	제위진백편 제27	제위진백편 제22	
28	가지변공편 (상단)제28	가지변공편(상단) 제23	각단공양
29	가지변공편 (중단)제29	가지변공편(중단) 제24	
30	가지변공편 (중단)제30	가지변공편(하단) 제26	
31	공성회향편 제31	공성회향편 제27	봉 송
32	경신봉송편 제32	경신봉송편 제28	
33	화재수용편 제33	화재수용편 제29	
34	봉송명부편 제34	봉송명부편 제30	
35	보신회향편 제35	보신회향편 제31	

『석문의범』의 절차는 35편이며, 『예수시왕생칠재의찬요』의 절차는 31편으로 상단의 보례삼보편 제13, 중단의 제성헐욕편 제17, 기성가지편 제21, 공성회향편 제23 등의 4가지 절차가 『석문의범』에 추가되어 있다. 그리고 의례의 진행 구성은 크게 운수단 → 상단 → 중단 → 고사판관 → 봉송의 5단계로 되어 있다.

절차에 대한 내용을 보면, 통서인유편은 생전예수재를 봉행하게 된 연유를 올리는 의식이다. 엄정팔방편은 관세음보살님을 청하여 도량을 청정하게 정화시키는 의식이다. 주향통서편은 법사님을 청하고 모셔와 법문을 듣는 의식이다. 주향공양편은 일체의 불보살님과 성중들을 위하여 향을 올리는 의식이다. 소청사자편·안위공양편은 명부의 사자를 청하여 공양을 올리는 의식이다. 봉송사자편은 사자들에게 예수재를 봉행하는 문서를 명부의 성중들에게 보내는 의식이다.

소청성위편·봉영부욕편·찬탄관욕편·인성귀의편·헌좌안위편은 상상단의 비로자나불·노사나불·석가모니불, 상중단의 지장보살·무독귀왕·도명존자, 상하단의 대범천왕·제석천왕·사천왕 등의 증명의 존재들을 청하여 찬탄하고 찬욕을 행한 뒤 자리에 모시는 의식이다. 소청명부편·청부향욕편·가지조욕편·제성헐욕편·출욕참성편·참례성중편·헌좌안위편은 명부시왕을 비롯한 성중들을 청하여 찬탄하고 성욕을 행하고 상단에 배례한 후 자리에 모시는 의식이다. 기성가지편·보신배헌편·공성회향편은 상단과 중단의 모든 불보살과 성중들에게 간단히 공양을 올리는 의식이다. 소청고사판관편·보례삼보편·수위안좌편은 일체의 고사판관들을 청하여 상단과 중단을 배례하여 자리로 모시는 의식이다.

제위진백편·가지변공편(상단)·가지변공편(중단)·가지변공편(하단)·공성회향편은 상단, 중단, 하단에 공양을 올리고, 함합소를 독송하여 금은전을 헌납하였다는 사실을 아뢴 후, 신도들에게 증서를 반으로 잘라 나누어주는 의식이다. 경신봉송편·화재수용편·봉송명부편·보신회향편은 생전예수재가 끝났음을 고하고 모든 불보살과 모든 상하의 성중들을 돌려보내고, 위목과 금은전 등의 예수재 물품을 태우는 의식이다.

46

〈표 3〉 생전예수재의 절차와 내용

의식절차	내용	특징
통서인유편	예수재를 봉행하게 된 연유를 밝힘	의식의 시작 보고
엄정팔방편	도량을 청정하게 함	도량청정
주향통서편	법문을 청하여 들음	법문
주향공양편	일체의 불보살님과 성중들을 위하여 향을 올림	향 공양
소청사자편 안위공양편 봉송사자편	명부의 사자를 청하여 공양을 올림 사자들이 예수재를 봉행하는 문서를 명부의 성중들에게 보냄	사자소청, 공양
소청성위편 봉영부욕편 찬탄관욕편 인성귀의편 헌좌안위편	비로자나불·노사나불·석가모니불, 상중단의 지장보살·무독귀왕·도명존자, 상하단의 대범천왕·제석천왕·사천왕 등의 증명의 존재들을 청하여 찬탄하고 찬욕을 행한 뒤 자리에 모심	상단소청 찬탄관욕
소청명부편 청부향욕편 가지조욕편 제성헐욕편 출욕참성편 참례성중편 헌좌안위편	명부시왕을 비롯한 성중들을 청하여 찬탄하고 성욕을 행하고 상단에 배례 한 후 자리에 모심	중단소청 찬탄관욕
기성가지편 보신배헌편 공성회향편	상단과 중단의 모든 불보살과 성중들에게 간단히 공양을 올림	약식공양
소청고사판관편 보례삼보편 수위안좌편	고사판관들을 청하여 상단과 중단을 배례하여 자리로 모심	하단소청
제위진백편 가지변공편 가지변공편 가지변공편 공성회향편	상단, 중단, 하단에 공양을 올림 함합소를 독송, 금은전을 헌납하였다는 것을 알리고 신도들에게 증서를 반으로 잘라 나누어줌	상, 중, 하단 공양 함합소 낭독
경신봉송편 화재수용편 봉송명부편 보신회향편	불보살과 모든 상하의 성중을 돌려보냄 위목과 금은전 등의 예수재 물품을 태움	봉송 소대

이러한 생전예수재의 진행절차에서 나타나는 특징은 크게 세 가지로 살펴볼 수 있다. 첫째는 하단의 성격과 의미를 통해 생전예수재의 목적을 뚜렷하게 드러낸다는 점이며, 둘째는 의례를 올리는 핵심 대상이 중단의 명부시왕이라는 점이며, 셋째는 9단이라는 설단의 장엄함과 체계적인 신위의 분류를 들 수 있다.

첫 번째로 하단의 성격을 구체적으로 살펴보자. 생전예수재의 목적은 과거의 업장으로 인하여 생긴 죄의 값을 살아 있는 동안 미리 갚는 것이며, 이는 사후와 다음 내생을 위한 것이다. 따라서 일반 천도재의 하단이 주인공인 영가를 모시는 단이라면, 생전예수재에서는 동참재자가 의례의 주인공이므로 하단은 별치단이라 하여 사자使者, 고관庫官, 말 등을 모시는 단이 된다.

이러한 특징이 소청사자편에서 명부의 성중들에게 청하는 글인 청장請狀[59]에 잘 나타난다.

사바세계 남섬부주 해동 대한민국 ○○에 거주하는 ○○복위가 특별히 제 자신의 현세에는 복과 수명을 더하고, 다음 생에는 청정한 국토에 나기를 원하옵기에 ○○사에 나아가 금월 모일에 법의 연회를 마련하였으니 우러러 알리옵니다. 남방화주이신 지장보살

---

[59] 據 娑婆世界 南贍部洲 海東 大韓民國 某居住 某人 特爲己身 現增福壽 當生淨刹之願 就於某寺 以 今月 某日 虔設法筵 仰告 南方化主 地藏大聖爲首 道明無毒 兩大聖者 釋梵護世六大天主 冥府十王 諸曹判官 鬼王將軍 童子使者 諸靈宰等 盡 地府界 一切聖賢衆 不捨慈悲 的於今夜(日) 聞 奉請之音 俱臨法會 欽受供養者 弟子無任懇祈之至 謹狀
佛紀 ○年 ○月 ○日 秉法沙門 某謹狀

님을 대표로 하여 도명존자와 무독귀왕의 두 성자님, 제석천왕
대범천왕, 세상을 보호하시는 여섯 하느님, 명부시왕 그리고 모든
조관 판관 귀왕 장군 동자 사자, 모든 신령스런 관리들과 모든
지부계의 일체의 성현들께서 자비로써 버리지 않으시옵니다. 그렇
기에 오늘밤(낮)에 받들어 청하는 소리를 들으시고 함께 법회에
임하셔서 공양을 받으소서. 맡은 일이 없는 제자의 정성어린 기도가
이르기를 바라오니 삼가 글을 올립니다.

불기 ○년 ○월 ○일 삼가 글을 올립니다.

앞 구절에서 특별히 우리 자신의 복과 수명을 현세에 늘려 달라는
특위기신特爲己身 현증복수現增福壽와 다음 생에는 정토에 나기를 기원
하는 당생정찰지원當生淨刹之願의 내용들에서 생전예수재가 현생을
위한 목적임을 잘 말해준다. 아울러 업장소멸로 인한 다음 생의 모습까
지도 기원을 하고 있으며, 이는 생전예수재의 주목적이 나타나는
부분이라 할 수 있다.

또한 의식에 사용하는 공양물과 물품을 알리는 물장物狀[60]에서는
다음과 같은 내용이 나온다.

사바세계 남섬부주 해동 대한민국 ○○에 거주하는 ○○복위가

---

60 據 娑婆世界 南瞻部洲 海東 大韓民國 某居住 某人 特爲某市 某靈駕 往生淨刹之願
就於某寺 以 今月某日 修設冥司 十王聖齋 茶果飯餠 金銀錢文 雲馬駱駝 淸淨供具
章表一緘 伏請地府聖衆 諸曹眞宰 不知名位 一切眷屬 俱臨法筵 欽受供養者 弟子
無任懇禱之至 謹狀
佛紀 ○年 ○月 ○日 秉法沙門 某謹狀

특별히 ○○영가가 청정한 국토에 나기를 원하옵기에 ○○사에
나아가 금월 모일에 명부의 관리들과 시왕의 성현들께 재를 개설하
오니, 차와 과일 밥과 떡, 금은전의 공문과 운마와 낙타, 청정한
공양구를 한 함에 글로 나타내니 엎드려 지부의 성중들과 모든
조관과 진실한 관리와 이름을 알 수 없는 모든 권속들을 청하오니
함께 법의 연회에 임하셔서 공양을 받으소서. 맡은 일이 없는 제자의
정성어린 기도가 이르기를 바라오니 삼가 글을 올립니다.
불기 ○년 ○월 ○일 삼가 글을 올립니다.

특별히 어느 곳, 누구의 영가가 극락왕생을 발원하는 구절로 특위모
시特爲某市 모영가某靈駕 왕생정찰지원往生淨刹之願을 앞 구절에 두고
있다. 이는 영가를 위한 의식임을 알려주는 부분이다. 생전예수재가
살아 있는 사람의 복과 수명을 발원함과 동시에 선망조상의 왕생극락
발원을 목적으로 한다는 것을 볼 수 있다. 이러한 내용으로 보아
준비의식에서 영가를 모시는 대령의식이 절차상 빠질 수 없는 부분이
며, 예수재가 영가 천도를 위한 목적을 겸하고 있다는 것을 시사해준다.
 생전예수재의 설행에서 주목적이 가장 잘 나타나는 부분은 하단의
고관庫官의 역할이다. 고관은 개개인이 갚을 전생 빚과 경전을 보관하
는 창고의 관리이기 때문에 정성스럽게 청하여 공양을 올리고, 금은전
과 그 증서인 함합소緘合疏[61]를 올리는 것이다.

---

61 修說冥司勝會 據 娑婆世界 南瞻部洲 海東 大韓民國 某居住齋者 某人伏爲 現增福
   壽 當生淨刹之願 就於某寺 以 今月某日 預修十王生七之齋 謹命秉法闍梨一員
   及 法事僧幾員 約一夜(日) 揚幡發牒 結界建壇 式遵科儀 嚴備壽生 貸欠之錢

두 번째는 의식의 중심적인 역할이 중단에서 이루어진다는 점이다. 명부의 시왕과 풍도대제酆都大帝, 하원지관下元地官의 중상단과 26위의 판관[62], 37위의 귀왕[63], 2부동자[64]와 12사자[65] 등의 중중단, 그리고

廣列香花珍羞之味 上供十方聖賢之尊 中供十王冥府之衆 下及各位案列諸司 次至庫司壇前 普召十二生相諸位聖聰 天曹眞君 地府眞君 本命元神 本命星官 善部童子 宅神土地 五道將軍 家竈大王 水草將軍 福祿官 財祿官 衣祿官 食祿官 錢祿官命祿官 本庫官 廣布法食 備諸香花 一一奉獻 一一供養 切以 一眞凝寂 物我無形一氣肇分 乃有方位之界 妄明忽起 仍玆壽生之羞 今夫某生某齋者 曾於第某庫某司君前 稟受人身之時 貸欠冥間之錢某貫 壽生經 金剛經 某卷 已於本命 聖聰前納於本庫 生於人間 貧富貴賤 修短苦樂 各得其所 以自受用 而今所欠冥錢 某貫金剛經 某卷 備數準備 還納 第 某庫 某司君前 幸乞納受 第恨無力 不得備數惟承佛力 仗法加持 以僞爲眞 以無爲有 變成金銀之錢 一爲無量 無量爲一 一多無碍 事理雙融 遍滿刹海之中 我以如是 諸佛法力 悉令具足 伏祈聖聰 照察領納緘合者 謹疏

佛紀 ○年 ○月 ○日 秉法沙門 某謹疏

62 第一夏判官 第二宋判官 第三盧判官 第四司命判官 第五舒判官 第六王判官 第七裵判官 第八曹判官 第九馬判官 第十趙判官 第十一崔判官 第十二甫判官 第十三熊判官 第十四皇甫判官 第十五鄭判官 第十六河判官 第十七孔判官 第十八胡判官 第十九傅判官 第二十屈判官 第二十一陳判官 第二十二陸判官 第二十三印判官 第二十四掌算判官 第二十五江漢判官 第二十六庚判官

63 第一無毒鬼王 第二惡毒鬼王 第三惡目鬼王 第四諍惡鬼王 第五大諍惡鬼王 第六白虎鬼王 第七血虎鬼王 第八赤虎鬼王 第九散殃鬼王 第十飛身鬼王 第十一電光鬼王 第十二狼牙鬼王 第十三千照鬼王 第十四啗獸鬼王 第十五負石鬼王 第十六主耗鬼王 第十七主禍鬼王 第十八主食鬼王 第十九主財鬼王 第二十主畜鬼王 第二十一主禽鬼王 第二十二主獸鬼王 第二十三主魅鬼王 第二十四主産鬼王 第二十五主命鬼王 第二十六主疾鬼王 第二十七主儉鬼王 第二十八主目鬼王 第二十九四目鬼王 第三十五目鬼王 第三十一那利叉鬼王 第三十二大那利叉鬼王 第三十三阿那吒鬼王 第三十四大阿那吒鬼王 第三十五主陰鬼王 第三十六虎目鬼王

종관從官, 영관靈觀, 이름 없는 말단의 부지명위不知名位의 중하단 등에서 의례의 진행시간이 가장 길다. 이는 중단의 역할이 가장 크다는 것을 반증한다. 이러한 중단은 특히 지옥을 관장하는 풍도대제와 판관귀왕의 등장으로 도교의 영향을 받았음을 볼 수 있다.

세 번째는 9단으로 분류된 설단의 장엄함이다. 영산재나 수륙재, 천도재 등의 경우 상·중·하의 3단이지만, 예수재의 경우 별도의 영가단을 제외하더라도 상3단, 중3단, 하3단과 찬욕소, 성욕소, 관욕소의 3욕실소 등이 큰 규모로 설치된다는 점이다.

이처럼 다양하고 구체적인 설단을 통하여 생전예수재는 사자단 → 상단 → 중단 → 고사판관 → 봉송의 단계별로 과거의 업장을 소멸하고 극락정토로 나아가는 과정을 정확하게 제시하고 있다. 이와 같이 사자를 청하여 생전예수재에 올리는 공양물과 물품을 명부세계에 고하고, 이를 증명해줄 불보살들과 명부시왕과 성위들을 모시어 찬탄과 공양을 올리고, 고관들에게 전생 빛과 업장소멸을 위한 경전과 금은전을 바치는 과정을 명확하게 보여준다는 것이다.

第三十七南安鬼王

64 善簿童子 惡簿童子

65 監齋使者 直符使者 追魂使者 注魂使者 黃川引路 五位使者 年直使者 月直使者
日直使者 時直使者 諸地獄 官典使者 諸位馬直使者 府吏使者

4. 생전예수재의 신앙적 배경

한국불교에서 재는 서방정토의 극락왕생이라는 분명한 목적을 가지고 있다는 것을 의식문儀式文을 통해 알 수 있다. 이러한 극락왕생이 가지는 사상적 배경은 정토사상이라 할 수 있다. 그리고 의식문에서 극락왕생이라는 목적을 이루기 위해 나타나는 신앙은 아미타신앙과 관음신앙 그리고 지장과 명부시왕신앙의 타력적 신앙이며, 이러한 신앙들은 한국불교가 전래된 이래 지금까지 민중들의 대표적 신앙이 되었다. 그리고 이러한 신앙들로 인해 조선시대 억불정책으로 인한 불교계의 암울한 시기에도 불교가 유지될 수 있었다.

조선시대 유교의 근간이 되는 '효'와 '조상숭배'의 이념이 극락왕생을 발원하는 불교의 정토신앙을 통해 구현될 수 있었기 때문이다. 아미타불의 48서원으로 칭명염불만으로도 극락왕생할 수 있다는 미타정토신앙과 현세이익을 대변하는 관음신앙, 자신의 성불을 포기하는 대신 지옥의 모든 중생구제를 서원한 지장신앙 등은 민중들에게 희망과 위안을 주는 원동력이었다. 생전예수재는 이러한 명부시왕신앙과 지장신앙, 아미타신앙, 그리고 관음신앙 등의 신앙적 배경을 기반으로 성립되었다고 할 수 있다. 생전예수재의 신앙적 배경으로서 이들 신앙의 의미와 한국불교에서의 전개과정을 살펴보고자 한다.

1) 명부시왕신앙과 지장신앙

(1) 명부시왕신앙

명부의 시왕신앙과 지장신앙은 생전예수재의 핵심적인 사상적 배경을 가지고 있다. 생전예수재의 진행과정에서 지장보살과 명부시왕의 유치由致와 청사請辭, 그리고 권공의식勸供儀式의 중요성이 이를 잘 말해준다.

명부시왕신앙은 생전예수재의 중심적인 사상적 배경으로, 인도의 야마천신앙이 중국에서 도교와 습합되면서 이루어졌다.

명부시왕사상이 등장하는 시기는 당오대 말기이다. 『석문정통釋門正統』권4와 『불조통기佛祖統紀』권33에 의하면, 당나라 때 도명스님의 영혼이 중음세계에서 유람하게 되는데, 열 가지 명부의 왕들을 분별하고 그들이 다스리는 망자의 죄업이 있는 것을 보고 잠에서 깬 뒤에 기록하였다고 한다.[66]

명부시왕의 사상적 근거는 당나라 장천藏天이 편찬한 『예수시왕생칠경豫修十王生七經』에 잘 나타난다.

사람이 죽은 후 첫째 칠일간은 진광왕이 주관하고, 두 번째 칠일간은 초강왕이 주관하며, 세 번째 칠일간은 송제왕이 주관하고, 네 번째 칠일간은 오관왕이 주관한다. 다섯 번째 칠일간은 염라왕이 주관하고, 여섯 번째 칠일간은 변성왕이 담당하고, 일곱 번째 칠일간은 태산왕이 주관한다. 여덟 번째로 백일간은 평등왕이 주관하고, 아홉 번째로 일년간은 도시왕이 주관하며, 열 번째로 삼년간은

---

[66] 차차석, 앞의 책, p.203.

오도전륜왕이 주관한다.[67]

중국에 불교가 전래되기 이전에는 도교道敎의 사후세계에 대한 관념
이 널리 유포되어 있었다. 하늘에는 절대자인 천제天帝가 있어 천조天曹
에서 널리 천하를 지배하고, 땅에는 지부地府에 태산부군泰山府君이
있어 인간의 수명과 길흉화복의 모든 것을 장악한다고 하였다. 즉
사람들은 천제와 태산부군에게 자신의 운명이 달려 있다고 믿어 왔다.[68]
불교에서의 지옥신앙은 고대 인도의 업業사상과 응보應報의 개념에
서 비롯되었다. 지옥사상이 중국에 전래되면서 도교의 시왕사상과
결합하여 정립된 것이다. 여기에『예수시왕생칠경』의 명부시왕신앙
이 결합하여 구체화되었다고 할 수 있다.

---

67 『佛說預修十王生七經』(卍續藏 卷150, pp.779~780), "第一七日過秦廣王 讚曰 一七
亡人中陰身 驅將隊隊數如塵 且向初王齊檢點 由來未渡奈河津 第二七日過初江
王 讚曰 二七亡人渡奈河 千羣萬隊涉江波 引路牛頭肩挾棒 催行鬼卒手擎叉 第三
七日過宋帝王 讚曰 亡人三七轉恓惶 始覺冥途險路長 各各點名知所在 羣羣驅送
五官王 第四七日過五官王 讚曰 五官業秤向空懸 左右雙童業簿全 輕重豈由情所
願 低昂自任昔因緣 第五七日過閻羅王 讚曰 五七閻王息諍聲 罪人心恨未甘情
策髮仰頭看業鏡 始知先世事分明 第六七日過變成王 讚曰 亡人六七滯冥途 切迫
坐人執意愚 日日只看功德力 天堂地獄在須臾 第七七日過大山王 讚曰 七七冥途
中陰身 專求父母會情親 福業此時仍未定 更看男女造何因 第八百日過平等王 讚
曰 亡人百日更恓惶 身遭枷械被鞭傷 男女努力造功德 從慈妙善見天堂 第九一年
過都市王 讚曰 一年過此轉苦辛 男女修齋福業因 六道輪廻仍未定 造經造佛出迷
津 第十至三年過五道轉輪王 讚曰 後三所歷是開津 好惡唯憑福業因 不善尙憂千
日內 胎生産死夭亡身"
68 김정희, 『조선시대 지장시왕도 연구』(一志社, 1996), p.4.

한국불교에서의 명부시왕신앙은 고려시대 점찰법회에서 지장보살의 역할이 사후세계의 영혼구제 성격을 지니고, 또한 지장보살이 미타신앙에 기반한 서방극락정토의 인로왕보살로서 신앙되면서 지옥 중생의 구원자로 나타났다. 고려 후기로 갈수록 시왕신앙과 결합하여 강조된다.[69]

시왕과 관련하여 『고려사』에는 다음과 같은 내용들이 나온다.

궁성의 서북쪽 모퉁이에는 시왕사[十王寺]를 세웠다. 그 절들에 걸린 초상화들은 말로 표현할 수 없을 정도로 기괴했다.[70]

숙종 7년(1102)에 흥복사興福寺의 시왕당十王堂이 완성되자 태자를 시켜 분향하게 하였다.[71]

그리고 「금구 금산사 혜덕왕사 진응탑비문」에 수창壽昌 2년(1096) 혜덕왕사의 초칠재初七齋, 십재十齋[72]라는 내용이 나타난다.

또 1107년 정근鄭僅의 처 김씨의 묘지명에 다음과 같은 내용이 기록되어 있다.

---

69 라정숙, 「고려시대 지장신앙연구」, 『사학연구』 제80(한국사학회, 2005), p.134.

70 『高麗史』, 卷127, 列傳, 卷第四十, 叛逆, 김치양, "又於宮城西北隅, 立十王寺. 其圖像奇怪難狀, 潛懷異志."

71 『高麗史』, 卷11, 世家, 卷第十一, 肅宗 7年, 9월, "丁酉 興福寺十王堂成, 命太子行香."

72 『朝鮮金石摠覽(上)』(경인문화사, 1974), p.301, "自初七泊二祥凡十齋"

태군은 72세 되던 정해년(예종2, 1107) 11월 22일에 병으로 조용히 세상을 떠났다. 서울 북산北山에 있는 지장사地藏寺에 빈소를 차렸다가 3년 뒤 송 대관大觀 4년, 우리나라 건통乾統 10년 경인년(예종 5, 1110) 2월 임인일에 서울 동쪽 조양산朝陽山의 남쪽 봉우리 남녘 기슭에 있는 동련사東蓮寺 동쪽 기슭에 장례지냈다.[73]

이는 불교식 장례인 십재를 지냈다는 것으로 판단되며, 궁중뿐만 아니라 민간에서도 십재가 행하여졌음을 알 수 있는 자료이다.

고려에 이어 조선시대에 이르러 지장과 시왕신앙 관련 경전의 빈번한 인출과 변상도 제작의 영향으로 지장과 시왕에 대한 헌공례獻供禮가 나타난다.

세종 2년(1420) 7월 19일 기사에 태종비太宗妃 원경왕후元敬王后의 재에 대한 예조禮曹의 계啓에 기록된 내용을 보자.

예조에서 계하기를, '대행 후덕 왕대비의 재를 올리는 물품은 초재初齋로부터 삼재三齋에 이르기까지, 불전 첫줄에는 백미白米 일곱 분〔七盆〕, 좌우준화左右樽花・전주목단專柱牧丹・밀잠蜜潛이요, 둘째 줄에는 개화거식방기開花車食方機 아홉이요, 셋째 줄에는 각색실

---

73 김용선 역, 『역주 고려묘지명집성』(한림대출판부, 2006), p.49. "太君姓金氏故相國匡文公諱行瓊之第二女也適追封檢校軍器監滎陽鄭公諱僅鄭公先於二十三年太安四年戊辰七月二十九日卒太君年甫七十二於丁亥十一月二十二日以疾卒屬纊不亂殯于京北山地藏寺後三年太宋大觀四年本朝乾統十年庚寅二月壬寅葬于京東朝陽山南岳之南麓東蓮寺之東原男西京留守判官禮部員外郎克恭粗誌其略銘曰惟是先妣之室旣固旣安庶幾無窮以利其嗣人"

과방기各色實果方機 아홉과 화초유잠花草油潛이요, 넷째 줄에는 청
홍사화통靑紅紗火桶 열이요, 다섯째 줄에는 소문보시생초疏文布施
生綃·백저포白苧布 각 두 필이요, 여섯째 줄에는 화대촉畫大燭 두
가락과 동건촉同巾燭 두 가락이요, 지장전地藏前에는 백미증반白米
蒸飯 각 한 분盆, 병餠, 실과實果·유과油果 각 한 반盤, 보시백저포布施
白苧布 한 필, 소촉小燭 두 가락이요, 시왕전十王前에는 증반 각
한 발鉢, 병·유과·실과 각 한 반盤, 정포正布 각 한 필, 소촉 각
한 가락이며, 넷째 번 재로부터 여섯째 번 재에 이르기까지는 불전
첫째 줄에는 백미 열한 분과 좌우준화요, 둘째 줄에는 유밀과방기
열둘이요, 셋째 줄에는 개화거식방기 열둘이요, 넷째 줄에는 각색
실과방기 열둘과 화초밀잠이요, 다섯째 줄에는 청홍사화통 열넷이
요, 여섯째 줄에는 보시사라중布施紗羅中 한 필, 단지緞子 한 필이요,
일곱째 줄에는 대화촉 두 가락, 동건촉 두 가락이요, 지장전地藏前에
는 백미 두 분, 반飯 한 분, 다茶·과果·병餠 각 한 반, 보시백저포
한 필, 소촉 두 가락이요, 시왕전十王前에는 우근계亐斤桂 각 한
반, 실과·병·반·각 한 반, 보시정포 각 한필, 소촉 각 한 가락이요,
중을 이바지하는 데〔供僧用〕에 잡색다과雜色茶果 세 그릇 상〔三器
床〕이며, 일곱 번째의 재는, 불전 첫째 줄에는 백미 열다섯 분과
좌우준화요, 둘째 줄에는 다식방기茶食方機 열일곱이요, 셋째 줄에
는 유밀과방기 열일곱이요, 넷째 줄에는 각색실과방기 열일곱과
화초밀잠이요, 다섯째 줄에는 청홍사화통 열여섯이요, 여섯째 줄
에는 보시단자布施段子 두 필과 생초 두 필이요, 일곱째 줄에는
대화촉 두 가락, 동건촉 여덟 가락, 현촉懸燭 두 가락이고, 지장地藏·

시왕전十王前 배설排設과 중을 이바지하는 물품은 일체로 4·5재의
예에 따라 한다.[74]

위의 내용에 의하면 재의식을 행할 때, 불전佛殿, 지장전地藏殿,
시왕전十王殿 등 각 전殿에서 헌공獻供을 행하였음을 알 수 있다. 이는
지장전과 시왕전 등 별도로 전의 조성과 함께 조선 전기에 삼단헌공三檀
獻供의 예와 공회共會의 예가 이루어졌음을 알 수 있다.[75]

세종 7년(1425) 1월 25일 기사에 사간원 좌사간司諫院左司諫 유계문柳
季聞 등이 다음과 같이 상소하였다.

---

74 『世宗實錄』, 2年 明 永樂18年, 7月 19日, 記事, "禮曹啓: "大行厚德王大妃齋物品,
自初齋至三齋: 佛前第一行, 白米七盆, 左右樽花, 專柱牧丹蜜潜. 第二行, 開花車
食方機九. 第三行, 各色實果方機九, 花草油潜. 第四行, 青紅紗火桶十. 第五行,
疏文布施生絹、白苧布各二匹. 第六行, 畫大燭二丁, 同巾燭二丁. 地藏前, 白米
蒸飯各一盆, 餅、實果、油果各一盤, 布施白苧布一匹, 小燭二丁. 十王前, 蒸飯各
一鉢, 餅、油果、實果各一盤, 正布各一匹, 小燭各一丁. 自四齋至六齋: 佛前第一
行, 白米十一盆, 左右樽花. 第二行, 油蜜果方機十二. 第三行, 開花車食方機十二.
第四行, 各色實果方機十二, 花草蜜潜. 第五行, 青紅紗火桶十四. 第六行, 布施紗
羅中一匹, 段子一匹. 第七行, 大畫燭二丁, 同巾燭二丁. 地藏前, 白米二盆, 飯一
盆, 茶果、餅各一盤, 布施白苧一匹, 小燭二丁. 十王前, 亐斤桂各一盤, 實果、
餅、飯各一盤, 布施正布各一匹, 小燭各一丁. 供僧用雜色茶果、實果三器床. 七
齋: 佛前第一行, 白米十五盆, 左右樽花. 第二行, 茶食方機十七. 第三行, 油蜜果方
機十七. 第四行, 各色實果方機十七, 花草蜜潜. 第五行, 青紅紗火桶十六. 第六行,
布施段子二匹, 生絹二匹. 第七行, 大畫燭二丁, 同巾燭八丁, 懸燭二丁. 地藏、十
王前排及供僧物品, 一依四五齋之例 "
75 문상련(정각), 앞의 논문, p.169.

지금 사람들은 어버이가 죽으면, 크게 불공을 베풀고서 매양 죄 없는 부모를 죄가 있는 것처럼 부처와 시왕十王에게 고하고, 그 죄를 면하기를 비니 그 불효함이 이보다 큰 것이 없습니다. 설사 부처와 시왕이 있다 하더라도 어찌 한 그릇 밥의 공양으로 죄 있는 사람을 용서할 이치가 있사오리까. 그 허탄함이 또한 심합니다.[76]

이처럼 왕실뿐만 아니라 민간에서도 시왕신앙이 널리 보급되었음을 볼 수 있다.

이후 연산군과 인수대비의 죽음 이후 중종 2년(1507) 식년제式年制 승시僧試의 중단으로 불교의 확산은 저해되었다. 그러나 불교의 억압 속에서 오히려 산문을 중심으로 의식집儀式集이 출간되는 등 신앙적 정체성이 압축되면서 지장과 명부시왕신앙이 보다 체계화된다.[77]

조선시대에 출간된 의식집은 기존의 전래의식을 집성한 1535년의 『청문請文』이 대표적이다. 이 책에는 제반의식의 전반을 구성하는 개계開啓와 각각의 헌공의례를 포함 시왕청十王請, 약례왕청略禮王請, 나한청羅漢請, 사자청使者請, 관음청觀音請, 가사청袈裟請, 제석청帝釋 請, 제불보살통청諸佛菩薩通請, 미타청彌陀請, 지장청地藏請 등이 소개 되어 있다.[78] 그리고 생전예수재의 저본인 『예수시왕생칠재의찬요』가

---

76 『世宗實錄』, 7年, 明 洪熙1年, 1月 25日, 記事, "今人親死, 則廣設佛事, 輒以無罪之 父母爲有罪, 而告佛與十王, 祈免其罪也, 其不孝莫大焉. 假使佛與十王在, 安有 享一器之食而赦有罪之人乎? 其爲虛誕, 亦已甚矣"

77 문상련(정각), 앞의 논문, p.171.

78 문상련(정각), 같은 논문.

1566년을 시작으로 이후 많은 판본이 제작되었다.[79]

임진왜란 이후에는 청허휴정이 지었다고 추정되는 「회심곡」[80]이 전란으로 피폐한 민중들에게 유통되어 지장신앙과 명부시왕신앙의 형성에 많은 영향을 미친 것으로 판단된다.

이후 1709년 지환智還이 편집 간행한 『천지명양수륙재의범음산보집天地冥陽水陸齋儀梵音刪補集』[81]의 「대례왕공양문大禮王供養文」과 1827년 백파긍선白坡亘璇의 『작법귀감作法龜鑑』의 「약례왕공문略禮王共文」[82] 등을 통해 지장과 시왕의 헌공의례가 체계화되어 나타난다.

이러한 체계화된 지장과 시왕의 헌공의례를 통하여 생전예수재[83]와 망자를 위한 십재十齋[84]가 빈번하게 개설되었음을 기록으로 확인할

---

79 문상련(정각), 같은 논문, pp.171~172.

80 1704년(숙종 30) 명간이 엮어 1776년(영조 52) 해인사海印寺에서 펴낸 목판본 『보권염불문普勸念佛文』에 실려 전한다. 가사 죽음의 길 부분, "…제일전에 진광대왕秦光大王, 제이전에 초관대왕, 제삼전에 송제대왕, 제사전에 오관대왕五官大王, 제오전에 염라대왕閻羅大王, 제육전에 변성대왕, 제칠전에 태산대왕泰山大王, 제팔전에 평등대왕平等大王, 제구전에 도시대왕, 제십전에 전륜대왕轉輪大王 열 시왕十王이 부린 사자, 일직사자日直使者, 월직사자月直使者 한손에는 철봉 들고 또 한손에 창검 들고 쇠사슬을 비껴 차고 활등같이 굽은 길로 살대같이 달려와서 …"

81 『天地冥陽水陸齋儀梵音刪補集』, 「大禮王供養文」(『韓佛全』 卷11, pp.479.~482).

82 『作法龜鑑』, 「略禮王共文」(『韓佛全』 卷10, pp.557~558).

83 奇巖法堅(1648), 『奇巖集』, 「生前預修疏」(『韓佛全』 卷8, p.167하).
雪巖秋鵬(1710), 『雪嵓雜著』, 「徐允暹預修上中疏」(『韓佛全』 卷9, p.325상~중).
月渚道安(1717), 『月渚堂大師集』, 「生前十王齋疏」(『韓佛全』 卷9, p.105상).
涵月海源(1821), 『天鏡集』, 「預修齋疏」(『韓佛全』 卷9, p.628상).

84 野雲時聖(1827), 『野雲大禪師文集』(『韓佛全』 卷9, p.758상), "今日卽汝所管第

수 있다. 이와 같이 명부시왕신앙은 생전예수재의 신앙적, 사상적 중심을 이루고 있다 하겠다.

(2) 지장신앙

생전예수재 가운데 지장보살은 명부시왕의 대례의식에서 증명의 역할을 하고 있다. 지장보살에서 '지地'는 대지를 의미하며, 장藏은 저장하는 장소를 의미한다. 지장의 기원을 어원적으로 살펴보면 지장은 인도 고래의 프리티비(Pṛhivī)이다. 이른바 대지大地의 덕德을 의인화한 바라문교의 지모신地母神을 불교가 수용하면서 비롯되었다.[85] 범어로는 크시티갸르바(Kṣti-Garbhah)이며, '크시티(Kṣti)'는 '주住하다'라는 의미의 동사 '크시(Kṣ)'로부터 파생된 말로서, 한역하면 '주처住處' 혹은 '대지大地'라는 의미이다. 이것은 우리가 살고 있는 산하대지山下大地를 의미하며, 그 의미가 더욱 확대되어 자연적 공간을 뜻하는 개념으로 확대되었다. 곧 생명체가 거주하는 사회로서 중생들의 삶의 영역을 의미하는 것이라 하겠다. '장藏'의 어원은 '갸르바(Garbhah)'이다. 이는 어머니의 자궁 혹은 모태의 의미로 '태장胎藏', '함장含藏'의 의미를 함축하고 있다. 따라서 양자를 합치면 '대지大地의 장藏'으로 이것이 '지장地藏'의 뜻이 된다. 그래서 지장이란 마치 모태가 아기를 잉태하는 것처럼 땅도 만물을 화육하는 힘을 지니고 있는 존재임을 뜻하는 것이다.[86]

六變成王之齋日 …"

85 김태훈, 「地藏信仰의 韓國的 變容에 關한 研究」, 원광대학교 박사논문, 2010, p.10.

원효는 지장의 의미에 대하여 『금강삼매경론金剛三昧經論』의 「석론釋論」에서 다음과 같이 말하였다.

이미 동체대비를 얻어서 일체중생의 선근善根을 생장시키므로 흡사 대지가 모든 초목을 생장케 함과 같다. 다라니로써 모든 공덕을 간직하고 일체중생에 혜택을 베풀어주되 끝내 다함이 없으니, 마치 큰 보배 창고에 진귀한 보배가 언제나 가득 차 있음과 같다. 이러한 두 가지 뜻이 있기 때문에 지장이라 이름한다.[87]

지장신앙은 지장삼부경이라 하여 『대승대집지장십륜경大乘大集地藏十輪經』10권, 『지장보살본원경地藏菩薩本願經』2권, 『점찰선악업보경占察善惡業報經』2권 등의 경전을 근거로 한다.

『대방광십륜경大方廣十輪經』8권과 『대승대집지장십륜경』10권은 동본 이역異譯이다. 현장(玄奘, 602~664)이 651년에 『대방광십륜경』을 저본으로 보다 정확하고 충실하게 번역하여 분량이 훨씬 증가된 『대승대집지장십륜경』을 내놓았다.[88] 즉 『대승대집지장십륜경』은 당 장안 대자은사大慈恩寺 번경원사문飜經院沙門 삼장현장三藏玄奘이 한역한 것으로 『지장보살본원경』, 『점찰선악업보경』과 함께 대표적인

---

86 김태훈, 앞의 논문, pp.10~11.

87 『金剛三昧經論』(大正藏, 권34, p.1001중), "已得同體大悲生長一切衆生善根猶如大地生諸草木以陀羅尼持諸功德惠施 一切而無窮盡如 大寶藏珍寶無盡由是二義名爲地藏"

88 김태훈, 앞의 논문, p.16.

지장보살삼부경 중의 하나로 손꼽는다.[89]

　지장보살은 육도의 세계인 지옥·아귀·축생·아수라·인간·극락 중 가장 큰 고통의 세계인 지옥의 중생을 한 사람도 빠짐없이 구원하는 것을 서원誓願으로 삼고 있다. 정자재왕여래께 이와 같이 맹세한 내용을 보자.

　　이제부터 백천만억겁의 세월 동안 모든 세계의 지옥과 삼악도에서 고통 받는 모든 중생들을 맹세코 제도하여 그들로 하여금 지옥·아귀·축생들을 벗어나게 하고, 이와 같은 죄와 고통을 받는 사람들이 다 성불한 뒤에야 비로소 제가 깨달음을 이루겠습니다.[90]

　우리나라에 지장신앙이 들어온 때를 삼국시대로 추정하고 있지만, 구체적인 연대에 대해서는 고증할 자료가 남아 있지 않다. 더구나 고구려의 지장신앙 관계는 전하는 바가 없고, 백제의 경우는 일본 자료에 일부 보이고 있는 정도이다. 신라시대에 대해서는 『삼국유사』를 통하여 당시 지장신앙의 실태를 대강 파악할 수 있는 실정이다.[91]

　『삼국유사』의 기록을 보면 진평왕대(眞平王代, 579~632)에 원광법사가 중국에서 돌아온 후 가서갑嘉栖岬에 점찰보占察寶를 설치하여

---

89 김태훈, 앞의 논문, pp.16~17.

90 『地藏菩薩本願經』, 「閻浮衆生業感品」(大正藏, 권13, p.781상), "却後却後百千萬億劫中 應有世界 所有地獄 及三惡道諸罪苦衆生 誓願救拔 令離地獄惡趣畜生餓鬼等 如是罪報等人 盡成佛竟然後 我方成正覺"

91 김영태, 「지장신앙의 전래와 수용」, 『현대사회에 있어서 지장신앙의 재조명』(운주사, 1991), p.24.

항규恒規로 삼았다[92]는 기록이 있다. 또한 진표율사가 영산사靈山寺에서 수행할 때에 미륵보살이 나타나 『점찰경占察經』 2권과 증과간자證果簡子 189개를 주고 일러 말하기를 "이 중 제8간자는 새로 얻은 묘계妙戒를 이르고, 제9간자는 구족계具足戒를 더 얻음을 이른다. 이 두 간자는 내 손가락뼈이고 나머지는 모두 침단목沈檀木으로 만든 것으로 모든 번뇌를 이른 것이다. 너는 이것으로써 세상에 법을 전하여 사람을 구하는 뗏목으로 삼아라"고 하였다.[93] 이런 기록들에서 볼 때 신라불교는 점찰법회를 통해서 지장신앙이 독창적으로 계승되었음을 볼 수 있다.[94] 『삼국유사』의 여러 기사에 나타나는 바와 같이 신라에서 지장신앙이 활발히 이루어졌음을 알 수 있다.

고려시대로 내려오면서 건국 직후 창건된 십사十寺[95] 가운데 문수사文殊寺, 원통사圓通寺, 지장사地藏寺를 통해 문수신앙과 관음신앙, 그리고 지장신앙이 하나의 독자적 신앙으로 전개되었음을 볼 수 있다. 또한 사찰이 상당한 경제력을 갖추었음을 『삼국유사』의 다음 기록을

---

92 『三國遺事』卷第4, 義解第5, 圓光西學, "光於所住嘉栖岬置占察寶以爲恒規時有檀越尼納田於占察寶今東平郡之田一百結是也"

93 『三國遺事』卷第4, 義解第5, 眞表傳簡, "然志存慈氏故不敢中止乃移靈山寺 又懃勇如初果感弥力現授占察経兩卷 并證果簡子一百八十九介謂曰於中第八簡子喩新得妙戒第九簡子喩增得具戒斯二簡子是我手指骨餘皆沉檀木造喩諸煩惱汝以此傳法於世作濟人津筏"

94 김용덕, 「지장신앙의 수용과 전승 양상」, 『한국언어문화』 제52집(한국언어문화학회, 2013), p.62.

95 『高麗史』世家1, 太祖2年, 三月, "創法王·王輪等十寺于都內, 兩京塔廟, 肖像之廢缺者, 並令修葺."

통해 유추할 수 있다.

팔공산 지장사地藏寺 같은 곳은 입전入田이 2백 결이고, 비슬산毗瑟山
도선사道仙寺는 입전이 20결이며, 서경西京의 사방에 있는 산사도
각기 20결씩이다. 모두 유직有職·무직無職을 막론하고 반드시 계를
갖추고 재주가 뛰어난 이를 뽑아서 사중社衆의 중망衆望에 의하여
차례를 이어 주지로 삼아 분향수도〔焚修〕함을 상례로 삼았다.[96]

이는 사원의 경제력을 바탕으로 독자적인 지장신앙의 활성화가
이루어졌다는 것을 의미한다.

고려 중기 이후 지장신앙은 치병治病과 수복壽福을 위한 현실이익적
신앙으로 전개되었다. 이러한 사례를 『고려사』와 『동문선』 그리고
『고려사절요』의 기록에서 살펴볼 수 있다. 먼저 치병의 사례이다.
『고려사』 열전列傳 서희의 부父 서눌편에 치병에 관한 기록이 있다.

정종 7년(1040) 서눌이 병들어 지장사地藏寺에서 요양하자, 왕이
우승선右承宣 김정준金廷俊을 보내어 문병하고 어의御衣 두 벌,
곡식 1천 석, 말 두 필을 사원에 시주하여 병 낫기를 빌게 하였다.[97]

---

96 『三國遺事』 卷第3, 塔像第四, "公山地藏寺入田二百結毗瑟山道仙寺入田二十結
西京之四面山寺各田二十結例皆勿論有職無職湏擇戒備才高者社中衆望連次住
持焚修以爲恒規"
97 『高麗史』 卷94, 列傳 卷第7, 諸臣, 서희徐熙 부 서눌徐訥, "七年, 賜几杖, 加重大匡,
明年, 再上表乞退, 不允. 訥遘疾寓地藏寺, 王遣右承宣金廷俊問疾, 以御衣二襲,
穀一千碩, 馬二匹, 納寺祈福."

『동문선』에서는 점찰회에서 김부식이 인종의 치병을 기원하고 있다.

어린 내가 외람되게 왕위에 군림하여, 역대 임금들의 간고艱苦하던 일을 계승하고, 다년간 누적된 폐단의 나머지를 만나게 되었으니, 깊은 못가에 선 것 같고, 살얼음을 밟는 것과 같아서, 내 마음은 겁나고 두렵습니다. 자비로운 구름을 덮어 주시어 감로甘露를 내려 주심과 같은 부처님의 은덕에 의지하기를 바랍니다. 갑자기 재앙을 만나 병들어 눕게 되었습니다. 무당과 의원의 방술方術을 찾음이 진실로 한 번이 아니며, 신성神聖의 영靈에 빈 일 또한 이미 많건만, 아직 효험이 나타나지 않아서 더욱 근심이 극심합니다. … 길이 백유伯有가 죽어서 되었다는 돌림병이 사라지게 하려면, 다시 다른 방도가 없습니다. 모름지기 진승(眞乘: 진실한 교섭)에 의탁하여야 하겠습니다. 측근에 시어侍御하는 자를 이름난 절에 보내어 불전에 법단法壇을 높이 마련하였습니다. 향화香火와 헌화獻花는 빽빽하게 벌여 놓았으며, 범패는 화열和悅하고 부지런합니다. 그들의 정신을 뽑아 모아서 부처님을 보며 설명을 듣게 하며, 악업의 장애障礙를 열어서 드러내고, 기어이 고뇌에서 벗어나서 하늘에 왕생하게 하소서.[98]

---

98 『東文選』第110卷, 疏,「俗離寺占察會疏」, "言念沖人 叨臨大 位 承列后投艱之業 遇多年積弊之餘 深淵薄冰 懼予心而方恐 慈雲甘露 冀佛德之是依 遽爾遘灾 玆焉 寢疾 訪巫醫之術 固非一焉 乞神聖之靈 亦已多矣 尙微效驗 愈極憂思 竊恐自肅 祖有爲 之年 及李氏用事之際 誅流人物 擾動幽明 愼氣鬱陞 寃對封執 今欲載其 營魄 安其遊魂 不作彭 生之夭 長消伯有之癘 更無他道 須托眞乘 遣瞀 御於名藍 峙法壇於寶殿 香花森列 梵唄熏勤 抽 集精神 使之見佛而聞法 發露業障 期於離

『고려사절요』에서도 인종의 치병에 관한 기록이 나타난다.

왕의 병이 심하여 점을 치니, "죽은 자겸資謙이 탈이 되어 그렇다."
하여 내시 한작韓綽을 보내어 자겸의 처자를 인주仁州로 옮겨 놓고,
백관이 보제사普濟寺로 나가서 빌고 또 시왕사十王寺와 종묘와 사직
에서 빌었다.[99]

다음으로 수복에 관한 기록은 공민왕대에 이르러 나타나고 있다.

왕의 생일을 맞아 내전에 사흘 동안 도량道場을 열었다. 재상宰相들
이 만수무강을 비는 술잔을 올리려 하자, 왕은 "잔치를 열려면
어쩔 수 없이 살생을 하게 마련이니 차라리 그 비용으로 지장사地藏
寺에서 승려 1천 명에게 음식을 대접하라."고 지시했다. 당시 왕이
불교를 혹신했기에 백관들이 다들 왕의 만수무강을 기원하는 재齋
를 열었다.[100]

조선시대에 이르러서는 정치적 배불정책에도 불구하고 왕실의 주관

苦而 生天"

[99] 『高麗史節要』第10卷, 仁宗恭孝大王二, 丙寅二十四年, "王, 疾篤, 卜曰, 資謙
爲崇, 遣內侍韓綽, 徙置資謙妻子於仁州, 百官, 就禱于普濟寺, 又禱于十王
寺及廟社."

[100] 『高麗史』卷38, 世家 卷第38, 恭愍王 元年 五月 戊寅 "以誕日, 設道場于內殿三日,
宰相欲上壽, 王曰, "宴必殺生, 其以宴錢, 飯僧一千于地藏寺." 王方信佛, 百官皆
爲王設祝壽齋.

으로 많은 불사佛事가 있었다. 특히 조선초 왕실에서는 망귀亡鬼의
추복追福과 천도薦度를 위한 『지장보살본원경』 인성印成이 빈번히
행해졌음이[101] 많은 기록으로 나타나고 있다.

『동문선』에서는 세종 23년(1441) 소헌왕후가 승하하자 대군들이
명복을 빌기 위하여 여러 경전을 조성하였는데, 그중에 『지장경』도
포함되었다.

우리 소헌왕후昭憲王后께옵서 타고나신 성덕이 중미衆美를 온전히
갖추셨으니, 만세를 누리심이 마땅하오나 갑자기 승하하셨다. …
『지장경』의 고취苦趣를 구원하여 뽑는 것과, 『자비참慈悲懺』의 허
물을 뉘우치게 하며, 티끌과 때를 빤다는 것을 모두 다 표장表章하
고, 금니金泥와 단사丹砂를 사용하여 묘한 해서로 써서 여러 가지
보배로 장식하였다. … 우리 왕후께옵서 이미 인仁하시고, 또 성聖하
시니, 곧장 여래의 대광명장大光明藏으로 들어가셨을 것은, 진실로
이미 의심할 것이 없는 일이다. 어느 겨를에 천발薦拔하리요."[102]

정각(문상련), 「지장신앙의 전개와 신앙의례」, 『정토학연구』 제15(한국정토학회,
2011), p.165.

[102] 『東文選』第103卷, 跋, 「諸經跋尾」, "恭惟我昭憲王后 天賦聖德 備全衆美 宜享萬
歲而遽焉陟遐 諸大君 號慕痛毒 哀不自勝 乃言曰 旣未能盡孝 而又廢追福 則昊
天罔極之恩 將 何以報 昧死敢請 教曰可 於是就三藏中撮其 最殊最勝者 曰法華
經 妙萬法而明一心 彌陀經 指歸安養 長享極樂 普門品機情密契 人法俱妙 梵網
經 衆生持戒 卽入佛地 起信論 具大信乘 不種佛種 與夫地藏經之救拔苦趣 慈悲
懺之浣濯 塵垢者 悉皆表章之 用金泥丹砂 書以妙楷 飾以 衆寶 仍於卷首 冠之之
以變相 使觀者 不待繙誦 而起敬起慕 何其至哉 嗟乎 佛氏之說曰 卽心卽 佛
我王后旣仁且聖 直入如來大光明藏 固已 無疑 奚假薦拔爲"

또한 문종이 세종을 위하여 여러 불교경전을 조성하도록 하였는데,
여기에 『지장경』 3권도 포함되었다.

임금이 대행왕大行王을 위하여 부지돈녕副知敦寧 강희안姜希顔·정
랑正郎 이영서李永瑞·주부注簿 성임成任·사용司勇 안혜安惠와 중〔緇
流〕 7인에게 명하여 금니金泥를 사용하여 불경을 베껴 쓰도록 하였
다. … 이에 해서楷書 잘 쓰는 사람을 명하여 『법화경法華經』 7권,
『범망경梵網經』 2권, 『능엄경楞嚴經』 10권, 『미타경彌陀經』 1권,
『관음경觀音經』 1권, 『지장경地藏經』 3권, 『참경懺經』 10권, 『십육
관경十六觀經』 1권, 『기신론起信論』 1권을 금자金字로 쓰게 하고
모두 정전楨牋을 사용하였다.[103]

성종 3년(1474) 『상교정본자비도량참법』에 인혜왕대비한씨가 양조
모신숙화辛叔和와 처 김씨영가의 명복을 위해 『법화경』, 『지장경』,
『참법』 등 각각 7건을 인출하였다는[104] 내용이 있다.

(번역: 한국고전종합DB, 동문선편, http://db.itkc.or.kr/), 검색어: 제경발미.

103 『朝鮮王朝實錄』 6집, 「文宗實錄」, 文宗 卽位年 4月 10日, "作佛事于大慈庵,
凡七日. 前此上爲大行王, 命副知敦寧姜希顔、正郎李永瑞、注簿成任、司勇
安惠、緇流七人, 用泥金寫經 … 爰命善揩俾金, 書《法華》七卷、《梵網》二卷、
《楞嚴》十卷、《彌陁經》一卷、《觀音經》一卷、《地藏經》三卷、《懺經》十卷、《十
六觀經》一卷、《起信論》一卷, 悉用楨牋, 其裝績甲函, 亦極精緻. 已乃集名緇,
闡法會以披覽, 遂命臣跋之"
(번역: 국사편찬위원회, 한국사 데이터베이스, 조선왕조실록, 문종실록편, http://db.
history.go.kr/), 검색어: 지장경.

104 『상교정본자비도량참법詳校正本慈悲道場懺法』(『韓佛全』 第12卷, p.155중), "仁惠

조선 초기 왕실에서 왕과 왕후 그리고 왕실가문의 명복을 위해 『지장보살본원경』이 빈번히 간행되었다. 세종 29년(1447)에서 세종 32년(1450) 사이에 간행된 보물 제933호,[105] 예종 1년(1469)에 간행된 제966호,[106] 성종 5년(1474)에 간행되어 1476년에 다시 찍어낸 제1104호,[107] 1485년에 다시 찍어낸 제1567호[108] 등의 『지장보살본원경』을

王大妃韓氏 敬爲養祖母辛叔和 妻金氏靈駕 證佛知見 成無上果之願 印成法華經 地藏經懺法各七件 備極粧潢 追資冥福 竊惟法華經 高出三乘"

[105] 삼성미술관 리움, 보물 제933호, 『地藏菩薩本願經』(卷上·中·下 : 3권 1책), 목판본. 당나라 법등法燈이 번역한 것을, 조선 왕실에서 태종의 비인 원경왕후와 세종의 비인 소헌왕후의 명복을 빌기 위해 목판에 새겨 닥종이에 찍어낸 것으로, 3권이 한 책으로 되어 있다. 형태는 병풍처럼 펼쳐서 볼 수 있도록 되어 있고 접었을 때 크기는 세로 28.2㎝, 가로 18㎝이며 한 장에 5행씩 들어가도록 되어 있다. 책 끝부분에 있는 기록을 보면, 세종의 막내아들이 영응대군의 군호君號를 받은 세종 29년(1447)에서 세종이 승하한 1450년(세종 32) 사이에 간행되었음을 알 수 있다.(문화재청, http://www.cha.go.kr.)

[106] 관문사(우면동), 보물 제966호, 『地藏菩薩本願經』(卷上·中·下 : 3권 1책), 목판본. 당나라의 법등法燈이 번역한 『지장보살본원경』 권 상·중·하인데, 세종의 둘째 딸인 정의공주가 죽은 남편 안맹담의 명복을 빌기 위해 예종 1년(1469)에 간행한 것이다. 나무에 새겨서 닥종이에 찍은 것으로 3권이 하나의 책으로 엮어져 있으며, 크기는 세로 31.8cm, 가로 20.5cm이다. 책머리에는 불경의 내용을 요약하여 그린 변상도變相圖, 기원하는 글을 적은 패牌, 신중상神衆像 등이 묘사되어 있다. 책 끝의 발문(跋文: 책의 내용이나 간행에 관계된 일을 간략하게 적은 글)은 김수온이 썼고, 목판에 새기는 일에는 권돈일, 사부귀, 고말종 등이 참여했다. 변상도와 본문 글씨를 새긴 솜씨가 뛰어나며, 조선시대 왕실 불교신앙의 한 유형을 살필 수 있는 자료이다.(문화재청, http://www.cha.go.kr.)

[107] 호림박물관, 보물 제1104호, 『地藏菩薩本願經』(卷上·中·下 : 3권 1책), 목판본. 성종 5년(1474)에 정희대왕대비가 공혜왕후의 명복을 빌기 위하여 간행한 것을 성종 16년(1485)에 다시 찍어낸 것이다. 닥종이에 찍은 목판본으로 권 상·중·하

통해 알 수 있다.

조선왕실의 지장 관련 경전의 출간과 변상도變相圖의 제작은 민간신
앙에도 큰 영향을 주었다. 이러한 이유는 지장신앙이 한국의 무속에서
'영산맞이'[109], '지장본풀이'[110], '불도맞이'[111], '불사거리'[112], '시왕맞
이'[113], '제석굿'[114] 등의 불교 명칭이 사용되고 있기 때문이다.

로 나누어진 3권을 하나의 책으로 만들었는데, 크기는 세로 32.3cm, 가로
21cm이다. 권상의 책 끝부분에는 보각(補刻: 목판의 판면이 고르지 않거나 없어진
부분이 있을 때 다시 손질하여 인쇄하는 것)한 기록이 있는데, 보각한 부분도
바로 펴낸 것이 아니라 시주자施主者들에 의해 후대에 찍어낸 것으로 보인다.
왕실에서 정성껏 간행한 것으로 당시 일류 조각가와 대비大妃·대군大君·학덕이
높은 스님들이 참여하였으며, 당시의 지장신앙과 왕실의 불교신앙 형태를 살펴
볼 수 있는 중요한 자료이다.(문화재청, http://www.cha.go.kr.)

108 국립고궁박물관, 보물 제1567호, 『地藏菩薩本願經』(卷上·中·下 : 3권 1책), 목판
본. 원 판본은 1474년(성종 5) 5월 정희대왕대비貞熹大王大妃를 위시한 인수대비
仁粹大妃, 안순대비安順大妃, 그리고 주상전하가 그 해 4월 창덕궁 구현전에서
춘추 19세로 훙거한 성종 초비인 공혜왕후의 명복을 빌기 위해 내수사의 비용으
로 광평대군 부인 신씨의 원당인 견성사見性寺에서 간행한 판본인데 원 판목
중 3장이 일실되어 1485년(성종 16)에 보각補刻하여 다시 찍어낸 판이다. 권상
권말에 '성화이십일년(1485) 사월일보간 대화주비구 신환成化二十一年 四月日補
刊 大化主比丘 信環'이라는 간기가 있어 보간 시기와 이를 주선한 시주자를 알
수 있다. 당대의 이름 있는 각수들이 새긴 내수사 출재의 왕실판본이므로
조선 전기의 출판 인쇄와 왕실 관련 불교사 연구에 귀중한 자료이다.(문화재청,
http://www.cha.go.kr.)

109 경상남도 오구굿의 일곱 번째 거리이다.

110 제주도 시왕맞이굿의 서사무가.

111 제주도 무당굿에서의 기자의례祈子儀禮.

112 서울·중부지역의 재수굿에서 불사신을 모시는 굿거리.

또한 조선사회는 유교의 정치이념 아래에 있었지만 국왕과 왕실의 불교신앙은 면면이 이어졌다. 태조 이성계는 건국으로 자신에게 희생당한 고려 왕족들의 넋을 위로하고 이반된 민심을 수습하기 위해 매년 진관사와 삼화사에서 국행수륙재를 거행하였다. 이러한 왕실의 후원을 받은 국행수륙재는 불교의 배척에도 불구하고 지장신앙의 명맥을 이어가는 터전이 되었던 것이다.[115]

한국의 지장신앙은 삼국시대에 들어서 점찰법회를 통한 참회와 수행이라는 특징을 가지고 있으며, 고려시대에는 전쟁과 폭력 그리고 천재지변의 자연재해와 질병 등에 의한 생전구복의 순수한 지장신앙이 중심이 되었다. 조선시대에 이르러서는 중국의 명부시왕사상과 결합되어 재齋를 통한 사후 지옥중생들의 구재라는 신앙적 특징을 지니게 되었다. 한국불교에서의 지장신앙은 이처럼 민중들의 삶과 정신에 큰 영향을 미치며 오늘에 이르고 있는 것이다.

이와 같이 명부시왕신앙과 지장신앙은 생전예수재의 중심적인 신앙적 배경이며 사상적인 성립배경이라 할 수 있다.

2) 아미타정토신앙

생전예수재의 의식 진행에 있어 본의식은 명부시왕과 지장신앙을 바탕으로 진행한다. 그러나 준비의식에서 영가를 청하여 모시고 삼업

---

113 제주도 무당굿 중 맞이굿의 하나이며 여섯 번째 거리.

114 전라남도 진도씻김굿의 다섯 번째 거리.

115 김용덕, 「지장신앙의 수용과 전승양상」, 「한국언어문화」 제52집(한국언어문화학회, 2013), p.62.

의 때를 맑히는 관욕의식 등은 아미타의 정토신앙을 기반으로 하고 있다.

아미타신앙은 서방극락정토에 상주하는 아미타불의 원력으로 칭명 염불稱名念佛하는 모든 사람들은 정토에 왕생할 수 있다고 하는 타력적 신앙이다.[116]

의식 진행에서 대령편對靈篇의 거불擧佛은 동참재자들의 선망조상 영가들을 위해 아미타불을 제일 먼저 청하고 있다. 그리고 대령은 영가에게 법식法食을 제공하는 의식으로, 영가에게 전하는 법문을 통해 부처님의 진리의 이치를 터득하고 아미타부처님께 의지하여 극락정토로 가기를 발원하는 것이다.

대령편의 고혼청孤魂請에 다음과 같은 구절이 있다.

날 때는 어디서 왔으며 죽으면 어디로 가는 것인가. 태어남은 한
조각 뜬구름이 일어나는 것이며, 죽음이란 한 조각 뜬구름이 사라지
는 것이다. 뜬구름 자체는 본래 실체가 없으니 생사의 오고 가는
것은 이와 같다. 다만 한 물건이 있어 항상 홀로 드러나 있는데
담연히 생사를 따르지 않는다.[117]

이 구절은 나옹선사의 선시 「부운浮雲」을 인용한 것으로, 나옹선사의 유심정토관을 잘 나타내는 구절이다. 생전예수재가 아미타신앙을

---

116 라정숙, 「高麗時代 淨土信仰 硏究」, 숙명여자대학교 박사논문, 2010, p.17.
117 "生從何處來 死向何處去 生也一片浮雲起 死也一片浮雲滅 浮雲自體本無實 生死
去來亦如然 獨有一物常獨露 湛然不隨於生死"

기본으로 하는 의례임을 잘 드러내는 대목이라 할 수 있다.

또한 사자단使者壇의 청장請狀과 물장物狀에 나오는 "당생정찰지원當生淨刹之願과 왕생정찰지원往生淨刹之願"이라는 구절에서도 극락정토의 원을 이야기하고 있다.

아미타불이라는 이름은 처음 인도에서 아미타유스(amita-yus : 무량한 수명을 가진 자, 無量壽), 아미타브하(amita-bhas : 한량없는 광명을 지닌 자, 無量光)라고 하는 두 가지 범어로 표현되었다. 중국으로 전해지면서 구분없이 동일하게 아미타라고 음사音寫되었다. 따라서 아미타는 이 두 가지 원명의 뜻을 모두 포함하고 있다. 중국 및 우리나라에서는 이 아미타와 병행하여 무량수불無量壽佛이라는 의역어도 많이 사용하고 있다.

아미타정토신앙의 수행은 염불과 독경을 기본으로 하고 있다. 염불이란 처음에는 석가모니부처의 명호를 부르면서 그 분의 공덕과 상호相好를 마음속에 자연히 간직하게 되는 '염念'이었는데, 이렇게 부처님을 염하는 법이 하나의 수행법으로 채택되면서 지금의 염불이 되었다.[118]

이러한 염불은 오래된 수행법이면서도 단순한 방법이었으며, 『관무량수경觀無量壽經』에서는 하품下品의 중생들에게 염불의 중요성을 다음과 같이 이야기한다.

이때 저 부처님은 화신불化身佛과 화신관세음보살과 화신대세지보살을 수행자 앞에 가게 하여 찬탄하시기를 "선남자야, 그대는 부처

---

118 李太元, 『念佛의 源流와 展開史』(운주사, 1998), p.132.
    라정숙, 앞의 논문, p.17.

님의 명호를 부른 까닭에 여러 가지 죄업을 소멸하고 내가 그대를
맞이하러 왔다."[119]

『관무량수경』에서의 16관법[120] 중 제7 화좌관華座觀에서는,

만약 저 부처님을 관하고자 하면 마땅히 칠각지七寶地 위의 연화蓮花
를 염해라.[121]

고 하는 관념염불觀念念佛을 말한다. 제16 하배관下輩觀 경우에는 아미
타불의 명호를 칭명하여 죄를 멸한다는 칭념염불稱念念佛을 설하고
있다.[122]

또한 『아미타경』에서도 염불의 중요성을 더욱 강조하여, 왕생하기
위해서는 한결 같은 마음으로 아미타불을 염불해야 한다고 한다.
더불어 육방불六方佛이 아미타불의 공덕을 찬탄하며 염불에 의한 정토
왕생을 증명하면서 염불을 통해 현세에서는 제불호념諸佛護念하고

---

119 『佛說觀無量壽佛經』(대정장, 권2, p.345상), "爾時彼佛卽遣化佛化觀世音化大勢
　　至至行者前讚言善哉 善男子汝稱佛名故諸罪消滅我來迎汝"

120 ① 일상관日想觀, ② 수상관水想觀, ③ 지상관地想觀, ④ 보수관寶樹觀, ⑤ 보지관寶
　　池觀, ⑥ 보루관寶樓觀, ⑦ 화좌관華座觀, ⑧ 상상관像想觀, ⑨ 진신관眞身觀, ⑩ 관
　　음관觀音觀, ⑪ 세지관勢至觀, ⑫ 보관普觀, ⑬ 잡상관雜想觀, ⑭ 상배관上輩觀, ⑮
　　중배관中輩觀, ⑯ 하배관下輩觀

121 『佛說觀無量壽佛經』(대정장, 권2, p.342상), "欲觀彼佛者當起想念於七寶地上作
　　蓮花想"

122 『佛說觀無量壽佛經』(대정장, 권2, p.345상), "稱南無阿彌陀佛稱佛名故除五十億
　　劫生死之罪"

76

내세에는 정토왕생할 수 있다고 하였다.[123]

만약 선남자 선여인이 아미타불에 대한 설법을 듣고 그 명호를
굳게 지니고 하루나 이틀 혹은 사흘 나흘 닷새 엿새 이레 동안
한결 같은 마음으로 흐트러지지 않으면 그 사람이 임종할 때에
아미타불이 여러 성중들과 함께 그 사람 앞에 나타날 것이다. 그
사람이 목숨을 마칠 때에 마음이 뒤바뀌지 않고 바로 아미타불의
극락국토에 왕생하게 될 것이다.[124]

미타신앙의 핵심은 법장보살이 세운 48서원이다. 법장보살은 세자
재왕여래世自在王如來가 계실 때 한 나라의 국왕이었으며, 세자재왕여
래의 설법을 듣고 보리심을 내어 왕위를 버리고 법장이라는 비구가
되었다.[125] 법장비구는 48가지 서원을 세우고 수행을 하였다. 그 후
성불하여 아미타불이 되어 서방의 극락정토가 만들어진 것이라고
한다.[126]

---

123 라정숙, 앞의 논문, p.19.

124 『佛說阿彌陀經』(대정장, 권12, p.347상), "若有 善男子善女人 聞說阿彌陀佛
執持名號 若一日若二日 若三日 若四日 若五日 若六日 若七日 一心不亂 其人臨
命終時 阿彌陀佛 與諸聖衆現在其前 是人終時 心不顚 倒卽得往生阿彌陀佛極
樂國土"

125 『無量壽經』(대정장, 권12, p.267상), "爾時次有佛 名世自在王如來應供等正 覺明
行足善逝世間解無上士調御丈夫天人 師佛世尊 時有國王 聞佛說法心懷悅豫 尋
發無上正眞道意 棄國捐王行作沙門 號曰法藏"

126 『無量壽經』(대정장, 권12, p.270상), "佛告阿難 法藏菩薩 今已成佛現在西方 去此
十萬億刹 其佛世界名曰安樂 阿難又問 其佛成道已來爲經幾時 佛言 成佛已來凡

아미타불의 48대원願 또는 약사여래 12대원願 그리고 보현보살 10대원願 등은 탐진치 삼독의 제악諸惡 속에 이루어지는 중생의 원과 구별된다. 여래나 보살은 원행만족願行滿足, 자리이타自利利他, 자각 각타自覺覺他, 원행궁만願行窮滿을 전제로 한다. 그래서 여래나 보살의 원은 본원本願이라 한다.[127]

이러한 본원사상本願思想은 석존에 의해서 자각된 자비와 지혜가 바탕이 된 여래의 자비심이 아마타불의 본원이라는 구체적인 모양을 갖추고 표현된 것이다.[128]

한국불교는 고구려 소수림왕 2년(372)에 전진前秦으로부터 전래 되었다. 이 시기 전진의 불교는 백련결사白蓮結社의 창시자인 동림사東 林寺 혜원慧遠법사[129]의 스승인 도안道安 등에 의해서 크게 번창하였다. 따라서 아미타불 정토신앙도 널리 유행하였을 것으로 보여진다.[130] 이때에 고구려에도 불교가 전해지면서 아미타불의 정토신앙도 같이 전승되었을 것으로 추정할 수 있다.

신라 선덕여왕 때 『삼국유사』의 기록과 자장과 원효의 『아미타경소

歷十劫"

127 곽만연, 「정토신앙의 중생구제와 高麗時代의 淨土思想」, 『불교연구』 제26(한국 불교연구원, 2007), p.44.

128 곽만연, 앞의 논문, p.45.

129 차차석, 『중국의 불교문화』(운주사, 2007), p.118. "중국의 남북조 시대의 말기에 까지 아미타신앙은 큰 두각을 나타내지 못하다가 동진의 불교계 지도자 여산 혜원(334~416)이 일으킨 백련사를 계기로 전파된다."

130 한태식(보광), 「한국정토사상의 특색」, 『정토학연구』 제13집(한국정토학회, 2010), p.76.

阿彌陀經疏』를 보면, 이때 한국에 미타신앙이 이미 전래되어 있었음을 알 수 있다. 그리고 신라의 통일 이후 아미타신앙이 민중들에게 대중화되었음이 『삼국유사』의 광덕과 엄장의 설화에 잘 나타난다.

문무왕대에 광덕廣德과 엄장嚴莊이라는 사람이 있었다. 두 사람은 서로 친하여 밤낮으로 약속하여 말하였다. "먼저 극락으로 가는 사람은 모름지기 알려야 한다." 광덕은 분황사의 서쪽 마을에 은거하며 짚신을 만드는 것을 업으로 삼으며 처자를 끼고 살았고, 엄장은 남악에 암자를 짓고 농사지으며 살았다. 하루는 해 그림자가 붉은 빛을 띠고 솔 그늘이 고요히 저물었는데 창밖에서 들리기를, "나는 이미 서쪽으로 가니 자네는 잘 살다가 빨리 나를 따라 오라"라고 하였다. 엄장이 문을 밀치고 나와 살펴보니 구름 밖에 하늘의 음악 소리가 들리고 밝은 빛이 땅으로 이어져 있었다. … 부인은 말하였다. "남편과 나는 10여 년을 함께 살았지만 아직 하룻밤도 같은 침상에서 자지 않았는데 하물며 부정하게 닿아서 더럽혔겠습니까. 다만 매일 밤 단정한 몸으로 바르게 앉아 한 소리로 아미타불만 염불하였고, …" 엄장은 부끄러워 얼굴을 붉히고 물러나왔다. 곧 원효법사元曉法師가 거처하는 곳으로 나아가 진요津要를 간절히 구하였다. 원효는 삽관법鍤觀法을 만들어 그를 가르쳤다. 엄장은 이에 몸을 깨끗이 하고 잘못을 뉘우쳤고, 한뜻으로 관을 닦았으니 또한 서방정토에 오를 수 있었다.[131]

---

131 『三國遺事』, 卷第5, 感通7, 廣德 嚴莊, "文武王代有沙門名廣德 嚴莊二人友善日 夕約曰先歸安養者須 告之德隱居芬皇西里 蒲鞋爲業挾妻子而居莊庵栖南岳大

경덕왕대에는 노비 욱면이 현신現身으로 왕생하였다. 「욱면비염불
서승郁面婢念佛西昇」 설화에 다음과 같이 기록되어 있다.

경덕왕景德王 때 강주康州의 선사善士 수십 명이 서방西方을 구하려
는 뜻으로 고을 경내에 미타사彌陁寺를 세우고 만 일을 기약하고
계契를 만들었다. 그때 아간阿干 귀진貴珍의 집에 욱면郁面이라는
이름의 한 여종이 있었다. … 그때 공중에 하늘의 외침이 있어
"욱면낭자는 법당에 들어가서 염불하라."고 하였다. 절의 대중이
이 소리를 듣고 여종에게 권하여 법당에 들어가 예에 따라 정진하게
하였다. 얼마 안 되어 하늘의 음악이 서쪽으로부터 들려오더니
여종이 솟구쳐 집 대들보를 뚫고 나갔다. 서쪽으로 가 교외에 이르러
형체를 버리고 진신眞身으로 변하여 연화대蓮臺에 대광명을 발하면
서 천천히 떠나가니 풍악소리가 공중에서 그치지 않았다.[132]

種刀 耕一日日影拖紅松隱靜暮窓外有聲報云某已西往矣惟君好住速從我來莊
排闥而出顧之雲外有天樂聲光明屬地明日歸訪其居德果亡矣於是乃與其婦收
骸同營萬里 旣事乃謂婦曰夫子逝矣偕處何如婦曰可遂留夜宿將欲通焉婦靳之
曰師求淨土可謂求魚緣木且驚怪問曰德旣乃爾予又何妨婦曰夫子與我同居十
餘載未嘗一夕同床而枕況觸汚乎但每夜端身正坐一聲念阿彌陁佛号或作十六
觀觀旣熟明月入戶時昇其光加趺於上竭誠若此雖欲勿西奚往夫適千里者一步
可規今師之觀可云東矣西則未可知也莊愧板 校勘而退便詣元曉法師處懇求津
要曉作錚觀法誘之藏於是潔已悔責一意修觀亦得西昇"

132 『三國遺事』, 卷第5, 感通第7, 郁面婢念佛西昇, "景德王代康州 善士數十人志求
西方於州境創彌陁寺約萬日爲契時有阿干貴珎家一婢名郁面隨其主歸寺立中
庭隨僧念佛主憎其不職每給穀二碩一夕舂之婢一更舂畢歸寺念佛 日夕微怠庭
之左右竪立長橛以繩穿貫兩掌繫於橛上合掌左右遊之激勵焉時有天唱於空郁

통일신라 이후 한국불교는 선불교가 수용되면서 정토사상이 선불교와 융합되고, 고려시대에 들어와서는 새로운 양상의 유심정토사상唯心淨土思想으로 변화한다.

고려 광종은 강력한 중앙집권과 왕권을 강화하기 위하여 개국공신들의 세력을 약화시키고자 노력하였다. 이 시기에 중국의 타력신앙과 자력신앙을 겸비한 법안종의 수행 방법에 관심을 가지고 승려 지종을 비롯한 36명을 유학을 보내어 법안종의 유심정토와 자성미타의 염불선念佛禪을 도입하고자 하였다.[133]

고려의 불교는 무신정권의 사회혼란기에 보조 지눌(普照知訥, 1158~1210)의 수선사修禪寺 정혜결사定慧結社와 요세(了世, 1163~1245)에 의한 백련결사白蓮結社 등의 신앙결사운동으로 새로운 변화를 맞이하였다. 이러한 신앙결사는 불교계의 타락상과 모순에 대한 비판이며 불교개혁운동의 효시라 할 수 있다.[134]

타력적인 염불정토보다 유심정토를 강조한 대표적 인물은 지눌선사와 태고 보우국사 그리고 나옹선사이다. 먼저 지눌의 사상적 기반은 대승의 보살도에 있었다. 그의 정토관은 「정혜결사문定慧結社文」의 첫째 질문의 답에 잘 나타나 있다.

面娘入堂念佛寺衆聞之勸婢入堂隨例精進未幾天樂從西來婢湧透屋樑而出西行至郊外捐骸變現眞身坐蓮臺放大光明緩緩而逝樂聲不徹空中其堂至今有透穴處云"

133 한태식(보광), 앞의 논문, p.95.

134 채상식, 「한국민중의 삶과 정토신앙」, 「동아시아불교문화」 제4집(동아시아불교학회, 2009), p.245.

염불하고 전경轉經하고 만행시위萬行施爲하는 것은 사문이 주지하
는 법이기에 이 어찌 방애妨碍가 있으랴마는, 근본을 저버리고
상相에 집착하여 밖으로만 구한다면 지혜가 있는 사람의 웃음거리
가 될 것이다.[135]

태고 보우국사는 고려불교뿐만 아니라 한국불교에서 빼놓을 수
없는 분이다. 보우국사는 선禪과 교教를 겸비하였으며, 공민왕의 왕사
로 있으면서 '9산원융', '5교홍통'을 주장하고 종파를 통합하는 데 주력
하였다.

보우국사는 철저하게 유심정토唯心淨土와 자성미타自性彌陀를 자신
의 저서인 『태고화상어록』에서 설하고 있다.

마음이 바로 정토라는 것과 자기 성품이 아미타불이라는 것으로서,
마음이 깨끗하면 불토가 깨끗하고 본성이 나타나면 불성이 나타난
다. 아미타불의 깨끗하고 묘한 법신은 일체중생들의 마음에 두루
있다. 그러므로 마음과 부처와 중생의 셋은 차별이 없다.[136]

나옹선사는 태고 보우국사와 더불어 고려말 불교계의 선풍을 이끌어
가던 인물이며, 저서로 『나옹화상어록』 1권과 『가송歌頌』 1권이 전한

---

135 知訥撰, 『勸修定慧結社文』(『韓佛全』第4卷, p.698중), "念佛轉經 萬行施爲 是沙門
住持常法 豈有妨碍 然不窮根本 執相外求 恐被智人之所嗤矣"
136 『태고화상어록』(『韓佛全』第6卷), "方便雖多 以要言之 則唯心淨土自性彌陀 心淨
則佛土淨 性現卽佛身現 正謂此耳 阿彌陀佛淨妙法身 偏在一切衆生心地 故云心
佛及衆生 是三無差別"

다. 그의 정토사상은 어록에 잘 나타나는데, 매씨妹氏의 질문에 육도윤회에서 벗어나기 위해서는 아미타불을 염송하라고 답한다.

　그리하여 하루 스물네 시간 옷을 입거나 밥을 먹거나 말하고 답하는 등 어디서 무엇을 하든지 항상 아미타불을 간절히 생각하라. 끊이지 않고 생각하며 쉬지 않고 기억하여 생각하지 않아도 저절로 생각나는 경지에 이르면, 나를 기다리는 마음에서 벗어날 뿐만 아니라 육도윤회에서의 고통을 벗어날 수 있을 것이다.[137]

　하지만 나옹은 아미타불이라는 부처는 다른 곳에 있는 것이 아니라 자기의 마음에 자리하고 있는 부처임을 강조한다.

　자성自性인 아미타불은 어느 곳에 있는가. 언제나 생각 생각 부디 잊지 말지니, 갑자기 하루아침에 생각조차 잊으면 물건마다 일마다 감출 것이 없어라. 아미타불 생각할 때 부디 사이 떼지 말고 하루 종일 언제나 자세히 보라. 하루아침에 갑자기 저절로 생각이 붙으면 동쪽 서쪽이 털끝만큼도 간격 없으리.[138]

---

137 『나옹화상어록』(『韓佛全』 第6卷, pp.727~728), "答妹氏書 自小出來 不記年月 不念親踈 以道爲念 已到今日 於仁義道中 不無親情 及與愛心 我佛道中 纔有此念 便乃大錯也 請知此意. 千萬斷除親見之心 常常二六時中 着衣喫飯 語言相問 所作所爲 於一切處 至念阿彌陁佛 念來念去 持來持去(第五八張) 到於不念自念 之地 則能免待我之心 亦免枉被六道輪廻之苦"

138 『나옹화상어록』(『韓佛全』 第6卷), "自性彌陁何處在 時時念念不須忘, 驀然一日如 忘憶 物物頭頭不覆藏 彌陁憶念不須閒 二六時中子細看驀得一朝親憶着 東西不

나옹은 타력적 정토신앙의 특징 중 하나인 칭명염불稱名念佛도 수용하고 있다. 그러나 칭명염불을 통한 극락왕생에 대한 희구는 어디까지나 재가신자들을 대상으로 하고 있음을 이상서李尙書에게 주는 글에서 밝히고 있다.

사원을 중수하고 사방 손님 접대하니 남북의 납자들이 갔다 다시 돌아오네, 이제 서방극락에 마음 두어 부지런히 염불하라. 상품上品 연화대가 저절로 열리리라.[139]

고려 중후기에 이르러 불교계의 선풍은 지눌선사나 태고 보우국사 등에 의해 유심정토 중심의 염불선念佛禪 중심으로 나아가고 있었다. 나옹선사의 예에서 재가신도들은 정토사상의 쉬운 방편으로써 칭명염불을 권하고 있음을 볼 수 있다.

조선시대에 들어서는 태종의 7종七宗 통폐합과 세종의 선교양종禪敎兩宗 통폐합 그리고 연산군의 폐불정책으로 불교가 급격히 약화되었으나, 임진왜란 당시 불교계는 의승 등의 호국활동으로 사회적 위상이 높아졌다. 그 반대급부로 국가가 지원하는 불사가 상당히 이루어지면서 창사創寺 내지 중창重創 등이 활발히 이루어질 수 있었다.[140] 하지만

隔一毫端"

139 『나옹화상어록』(『韓佛全』 第6卷, p.742.), "示李尙書 重脩寺院接方來 南北禪和去 再廻 又向西心勤念佛 蓮花上品自然開 示李少卿"

140 문명대, 「한국의 정토미술」, 『한국정토사상연구』(불교문화연구원, 동국대학교출판부, 1985), pp.354~355.

지속적인 억불시책의 결과 종단은 통폐합되고, 다양한 종단이 지녔던 고유의 교리, 사상, 의식 체계 등은 획일화되고 말았다. 결과적으로 불교의 의례와 의식 역시 다양성을 상실할 수밖에 없었다.

아미타신앙은 생전예수재의 진행과정에서 나타나는 주도적인 구원불救援佛은 아니다. 하지만 생전예수재의 주목적이 사후의 구원, 즉 서방정토의 왕생이기 때문에 생전예수재에서의 근본적인 신앙이라 할 수 있다.

3) 관음신앙

생전예수재의 의식 절차에 관음신앙이 여러 차례 등장한다. 본의식 중 엄정팔방편嚴淨八方篇 제2의 관세음보살을 찬탄하는 게송인 관음찬觀音讚[141], 관세음보살을 청하는 관음청觀音請,[142] 그리고 가영歌詠[143]과

---

141 관음찬觀音讚, "返聞聞性悟圓通 觀音佛賜觀音號 上同慈力下同悲 三十二應遍塵刹"(돌이켜서 듣는 성품 들으시어 원통을 깨달으시니 관음에게 부처님께서 관음이라는 불러주셨네. 위아래로는 자비의 힘이 같으시니 서른두 가지의 모습으로 보이시어 티끌세계에 두루하시네.)

142 관음청觀音請, "南無 一心奉請 千手千眼 大慈大悲 觀自在菩薩 摩訶薩 唯願不違本誓 哀憫有情 降臨道場 加持呪水 願降道場 受此供養"(귀의하옵고 한마음으로 받들어 청하옵니다. 천 개의 손과 천 개의 눈을 가지시고 대자대비하신 관세음보살마하살을 청하오니, 오직 원하옵건대 본래의 맹세(서원)를 저버리지 마시고 유정들을 불쌍히 여겨 이 도량에 강림하시어 다라니의 물(감로수)로 가지하시옵고, 원컨대 도량에 강림하시어 이 공양을 받으소서.)

143 가영歌詠, "一葉紅蓮在海中 碧波深處現神通 昨夜寶陀觀自在 今日降赴道場中 故我一心歸命頂禮"(한 송이 붉은 연꽃이 바다 가운데 피어나니 푸른 파도 깊은 곳에 있어 신통력을 나투시네. 어젯밤 보타산의 관자재께서 오늘 이 도량에 내려오셨으

맑은 물을 청하는 게송의 걸수게乞水偈[144], 물을 뿌리는 게송의 쇄수게灑水偈[145] 등이다. 그런데 의식에서 나타나는 관세음보살 신앙은 아미타불의 협시보살로서의 역할이 아니라, 독자적인 원통교주圓通敎主로서의 관세음보살의 역할이라 할 수 있다.

관세음보살사상의 기원과 성립은 대승불교의 발전으로 시작되었다. 성문불교聲聞佛敎에서는 일불일보살一佛一菩薩만을 규정하였으며, 대승불교에서는 불신관佛身觀의 변화로 법法·보報·화化 삼신관三身觀이 정립되면서 다불다보살사상多佛多菩薩思想이 성립하게 되었다.[146] 이러한 다불다보살사상의 성립 배경에는, 모든 중생들은 누구나 성불할 수 있다는 가능성과 이를 위해 무량겁수無量劫數의 원력의 실천을 주창하는 본원사상本願思想의[147] 출현이 자리잡고 있다.

한국불교에서의 관세음보살은 대중신앙으로서 매우 큰 지위를 차지하고 있다. 그렇기 때문에 수많은 관음설화가 내려져 오고 있으며, 많은 관음사찰이 조성되었다.

니 저희들은 한 마음으로 목숨을 바쳐 예를 올립니다.)

144 걸수게乞水偈, "金爐芬氣一炷香 先請觀音降道場 願賜瓶中甘露水 消除熱惱獲清涼"(금의 향로에 하나의 향에서 피어오르는 향기로운 기운으로 먼저 관음보살께 이 도량에 강림하기를 청하옵나니, 원컨대 병 속의 감로수를 주시어 중생의 열뇌(번뇌)를 사라지게 하시어 맑고 시원함을 얻게 하소서.)

145 쇄수게灑水偈, "菩薩柳頭甘露水 能令一滴灑塵方 腥膻坵穢盡鐲除 令此道場悉清淨"(관음보살의 버들가지와 감로수는 능히 한 방울의 물로 티끌을 썻어내고, 누리고 비린 온갖 더러움을 맑게 제거하여 이 도량을 모두 청정하게 하옵소서.)

146 한태식, 「관세음보살 사상에 관한 연구」, 「정토학연구」 제17집(한국정토학회, 2012), p.13.

147 한태식, 같은 논문. p.13.

관음보살은 어떠한 분인가에 대하여『묘법연화경』의「관세음보살
보문품」에서 부처님은 다음과 같이 말하였다.

선남자야, 만일 한량없는 백천만억 중생이 여러 가지 고뇌를 받을
때에 이 관세음보살의 이름을 듣고 일심으로 그 이름을 부르면,
관세음보살은 곧 그 음성을 듣고 모두 해탈케 하느니라.[148]

여러 고뇌를 받는 많은 중생들이 관세음보살의 이름을 듣고 일심一心
으로 명호를 부르면, 그 음성을 관觀하여 모든 해탈을 얻게 해준다고
하였다. 이는 수많은 중생들의 고뇌에 대하여 중생구제의 대자대비
원력에 대한 깊은 믿음으로 관세음보살을 부르면, 모든 고뇌로부터
해탈케 해준다는 의미가 될 것이다.

이러한 관음신앙은 민중들의 애환을 직접 어루만져 줄 수 있을
뿐만 아니라 가장 대중성을 지니고 있었기에 많은 사람들의 사랑과
귀의를 받게 되었으며, 그런 만큼 다양한 모습을 지니고 발전하였다.[149]

관음신앙의 사상적 원전은『정법화경正法華經』,『묘법연화경妙法蓮
華經』,『첨품법화경添品法華經』등이다. 초기의 관음신앙은『정법화
경』에 의해 이루어지다가 뒤에『묘법연화경』이 역출되면서 이 경이

---

148 『妙法蓮華經』권7「觀世音菩薩普門品」제25(대정장, 권9, p.56하), "爾時無盡意菩
薩卽從座起 偏袒右肩合掌向佛而作是言 世尊觀世音菩薩以何因緣名觀世音 佛
告無盡意菩薩 善男子 若有無量百千萬億衆生受諸苦惱 聞是觀世音菩薩 一心稱
名 觀世音菩薩卽時觀其音聲皆得解脫"

149 차차석, 앞의 책, p.163.

관음신앙의 중심 경전이 되었다. 이후 제25품인 「관음보살보문품」만 독립시켜 『관음경』으로 유통되었다. 『관음경』으로서의 독립된 경이 된 것은, 동진東晉시대 하서왕河西王 저거몽손沮渠蒙遜이 병이 들었는데 서진西晉의 담마라참曇摩羅讖법사의 권유로 명호를 외우고 병고가 나았다고 하여 보문품을 따로 유통시킨 데서 유래한다고 한다.[150]

경전상에 나타나는 관음보살의 성격은, 반야계 경전에서는 공空을 체득하여 반야바라밀을 실천함으로써 부처님을 도와 중생을 구제하는 보살이다. 『마하반야바라밀대명주경摩訶般若波羅蜜大明呪經』(반야심경)에서는 반야를 배워 성취하고 이를 실천하는 관음으로, 『대품반야경大品般若經』에서는 삼매를 얻어 신통자재하며 대원大願을 섭수하고 부처님을 도와 불사를 지으며 법륜을 굴려 무량한 중생을 구제하는 보살로 나타난다.[151]

그런데 대령과 영가시식에서의 관세음보살의 역할은 정토사상에 따른 극락정토의 아미타불 협시보살로서 출현하고 있다. 정토교학에서 관세음보살의 역할에 대해 구체적으로 설하고 있는 경전은 『관무량수경觀無量壽經』이라고 볼 수 있다.[152] 『관무량수경』에서는 관세음보살에 대하여 여러 차례에 걸쳐서 언급하고 있다.

첫째, 아미타불의 협시보살로서의 관세음보살에 대하여 16관법[153]

150 이기운, 「天台 智顗의 觀音 一佛乘 사상」, 「천태학연구」 제4집(원각불교사상연구원, 2002), pp.424~425.

151 이지관, 「經說上의 觀音信仰」, 『한국 관음신앙 연구』(동국대 불교문화연구원, 1988), p.33.

152 한태식, 앞의 논문, p.35.

153 ①일상관日想觀, ②수상관水想觀, ③지상관地想觀, ④보수관寶樹觀, ⑤보지관寶

중 제7 화좌관華座觀과 제8 상상관像想觀에서 이야기하고 있다.

제7 화좌관華座觀에서 처음으로 출현하며 다음과 같이 기록하였다.

부처님께서 이와 같은 말씀을 하실 때에 무량수불이 공중에 머물러 계시고 관세음, 대세지 두 보살이 좌우에서 모시고 있었다. 그런데 그 광명이 눈부시게 빛나 다 볼 수가 없었으며, 백천 가지의 염부단의 금빛도 이와 비교할 바가 아니었다.[154]

이 제7관은 미래 중생을 위하여 빈비사라왕의 부인 위제희韋提希가 부처님께 부탁하여 설한 내용으로, 아미타불이 공중에 계시는 모습인데 그 좌우에 관세음보살과 대세지보살이 협시불로 등장한다.[155]

제8 상상관像想觀에서는 아미타불의 좌보처로 관세음보살이 연화좌에 앉아 있다고 하였다.

한 분의 관세음보살상이 부처님의 왼편 연화좌에 앉아서 금색

池觀, ⑥보루관寶樓觀, ⑦화좌관華座觀, ⑧상상관像想觀, ⑨진신관眞身觀, ⑩관음관觀音觀, ⑪세지관勢至觀, ⑫보관普觀, ⑬잡상관雜想觀, ⑭상배관上輩觀 상품상생上品上生·상품중생上品中生·상품하생上品下生, ⑮중배관中輩觀 중품상생中品上生·중품중생中品中生·중품하생中品下生 ⑯하배관下輩觀 하품상생下品上生·하품중생下品中生·하품하생下品下生

154 『觀無量壽經』(대정장, 권12, p.342하), "說是語時 無量壽佛住立空中 觀世音大勢至 是二大士侍立左右. 光明熾盛不可具見 百千閻浮檀金色不得爲比"
한보광 역, 『정토삼부경』(여래장, 2000), p.110.

155 한태식, 같은 논문, p.110.

광명을 내는 것이 앞에서 말한 것과 조금도 다르지 않으며, 역시
한 분의 대세지보살이 부처님 오른편의 연화좌에 앉아 있는 모습을
생각하여라.[156]

둘째, 관법의 대상으로서 관세음보살에 관한 것으로 제10 관음관觀
音觀에서 다음과 같이 관법의 공덕을 말하였다.

만약 관세음보살을 관하고자 한다면, 마땅히 이와 같이 관하여라.
이러한 관을 하는 사람은 어떠한 재앙도 만나지 않고, 업장을 깨끗이
소멸하여 무수겁 동안의 생사의 죄를 없애게 되느니라. 이와 같이
보살의 이름만 들어도 무량한 복을 받는데, 어찌 하물며 자세히
관함에 있어서야 말해서 무엇 하겠는가?[157]

관觀의 공덕은 한없이 무량하기에 관세음보살의 명호를 듣기만
해도 그 공덕이 무량한데, 자세히 관하는 관법이야말로 말로써 설명이
필요 없다는 것이다.

셋째, 유통분에서도 공덕에 대하여 설하고 있다.

---

156 『觀無量壽經』(大正藏, 권12, 343b), "復當更作一大蓮華左佛左邊 如前蓮華等無有
異 復作一大蓮華在佛右邊 想一觀世音菩薩像坐左華座 亦放金光如前無異 想一
大勢至菩薩像坐右華座"
한보광 역, 『정토삼부경』(여래장, 2000), p.218.

157 『觀無量壽經』(대정장, 권12, p.344상), "若欲觀觀世音菩薩當作是觀 作是觀者不
遇諸禍 淨除業障 除無數劫生死之罪 如此菩薩 但聞其名獲無量福"
한보광 역, 『정토삼부경』(여래장, 2000), p.226.

이 경의 이름은 극락세계의 무량수불과 관세음보살과 대세지보살을 관하는 경이라고 하며, 또한 업장을 말끔히 없애고 모든 부처님 앞에 태어나는 경이라고 하여라. 그리고 그대는 마땅히 잘 받아 지니고 잊지 않도록 해야 하느니라. 이 삼매를 수행하는 사람은 현재의 이 몸으로 무량수불과 두 보살을 친견할 수 있느니라. 만약 선남자 선여인이 부처님의 명호와 두 보살의 명호를 단지 듣기만 하여도 무량겁의 생사의 죄를 소멸하는데, 하물며 억념하는 것이야 말하여 무엇하겠느냐. 염불하는 사람은 잘 알아야 하느니라. 이 사람은 사람 가운데서도 백련화分陀利華와 같으니라. 관세음보살과 대세지보살이 그의 좋은 친구가 될 것이며, 마땅히 도량에 앉아 모든 부처님의 집안이 극락세계에 태어날 것이라고 하셨다.[158]

이 16관법을 수행하면 아미타불과 양대 보살을 친견할 수 있고, 관음·세지 두 보살이 친구가 될 것이며, 마땅히 극락왕생을 하게 될 것을 설하고 있다.

넷째, 극락왕생의 인도자로서의 관세음보살이다.『관무량수경』에서는 삼배구품왕생三輩九品往生인 제14 상배관上輩觀, 제15 중배관中輩觀, 제16 하배관下輩觀에 관세음보살이 중생을 극락으로 인도하는

---

158 『觀無量壽經』(대정장, 권12, p.346중), "此經名觀極樂國土無量壽佛觀世音菩薩大勢至菩薩 亦名淨除業障生諸佛前 汝等受持無令忘失 行此三昧者 現身得見無量壽佛及二大士 若善男子及善女人 但聞佛名二菩薩名 除無量劫生死之罪 何況憶念 若念佛者 當知此人卽是人中芬陀利花 觀世音菩薩大勢至菩薩 爲其勝友 當坐道場生諸佛家"
한보광 역,『정토삼부경』(여래장, 2000), p.251.

데 있어서 중개자로서의 역할을 하고 있다.[159]

제14 상배관의 상품상생에서 다음과 같이 말하였다.

이러한 공덕을 갖추어 하루에서 칠일 동안 이르게 되면, 바로 왕생할
것이니라. 이들은 용맹스럽게 정진하였기 때문에 저 나라에 태어날
때에 아미타불께서 관세음보살과 대세지보살과 무수한 화신불과
백천의 비구와 성문대중 및 한량없는 천인들과 칠보궁전과 함께
나타나시느니라. 관세음보살은 금강대를 가지고, 대세지보살과
함께 수행자 앞에 이르며, 아미타불은 큰 광명을 발하여 수행자의
몸을 비추고, 모든 보살들과 더불어 손을 내밀어 영접하시느니라.
그때 관세음보살과 대세지보살은 무수한 보살들과 함께 이 수행자
를 찬탄하고 그 마음을 더욱 격려하시느니라.[160]

상품상생자를 위하여 아미타불은 관세음보살과 대세지보살을 비롯
한 수많은 보살들과 더불어 대광명을 비추면서 임종자를 맞이하기
위해 직접 내영한다.[161] 이 때 관세음보살은 임종자를 위해 금강대를

---

159 한보광, 앞의 논문, p.43.

160 『觀無量壽經』(大正藏, 권12, 344하), "一日乃至七日 即得往生 生彼國時 此人精進
勇猛故 阿彌陀如來與觀世音及大勢至無數化佛百千比丘聲聞大衆無量諸天 七
寶宮殿 觀世音菩薩執金剛臺 與大勢至菩薩至行者前 阿彌陀佛放大光明照行者
身 與諸菩薩授手迎接 觀世音大勢至與無數菩薩 讚歎行者勸進其心 行者見已歡
喜踊躍 自見其身乘金剛臺 隨從佛後 如彈指頃往生彼國"
한보광 역, 『정토삼부경』(여래장, 2000), p.233.

161 한태식, 앞의 논문, pp.43~44.

가지고 가서 모든 보살들과 함께 손을 내밀어 그를 맞이하고, 그를 찬탄한다고 하였다.[162]

제15 중배관의 중품하생에서 관세음보살에 대하여 다음과 같이 말하였다.

칠일이 지난 뒤에 관세음보살과 대세지보살을 만나 법문을 듣고 기뻐하며, 일소겁—小劫을 지난 후에 아라한도를 얻게 되며, 이것을 중품하생이라고 하느니라.[163]

중품하생자는 임종 후 칠일이 지나야 비로소 처음으로 관세음보살과 대세지보살의 법문을 들을 수 있으며,[164] 이후 일소겁—小劫을 지나야 아라한도阿羅漢道를 얻을 수 있다는 것이다. 여기서 중요한 점은, 중품하생부터는 관세음보살이 정토세계의 인도자 역할을 한다는 점이다.

제16 하배관의 하품하생에서는 관세음보살의 역할에 대하여 설한다. 임종한 자에게 부처님에 의해 관세음보살이 맞이하러 오며, 극락세계에 왕생하여 49일이 지난 후 연꽃이 피어나올 때 관세음보살과 대세지보살이 대광명을 비추면서 왕생자를 위하여 12부 경전을 설한다고 한다.[165]

---

162 한태식, 앞의 논문, p.44.

163 『觀無量壽經』(大正藏, 권12, 345하), "生經七日遇觀世音及大勢至 聞法歡喜得須陀洹 過一小劫成阿羅漢 是名中品下生者"
한보광 역, 『정토삼부경』(여래장, 2000), p.233.
한태식, 앞의 논문, p.44.

164 한태식, 앞의 논문, pp.44~45.

이러한『관무량수경』을 바탕으로 보면, 관세음보살은 아미타불의 협시보살이며, 명호를 듣기만 하여도 무량한 공덕을 수승하며 억념憶 念의 공덕이 불가사의하다는 관법의 대상이다.[166] 그리고 극락왕생자 의 인도자로서의 역할을 설명하고 있다.

한국에서는 삼국시대에 불교의 전래부터 관음신앙이 시작되었으리 라 여겨진다. 그러나 고구려의 관음신앙의 모습은 찾기 힘들며, 침류왕 원년(枕流王, 384)에 백제 불교의 전파와 함께 한반도에 유입된 것으로 보인다. 당시 마라난타가 동진에서 들여온 경전에『청관음경請觀音經』 이 포함되어 있었다.[167] 한편 신라에서는 신앙의 대상으로 확고히 자리매김하였다고 볼 수 있다.

신라 관음신앙의 특징은『삼국유사』에 나타나는 사례를 통해 판단 할 수 있으며, 특히 현세이익적인 내용이 가장 큰 비중을 차지한다.

예를 들면, 당나라에 억류되어 있는 김인문金仁問을 위해서 인용사仁 容寺를 세우고 관음도량을 개설하였다는 내용,[168] 최은함이 관음보살전 에 기도한 후 대성인 최승로를 얻었다는 내용,[169] 경덕왕대 여인 보개가

---

165 『觀無量壽經』(大正藏, 권12, 345c), "爾時彼佛 卽遣化佛化觀世音大勢至 至行者
　　前 讚言善哉善男子 汝稱佛名故諸罪消滅 我來迎汝 作是語已 行者卽見化佛光明
　　遍滿其室 見已歡喜卽便命終 乘寶蓮花 隨化佛後生寶池中 經七七日蓮花乃敷
　　當花敷時 大悲觀世音菩薩 及大勢至菩薩 放大光明住其人前 爲說甚深十二部經"
166 한태식, 앞의 논문, p.45.
167 김영태,「三國時代 神呪信仰」,『韓國密教思想』(동국대학교 출판부, 1997), p.58.
168 『三國遺事』卷第2, 紀異第2, 文武王法敏, "王聞文俊善奏帝有寬赦之意乃命强首
　　先生作請放仁問表以舍人遠禹奏扵唐帝見表流涕赦仁問慰送之仁問在獄時國
　　人爲刱寺名仁容寺開設觀音道場及仁問來還死扵海上改爲彌陁道場至今猶存"

민장사 관음보살 앞에서 기도를 올리자 바다로 장사를 나가 소식이 없던 아들 장춘이 돌아왔다는 내용,[170] 한기리漢岐里의 여인 희명希明이 분황사의 천수대비전에 기도드리니 눈먼 아이가 눈을 뜬 내용,[171] 자장율사의 아버지 김무림이 천부관음千部觀音에게 기원하여 자장을 낳았다는 내용,[172] 경흥을 치료한 비구니가 11면 관음보살의 화신이었다는 내용[173] 등이 있다.

다음으로 수행 성취적인 내용을 살펴보자. 노힐부득과 달달박박이 관음보살을 만나 부처가 되었다는 내용,[174] 문무왕 때 광덕의 처가 분황사의 종으로 관음 19응신의 하나였으며, 광덕의 처와 원효의

---

169 『三國遺事』卷第3, 塔像第4, 三所觀音 衆生寺, "羅季天成中正甫崔殷誠久無胤息 詣玆寺大慈前祈禱有娠而生男"

170 『三國遺事』卷第3, 塔像第4, 敏藏寺, "禺金里貧女寶開有子名長春從海賈而征久 無音耗其母就敏藏寺觀音前克祈七日而長春忽至問"

171 『三國遺事』卷第3, 塔像第4, 芬皇寺千手大悲盲兒得眼, "景德王代漢歧里女希明 之兒生五稔而忽盲一日其母抱兒詣芬皇寺左殿北壁畫千手大悲前令兒作歌禱 之遂得明"

172 『三國遺事』卷第4, 義解第5, 慈藏定律, "大德慈藏金氏本辰韓眞骨蘇判 茂 校勘 林之子其父歷官淸要絶無後亂乃歸心三寶造于千部觀音希生一息祝曰若生男 子捨作法海津梁母忽夢星墜入懷因有娠及誕與釋尊同日名善宗郎"

173 『三國遺事』卷第5, 感通第7, 憬興遇聖, "忽寢疾彌月有一尼來謁候之以華嚴経中 善友原病之說爲言曰今師之疾憂勞所致喜笑可治乃作十一樣　面貌各作俳諧之 舞巘巖成　削變態不可勝言皆可脫頤師之病不覺洒然尼遂出門乃入南巷寺而隱 所將杖子在幀畫十一面圓通像前"

174 『三國遺事』卷第3, 塔像第4, 南白月二聖 努肹夫得 怛怛朴朴, "娘曰吾師亦宜浴此 盼勉強從之忽覺精神爽凉肌膚金色視其傍忽生一蓮臺娘勸之坐因謂曰我是觀 音菩薩來助大師成大菩提矣言訖不現"

도움으로 엄장이 서방정토로 왕생하였다는 내용[175] 등이 있다. 신라 땅에 관음보살이 상주한다는 진신상주설眞身常住說도 자주 등장하였 다. 중국의 한 화공이 십일면관음보살의 도움으로 신라에 와서 중생사 의 대비상을 그렸다는 내용,[176] 의상義湘이 당나라에서 돌아와 관음보 살의 진신이 해변의 굴 안에 산다고 듣고, 이로 인하여 낙산洛山이라고 이름하였다는 내용,[177] 신효거사가 관음보살의 화현으로 수도할 곳을 찾은 내용[178] 등이 있다.

---

[175] 『三國遺事』卷第5, 感通第7, 廣德嚴莊, "其婦乃芬皇寺之婢盖十九應身之一德嘗 有歌云月下伊底亦西方念丁去賜里遺無量壽佛前乃惱叱古音多可支白遣賜立 誓音深史隱尊衣希仰支兩手集刀花乎白良願往生願往生慕人有如白遣賜立阿 邪此身遺也置遣四十八大願成遣賜去"

[176] 『三國遺事』卷第3, 塔像第4, 三所觀音衆生寺, "之像畫進不差則宥之其人乃畫十 一面觀音像呈之於所夢帝於是意解赦之其人旣免乃與博士芬節約曰吾聞新羅 國敬信佛法與子乘桴于海適彼同修佛事廣益仁邦不亦益乎遂相與到新羅國因 成此寺大悲像國人瞻仰禳禱獲福不可勝記"

[177] 『三國遺事』卷第3, 塔像第4, 洛山二大聖 觀音 正趣 調信, "昔義湘法師始自唐來 還聞大悲眞身住此海邊崛內故因名洛山盖西域寶陀洛伽山此云小白華乃白衣 大士眞身住處故借此名之齋戒七日浮座具晨水上龍天八部侍從引入崛內焚禮 空中出水精念珠一貫給 之湘領受而退東海龍亦獻如意寶珠一顆師捧出更齋七 日乃見眞容謂曰於座上山頂雙竹湧生當其地作殿宜矣師聞之出崛果有竹從地 湧出乃作金堂塑像而安之圓容麗質儼若天生其竹還沒方知正是眞身住也因名 其寺曰洛山師以所受二珠鎭安于聖殿而去後有"

[178] 『三國遺事』卷第3, 塔像第4, 臺山月精寺五類聖衆, "士自慶州界至河率見人多是 人形因有居住之志路見老婦問可住處婦云過西嶺有北向洞可居言訖不現士知 觀音所敎因過省烏坪入慈藏初結茅處而住俄有五比丘到云汝之持來袈裟一幅 今何在士茫然比丘云汝所執見人之羽是也士乃出呈比丘乃置羽於袈裟闕幅中 相合而非羽乃布也士與五比丘別後方知是五類聖衆化身也"

위와 같은 내용으로 보아 신라시대에는 관음신앙이 광범위하게 자리를 잡았음을 알 수 있다. 관음은 주로 현세이익적인 민중의 구원사상으로 가장 크게 신앙되었음을 볼 수 있으며, 서방정토의 인도자 역할을 하고 있다.

고려시대 관음신앙은『법화경』「관세음보살보문품」을 기반으로 한 칠난七難, 삼독三毒, 구자求子신앙의 기본적인 모습과『능엄경楞嚴經』,『천수경千手經』,『십일면관음경十一面觀音經』 등의 다양한 경전에 근거하여 발전해 갔다고 할 수 있다.[179]

고려시대는 불화를 통하여 관음신앙이 크게 나타난다. 대표적 사례가 수월관음도水月觀音圖이다. 이는 관법의 대상으로서 관음보살이 수월관음도와 같은 불화의 모습으로 나타난 것이라 보인다.[180] 관음보살상이 특히 많이 그려진 시기는 의종毅宗 때로 추측된다. 의종 11년(1157)에 왕의 장수를 기원하기 위하여 천제석天帝釋과 관음보살화觀音菩薩畵를 많이 그려 중외의 사원으로 보내어 축성법회祝聖法會를 열었다. 또한 안화사安和寺에서는 제석帝釋과 관음, 수보리의 소상塑像을 모셔놓고 축성법회를 개설하기도 하였다.[181]

민간에서는 신라 이후의 현세이익적인 구자신앙이 계속되었다.『익재난고益齋亂稿』[182]에서 청풍군의 김홍부金弘富가 황려 민씨의 딸과

---

179 라정숙, 앞의 논문, p.122.

180 한태식, 앞의 논문, p.46.

181 『高麗史節要』11, 毅宗莊孝大王 十一年條. "又奏曰, 如欲延壽, 須事天帝釋及觀音菩薩. 王多畵其像, 分送中外寺院, 廣設梵宋, 號曰祝聖法會, 發州郡倉廩以支其費. 儀乘傳巡視, 守令僧徒皆畏苛酷, 爭遺賄賂. 又於安和寺塑置帝釋觀音須菩提, 聚僧, 晝夜連聲唱諸菩薩名號, 稱爲連聲法席."

결혼해 복령사福靈寺의 관음상에 기도해서 보감국사 혼구寶鑑國師混丘
를 낳았다는 내용,[183] 권단權㫜이 복령사 수월보살상에 기도하여 아들
권부權溥를 낳았다고 하는 내용[184] 등이 전한다.

또 『천수경』이 아미타정토 왕생을 위한 경전으로 널리 읽혔던 것
같다. 이탄지(李坦之, 1086~1152)가 은해사銀海寺에서 반승飯僧을 행
한 후에 임종 전에 천수진언千手眞言을 외운다고 하였다.[185] 관음의
정토신앙이 현세이익적 신앙과 같이 고려의 민중들에게 깊이 내재되어
있음을 볼 수 있다.

이러한 고려의 관음신앙은 조선시대로 이어져 오면서 조선의 억불
정책의 정치적 탄압에도 불구하고 조선왕실과 민중들의 의지처가
되었다.

『조선왕조실록』에는 태조와 정종의 재위 도중에 여러 차례 관음굴
및 여러 관음도량을 참배한 기록이 남아 있다. 태조의 관음신앙은
경기도 개성開城에 있는 관음사를 중심으로 하여 이루어졌음을 볼
수 있다.[186]

182 10권 4책. 목판본으로 이제현의 아들 창로彰路와 손자 보림寶林이 편집하여
1363년(공민왕 12)에 처음으로 간행하였다. 이때에 이미 없어진 원고가 많아서
책 이름을 '난고'라고 하였다.
183 『益齋亂稿』 권7, 碑銘, "有元高麗國曹溪宗慈氏山瑩源寺寶鑑國師碑銘幷序"
184 『益齋亂稿』 권7, 碑銘, "推誠翊祚同德輔理功臣三重大匡修文殿大提學l領都僉
議使司事永嘉府院君贈諡文正權公墓誌銘"
185 김용선 역, 「역주 고려묘지명집성」 상(한림대출판부, 2006), pp.194~195. "「李坦
之墓誌銘」, 淸心辦供設□□齋炷香禮佛玉毫次飯緇黃訖退晏坐於賓寮誦千手
眞言竟夕兀然而化"

태조의 가문이 관음신앙과 결부되고 있었던 점은 태조의 조부인 도조度祖 이선래의 출생에 대한 설화의 영향이 큰 것으로 생각된다. 그 내용이 『태조실록』에 다음과 같이 기록되어 있다.

이곳에 거주한 지 여러 해 만에 아들이 없으므로 최씨崔氏와 함께 낙산洛山의 관음굴에 기도했더니, 밤의 꿈에 승복을 입은 한 스님이 와서 고하기를, "반드시 귀한 아들을 낳을 것이니 마땅히 이름은 선래善來라고 하십시오" 하였다. 얼마 안 가서 아이를 잉태하고 의주宜州에서 아들을 낳았으므로, 마침내 이름을 선래善來라고 했 으니, 이 분이 도조度祖이다. 관음굴은 지금 강원도江原道 양양부襄 陽府에 있다.[187]

이러한 기록을 보면 조선 초기 유교의 정치이념 속에서도 관음신앙 이 큰 비중을 차지했음을 알 수 있다. 조선시대 억불정책에도 불구하고 불교가 끝까지 그 명맥을 유지시켜 갈 수 있었던 힘의 원동력은, 관음신앙의 중생구제에 대한 역할이 한국불교의 한 축을 담당했기 때문이었다고 할 수 있다.

생전예수재에서의 관음신앙은 예수재의 의식절차 엄정팔방편 제2 에 잘 나타난다. 예수재를 설행하는 공간은 불사도량이기 때문에

---

186 권상로, 『韓國寺刹全書 上』(불교문화사, 1996), pp.104~105.

187 『太祖實錄』1, 太祖 1年 條序. "居數歲無子, 與崔氏禱于洛山觀音窟, 夜夢有一衲 衣僧來告曰: "必生貴子, 當名以善來" 未幾有娠, 果生子於宜州, 遂名曰善來, 是爲度祖. 窟在今江原道襄陽府.

불사도량을 깨끗이 하는 것은 불사를 원만히 성취하기 위해 필수적이
다.[188] 예수재에서 도량을 깨끗이 하는 의식은 수륙재의문과 같이
엄정팔방편이 그 역할을 수행한다. 현행 예수재의식에서는 관음보살
을 청해 신묘장구다라니로 정수淨水에 가지하여 법당과 마당의 사방에
법수를 뿌려 깨끗하게 정화하는 영산작법의 엄정의식이 추가되고
있다.[189] 이러한 관음신앙은 생전예수재 의식 설행에 있어서 중요한
사상적 배경을 가진다고 볼 수 있다.

188 이성운, 「한국불교 생전예수재의 특성-회편과 차서와 상례화를 중심으로-」,
『정토학연구』 제23집(한국정토학회, 2015), p.25.
189 이성운, 앞의 논문, pp.25~26.

Ⅲ. 생전예수재의 설행 양상

1. 태고종의 서울 '봉원사 생전예수재'

1) 봉원사 생전예수재의 성립

봉원사奉元寺는 서울시 서대문구 봉원동 산1번지에 소재해 있는 한국
불교태고종의 총본산 사찰이다. 봉원사의 연혁은 다음과 같다.

봉원사는 신라 51대 진성여왕眞聖女王 3년(889)에 도선국사(道詵國
師: 827~898)가 현 연세대(연희궁) 터에 처음으로 지었던 것인데,
이후 고려시대에는 고려말 공민왕대에 활약한 태고太古 보우普愚스
님이 크게 중창하여 도량을 화려하고 아름답게 조성하여 당시
사람들로부터 크게 찬탄을 받았다고 전해진다.
이후 조선의 태조 이성계는 한산군韓山君 이색李穡에게 명하여 태고

국사의 비문을 짓게 하고 스스로 국사의 문도門徒임을 자처하였다. 봉원사에 그 이름이 기록되어 있다. 태조 5년(1396)에는 원각사圓覺寺에서 삼존불을 조성하여 봉원사에 봉안하였고, 태조 사후에는 전각을 세워 태조의 어진御眞을 봉안하였다.

제14대 선조 25년(1592) 임진왜란 당시 전각이 소진됨에, 17대 효종 2년(1651) 지인智仁대사가 중창하였으나 동, 서 요사채가 다시 소실되어 극령克齡, 휴엄休嚴 두 스님에 의해 중건되었다.

제21대 영조 24년(1748) 찬즙贊汁, 증암增岩 두 스님에 의해 지금의 터전으로 이전하였고, 영조는 친필로 봉원사奉元寺라 현액하였으며, 신도들 사이에는 이때부터 새로 지은 절이라 하여 '새절'이라 부르게 되었다.

제22대 정조 12년(1788)에는 전국 승려의 풍기를 바로잡기 위한 팔도승풍규정소八道僧風糾正所가 설치되었으며, 제25대 철종 6년(1856)에는 은봉銀峯, 퇴암退庵화상 등이 대웅전을 중건하였다. 제26대 고종 21년(1884) 발생한 갑신정변甲申政變의 주축을 이룬 김옥균, 박영효, 서광범 등 개화파 인사의 정신적 지도자였던 이동인李東仁스님이 5년간 주석하였던 갑신정변의 요람지이기도 했다. 고종 31년(1894) 주지 성곡性谷스님이 약사전을 건립하였으나 소실되었다.

1911년 주지 보담寶潭스님의 중수와 사지寺地의 확보로 가람의 면모를 새롭게 하였다.

1945년 주지 기월起月스님과 대중의 원력으로 광복기념관을 건립하였다.

2009년 9월 30일 아랍에미리트 세계유네스코 정부간 위원회 4차 회의에서 영산재가 세계무형문화유산으로 지정되었다.[190]

봉원사는 국가무형문화재 제50호이자 유네스코 세계문화유산으로 지정된 '영산회'를 전승하는 사찰로, 매년 6월 6일 시연회를 하고 있다. 또한 옥천범음대학을 운영하여 경제京制 범패의 서울지역 삼대 사찰인 백련사白蓮社, 청련사靑蓮寺와 더불어 한국 불교의례의 중심사찰로 인식되고 있다.

백련사와 청련사의 연혁은 다음과 같다.

백련사는 서대문구 홍은동에 소재하고 있으며, 경덕왕 6년(747)에 진표眞表율사가 창건하였으며, 정토사淨土寺라 하였다. 정종 2년(1400) 무학無學왕사의 지시로 함허涵虛가 중창하였고, 세조의 장녀 의숙옹주懿淑翁主의 부마인 하성부원군 정현조의 원찰로 정하면서 절 이름을 백련사로 바꾸었다.[191]

청련사靑蓮寺는 흥덕왕 2년(827)에 안정사安定寺로 창건되었으며, 태조 4년(1395) 무학대사가 중창하여 병화 불참지역의 성역임을 선포하였다. 1726년(영조 2)에는 경림敬林이, 1801년(순조 1)에는 가선嘉善과 후정厚淨이 각각 중수 또는 중창하였다. 1849년(헌종 15)에는 종원宗元과 석총釋摠 등이 큰방과 요사를 세우며 중창하였

---

190 봉원사 홈페이지: http://www.bongwonsa.or.kr
191 백련사 홈페이지: http://www.paengryontemple.or.kr

고, 1854년(철종 5) 종원과 두총斗摠이 법당을 중건하였다. 1887년 (고종 24) 칠성각을 중수하였고, 1924년 주지 윤영상尹永相이 큰방과 시왕전을 중창하였다. 1942년에 주지 학봉學鳳이 법당을 중창하였 으나, 1950년 6·25 전쟁으로 소실되었고, 이후 1965년에 복원하여 오늘에 이른다. 서울특별시 성동구 하왕십리에 있던 안정사는 2008 년 양주시 장흥면 석현리로 옮겨 왔으며, 이때 절의 이름도 안정사에 서 청련사로 변경하였다.[192]

봉원사는 1968년과 1969년 경제범패 강습회를 열어 봉원사 어장을 주축으로 범패를 강의하였다. 이 강습회가 1970년 이후 범패 전승에 일익을 담당하였다. 1973년 11월 5일 박송암(1915~2000), 김운공 (1907~1984). 장벽응(1909~2000) 스님 등이 중요무형문화재 제50호 로 지정되면서 1970년대 이후 체계적인 전승 계보가 형성되었다.[193] 현재 보유자 김구해를 비롯하여 전수교육조교로 마일운과 이기붕 등과 이수자, 전수자 등이 있다. 이들이 영산회보존회를 통해 봉원사의 옥천범음대학을 중심으로 전승교육을 행하고 있다.
경제의 전승계보를 보면 다음과 같다.[194]

---

192 청련사 홈페이지: http://www.bluelotus.co.kr
193 법현, 『한국의 불교음악』(운주사, 2005), p.255.
194 법현, 앞의 책, pp.248~262.

〈표 4〉 중요무형문화재 제50호 영산재 – 법현 조사 계보

동교(東郊, 개운사 등 동쪽 중심의 사찰			
동교	대원大圓		
	벽봉碧峰 (정우운) 개운사	박운월(朴雲月, 1898~?)	
		황성기(黃晟起, ?~1979 전 동국대 교수)	
		김운공(金耘空, 1902~1984, 도봉산 학도암 영주사)	1960년초 청량사대중스님들에게 염불을 가르침
			마일운(봉원사)
	완담完潭		
	표금운表錦雲, 한재은(韓齋恩, 1914~?		
서교(西郊, 봉원사, 백련사 등 서쪽 중심의 사찰			
서교	이월하 (봉원사)	남벽해 – 봉원사	
		박송암(1915~2000) – 1964년 청련사 스님들에게 범패 강의	
		김운파 (1907~1973)	
		김화담(1904~1975) – 봉원사	
		이만봉(1909~2006) – 봉원사	
		조일파(1912~1971) – 봉원사	
		최영월(1916~?) – 봉원사	
		조덕산(1913~1977) – 봉원사	
		김혜경(1919~2010)·김학성(열반) – 봉원사	
		득성, 박원명, 영선, 이벽암	모두 열반 – 봉원사
		기월, 금해, 용해, 경해, 만성	
서 울 백 련 사			
이범호 – 백련사	김운공(1907~1984) – 도봉산 학도암 – 1960년초 청량사 스님들에게 염불을 가르침		
	유창렬(범공, 1898~1970) – 김포 문수사		
	김추성(보성)		

| 안덕암(본명- 안홍덕, 1914~) |
| 만허 |
| 김운제 - 서울 진관사 |
| 윤동하(만순) - 서울 진관사 |
| 도선억(금봉) - 백련사 |
| 도봉 - 백련사 |

이러한 전통과 강습을 통해 봉원사의 어장과 대중승려가 매년 영산
재뿐만 아니라 수륙재, 상주권공재, 시왕각배재 등의 전문적인 의례를
개설하고 있다. 특히 윤달이 드는 해에는 생전예수재와 수륙대재를
병행, 봉행하고 있다.

백련사와 청련사 또한 윤달이 드는 해에 생전예수재를 봉행하고
있으며, 태고종의 여러 사찰에서 이와 같은 전문적인 재가 설행되고
있다.

2) 의식 구성과 진행절차

2014년 10월 30일 봉원사의 수륙대재 및 생전예수재를 직접 참관,
조사하였다. 의식은 대웅전 앞마당의 설단과 천불전 앞마당에서 설행
하였다. 의식은 오전의식과 오후의식으로 구성되었다. 오전의식은
시련侍輦으로 시작하여 대령對靈, 관욕灌浴, 조전점안造錢點眼, 신중작
법神衆作法, 괘불이운掛佛移運, 예수상단운수단권공이다. 오후 의식은
중단의 소청사편召請使者篇, 예수상단의 소청성위편召請聖位篇, 중단
의 소청명부편召請冥府篇, 중단의 소청고사편召請庫司篇, 중단의 마구
단馬廐壇, 관음시식觀音施食, 봉송奉送의 순서로 진행하였다.

봉원사 생전예수재의 설행과정을 자세히 살펴보자. '시련'은 생전예수재를 베풀기 위해 불보살 및 신중을 모시고 영혼을 봉청하는 의식절차로 영접의 의미를 지니고 있다. 의식절차를 보면, 시련은 절 입구인 시련터에서 범패소리의 옹호게擁護偈를 시작으로 보례삼보普禮三寶까지 9가지 순서로 진행한다. 여기에 작법승이 3번의 바라춤과 3번의 나비춤, 그리고 1번의 법고춤을 봉행한다.

시련에는 중요무형문화재 제50호 영산재의 보유자, 전수보조자. 이수자, 전수자, 전수생 등 150여명의 승려가 함께 참여하였다. 어산의 범패와 함께 시련행렬은 대성인로왕보살번을 선두로 봉원사 사명기와 그 뒤를 승려들이 합장한 채 따른다. 또한 호적수와 취타대가 연주하며 합류한다. 이어 연輦을 든 승려와 영가의 위패가 뒤를 따르고, 이어 사부대중들이 각종 번과 기를 들고 행렬을 짓는다. 동참재자들은 금은전의 지전을 머리에 이고 대웅전 앞마당에 설치된 괘불단 앞으로 행진한다.

'대령'은 영가들을 청하여 성현들의 법어를 통해 영가법식靈駕法食을 올리는 의미를 지니고 있다. 의식절차를 보면, 시련행렬이 대웅전 앞에 도착하면 자리를 바로 잡고, 범패소리의 거불擧佛에서 존물편의 기수건청旣受虔請의 10가지 순서로 진행한다. 이때 작법무는 하지 않는다.

'관욕'은 영가들의 신구의身口意 삼업의 때를 향탕수로 맑히는 목욕 의식이다. 의식진행을 보면, 범패승의 범패소리 인예향욕편引詣香浴篇에서부터 다게茶偈의 33가지 순서로 진행하며, 작법승에 의해 2번의 바라춤이 있다. 관욕을 마친 후 목탁승의 인도에 따라 영가위패를 든 대중들은 법성게를 봉송하며, 대웅전 앞 설단을 시계방향으로 한 바퀴 돌아서 괘불단 오른쪽에 마련된 영가단에 안치한다.

'조전점안'은 금전·은전 등의 지전을 법식에 의해 명부세계에서 사용할 수 있도록 하는 의식이다. 진행순서는 범패승의 범패소리 옹호게擁護偈를 시작으로 헌전진언獻錢眞言까지 12가지의 절차로 진행되며, 작법승에 의해 1번의 바라춤이 있다.

'신중작법'은 도량에 모든 불법 수호신들을 청하여 이들로 하여금 청정한 의식도량을 수호하게 하는 의식이다. 의식의 진행순서는, 범패승의 범패소리 옹호게를 시작으로 대창불大唱佛로 104위를 청하는 의식 등 5가지의 절차로 진행된다. 작법승에 의해 2번의 바라춤이 있다.

'괘불이운'은 야외에서 법회를 거행할 때 특별히 야외에 법단을 마련하고 불화를 걸어 부처님을 청하여 모시는 의식이다. 의식절차를 보면, 범패승의 범패소리 옹호게에서부터 건회소建會疏까지 15가지의 순서로 진행된다. 작법승에 의해 2번의 바라춤과 1번의 나비춤이 있다. 거령산 짓소리에서는 목탁승의 인도로 도량을 지그재그로 행렬하였다.

이후 봉원사 생전예수재의 본의식으로 들어간다. '예수상단권공'에서의 의식절차를 보면 범패승의 범패소리에 할향喝香에서부터 주향공양편呪香供養篇 제4까지 41가지의 절차로 구성되었다. 작법승에 의해 5번의 바라춤과 6번의 나비춤, 그리고 1번의 법고무가 있다.

오전의식을 마치고 오후 의식으로 중단의 '소청사자편'은 명부세계로 인도하는 사자使者들을 청하고 공양을 올리는 의식이다. 삼천불전 앞에 마련된 사자단에서 진행하며, 범패승의 범패소리 거불擧佛에서 부터 보회향진언까지 32가지의 절차로 구성되었다. 작법승에 의해 4번의 바라춤과 4번의 나비춤이 있다.

예수상단의 '소청성위편'은 모든 불보살의 성현들을 청하고 찬탄, 공양을 올리는 의식이다. 범패승의 범패소리 거불에서부터 축원화청 祝願和請까지 34가지의 절차로 구성되었다. 작법승에 의해 3번의 바라 춤과 3번의 나비춤이 있다.

중단의 '소청명부편'은 지장보살과 명부세계의 시왕들을 청하고 찬탄, 공양을 올리는 의식이다. 범패승의 범패소리 거불에서부터 73가 지의 절차로 구성되며, 작법승에 의해 4번의 바라춤과 3번의 나비춤이 있다. 시왕청을 올릴 때는 명부시왕전에 가서 시왕번을 모시고 도량과 설단을 열지어 돌았다.

중단의 '소청고사편'은 명부세계의 권속인 고사판관을 청하고 찬탄 하며 공양을 올리는 의식이다. 범패승의 범패소리 거불에서부터 23가 지의 절차로 구성되며, 작법승에 의해 4번의 바라춤과 5번의 나비춤이 있다.

중단의 '마구단'은 동참대중들의 공덕물인 지전과 다라니, 경전 등의 물품을 명부의 세계로 전달할 마구전에 공양을 올리는 의식이다. 범패승의 범패소리 정법계진언正法界眞言에서부터 십념十念까지 8가 지의 절차로 구성되었다. 작법승에 의해 4번의 바라춤과 5번의 나비춤 이 있다.

'관음시식'은 영가단에 안치된 동참대중들의 선망 조상영가들을 위해 법식과 공양을 올리는 의식이다. 범패승의 범패소리의 거불에서부터 공덕게功德偈까지 29가지의 절차로 구성되며 작법무는 없다.

'봉송'은 모든 의식을 마치고 도량의 각종 장엄물과 위패 등을 모아 불에 태우는 회향의식이다. 봉송회향奉送回向을 시작으로 탄백까지 9가지의 순서로 진행되며, 작법무는 없다. 이러한 절차로 봉원사 생전예수재는 모두 끝났다.

〈사진 1〉 봉원사 생전예수재 의식

백련사의 생전예수재는 의식구성이나 진행절차에서 봉원사와 큰 차이는 없다. 다만 칠칠재 형식의 예수재에서 6재에 조전점안을 하고, 7재 회향의 영가시식에서 전시식冥施食을 한다는 점이 다르다.

회주인 백련사운림원白蓮社雲林院의 운경雲耕스님을 직접 찾아 백련사 생전예수재에 대한 이야기를 들었다.

백련사와 봉원사와는 생전예수재의식에서 차이는 없어요. 다만 백련사는 기도마다 무주고혼을 위해 조금이라도 상을 차려 항상 전시식을 해요. 그래서 예수재에도 영가시식은 전시식을 합니다. 그리고 여기는 조전점안을 6재에 미리 하는데 7재에는 시련, 대령, 관욕, 괘불이운, 영산작법, 법문, 운수단, 사자단, 중단, 마구단, 전시식, 봉송 순서로 진행하는데 시간이 부족하면 중단에서 각배재의 대례청으로 대신하기도 했어요. 지금은 생전예수재도 낮에 하루에 끝나는데 1980년대에 덕암스님과 서봉스님, 인곡스님 등과 일본 니가노의 금강사와 교토의 백봉사에 가서 3일씩 예수재를 했어요. 일본도 많이 갔었어요.[195]

청련사의 경우도 봉원사와 백련사와 같이 의식의 구성과 진행은 대체로 동일하다. 교무부장을 맡고 있는 상진스님에 의하면,

청련사 생전예수재의 의식구성과 진행절차에서 봉원사나 백련사와는 차이가 없습니다. 어차피 봉원사나 백련사 스님들과 예수재를

---

195 인터뷰: 운경스님(백련사 회주, 운림원주석), 2016년, 12월 20일.

112

같이 지내는데, 한 가지 차이점은 전시식을 한다는 점입니다. 보통 전시식은 보편적으로 경상도 지역에서 사십구재를 지낼 때 하는데 청련사에서는 관음시식은 법당에서 하고 전시식은 돌아가신 백우 스님의 말씀으로는 생전예수재를 봉행할 때에는 밖에 별도로 시식 단을 마련하여 법당과 동시에 시식을 진행합니다.[196]

라고 하였다. 이와 같이 청련사의 생전예수재는 영가를 위한 시식에서 관음시식과 전시식을 동시에 봉행한다는 점이 특징이다.

〈사진 2〉 백련사 운경스님

196 인터뷰: 상진스님(현 청련사 총무 및 교무, 안정불교대학 불교음악과 강주), 2016년, 11월 15일.

〈사진 3〉 운경스님의 일본에서 진행한 생전예수재 메모

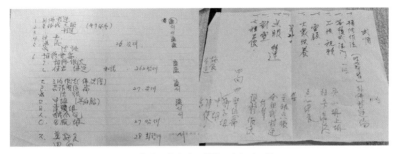

1984년 윤10월 일본 금강사 예수재

1980년대 백봉사 일본 예수재 메모

3) 설단과 장엄

봉원사 생전예수재의 의식은 크게 네 개의 공간에서 진행한다.

첫 번째는 시련터로 봉원사 해탈문 밖이다. 이곳에 사방으로 줄을 쳐서 신중번을 걸어놓고, 한쪽에 의식집전단을 마련하였다. 마주 보는 곳에 불보살을 청하는 단을 설치하였는데 병풍으로 둘러 세웠다. 앞에는 불보살을 모셔갈 연이 놓여져 있다. 또 연 앞에는 불보살과 영가의 위패를 모시는 단이 있고, 그 위에 촛대와 향로 정수淨水의 탁잔을 놓았다. 시련터 중앙에는 자리를 깔아 작법승들이 작법무를

출 수 있도록 하였다.

두 번째 장소는 대웅전 앞마당이다. 대웅전 우측면 대방 쪽으로 괘불의 불단이 설치되어 있고, 오방천이 대방에서부터 괘불위로 넘어가 건너편 삼천불전 탑까지 걸려있다. 마당 사방으로 줄을 높게 걸어 보산개, 등산개, 대형 금은전, 각종 불보살 번, 다라니, 신중도, 12지신도가 장엄되어 있다. 대웅전과 각 전각에도 번이 걸려 있다. 괘불의 불단 아래 공양단에는 각종 공양물이 올려져 있으며, 왼쪽에는 사자단, 오른쪽에는 영가단인데 지화와 생화로 장엄하였다. 불단의 반대편 끝에는 의식집전단이 마련되어 있다. 가운데 넓은 공간은 자리를 깔아 의식승들이 작법무와 각종 의식을 진행하도록 하였다.

세 번째 공간은 명부전이다. 소청명부편의 청사와 권공의식을 하는 곳으로 각 대왕 앞에 각종 번을 세워 두었는데, 이 번은 신도들이 행렬할 때 하나씩 들고 간다.

네 번째 공간은 대웅전 좌측으로 별도의 전각인 삼천불전이다. 이곳의 마당에 있는 탑에 오방천을 연결하였다. 삼천불전 정면에서 오른쪽 문앞에는 고사단과 사자단이 설치되어 있다. 문에는 그림이 걸려 있고, 단에는 촛대, 향로, 탁잔, 공양물이 올려져 있다.

소대 또한 삼천불전 마당에 설치하여 소대의식 때에 태울 금은전과 위패 등을 올려놓았다.

〈사진 4〉 봉원사 생전예수재의 설단과 장엄

2. 태고종의 경남 밀양 '작약산 생전예수재'

1) 작약산예수재의 성립

'작약산예수재'는 경상남도 밀양시 초동면 오방리 광제사에서 윤달이 드는 해마다 설행하는 팔공산제 범패전문 불교의식이다. 어장은 원봉 만진圓峰滿眞 스님이다.

우리나라의 범패는 신라 진감선사 이래로 각지의 많은 스님들이 전수하였다. 영남·호남·경기 지역의 여러 사찰에 범패가 퍼져 나가면서 민요처럼 지역별로 고유한 특징을 지니게 되었다. 크게는 윗녘소리인 경제京制와 아랫녘소리인 영남제(嶺南制, 일명 팔공산제)로 나뉘었다.

오늘날에는 윗녘인 서울 범패와 아랫녘인 영남제가 다시 부산 범패·마산 범패로 나뉘어 크게 세 계보의 범패만이 문화재로 지정되어 있다. 전통시대에서 내륙의 범패로 크게 성행했던 팔공산제는 1955년 정화운동(분규)이 일어나면서 서서히 맥이 끊어진 상태이다.[197]

서정매가 조사한 밀양지역의 팔공산제 범패 계보에 의하면, 이 지역의 범패 계보는 크게 두 갈래로 분류된다. 즉 청도에서 이어져 내려온 팔공산제 계보와 밀양 표충사제의 범패 계보라고 한다.[198]

그러나 현재 밀양지역의 통도사제 소리인 표충사 범패의 어산스님들은 모두 작고하여 이를 계승한 스님은 없는 실정이다. 그러나 밀양 표충사 범패는 현재 부산 영산재의 소리인 통범 소리를 이었다는 사실에 중요한 의미가 있다. 한편 청도에서 팔공산제 범패를 하던 성봉스님이 밀양으로 이주해오면서 밀양지역에 팔공산제 범패가 뿌리를 내리게 되었다. 현재 밀양의 범패승들은 거의가 성봉스님으로부터 범패를 이어 받아 오늘에 이르고 있다.[199]

---

197 서정매, 앞의 논문, pp.32~33.
198 서정매, 앞의 논문, pp.45.
199 서원봉, '2012년 경상남도 도문화재지정 신청서', 「밀양 작약산예수재 문화재 지정신청 보고서」(경상남도 밀양시 광제사, 2012), p.3.

이 조사에 의하면 표충사제 범패는 1900년 초반까지 매우 성행하였다고 한다. 그 이유는 표충사가 통도사의 말사이며 염불원으로서 범패승을 전문적으로 양성하고 교육했던 사찰이었기 때문이다.[200]

표충사제 범패의 계보를 보면 대은스님과 배신월·배인월스님이 주축이 되어 호산스님·보산스님·용담스님·백도안스님에게 이어졌다. 다시 안경산스님·이정화스님·덕봉스님·금봉스님으로 이어져 왔으나 지금은 명맥이 끊어진 상태이다. 1955년 불교 분규로 인하여 범패승들이 표충사에서 나와 흩어지면서 서서히 맥이 사라지게 된 것이다.[201]

다만 팔공산제 범패승이었던 성봉스님이 밀양에서 금봉·덕봉·경산·정화스님 등과 함께 재를 지냈던 사실로 보아 성봉스님의 팔공산제와 표충사제의 범패가 섞였을 가능성이 있다.[202]

서정매의 조사에서 성봉스님과 같이 활동한 산옹스님, 일우스님 그리고 이분들로부터 교육받고 활동한 원봉스님[203]은 성봉스님의 직계 제자가 아니라는 이유로 계보에서 배제시켰다.[204] 그러나 성봉스님이 제자를 두기 전부터 원봉스님은 성봉스님으로부터 교육을 받고 같이

서정매, 같은 논문.

200 서정매, 앞의 논문, p.46.

201 서정매, 앞의 논문, p.47.

202 서정매, 앞의 주.

203 서원봉스님은 1953년 경남 창녕군 부곡면 수다리에서 출생, 1972년 해인사에서 출가하여 1975년 마산 원각사 서경호 은사에게 득도하여, 1985년에 성봉스님으로부터 팔공산제 범패를 배워 후학들에게 전수하고 있다.

204 서정매, 앞의 논문, p.46.

활동을 하였다. 현재 원봉스님은 밀양지역에서 공식적인 범패승으로 유일하게 활동을 하고 있다.[205]

'작약산예수재'의 어장인 원봉스님(1953~)은 27세에 경남 창녕 소재의 월봉암에서 행자로 3년 수행하면서 산옹스님으로부터 염불을 배웠다. 31세에 범패의 스승인 산옹스님의 추천으로 1983년 마산 원각사에서 철화스님에게 출가하여 만진滿眞이라는 법명을 받았다.

이후 청도 신둔사에서 주지를 역임하고 밀양 삼랑진으로 내려와 팔공산제 범패를 계승한 성봉스님으로부터 범패를 배웠다. 이렇게 맥을 이어받아 밀양 광제사에서 영산재·수륙대재·생전예수재·상주권공재 등의 재의식을 팔공산제 범음범패로 전승 유지하고 있다. 또한 밀양지역의 불교의식을 발전시키고자 부산지역을 중심으로 한 부산 영산재와 마산을 중심으로 한 불모산 영산재 등과 활발히 교류하고 있다.[206] 작약산 예수재 범패 계보는 〈표 5〉와 같다.[207]

---

205 원봉스님은 작약산 예수재를 널리 선양하기 위해 각종 민속 경연대회 등에 참가하여 여러 차례 수상하였다. 2003년 제32회 경상남도 민속예술축제 밀양 대표로 출전하여 우수상 수상, 2004년 제45회 한국민속예술축제 경상남도 대표로 출전 은상 수상, 2009년 제35회 경상남도 민속예술축제 밀양 대표로 출전 연기상 수상 등이다. 또한 매년 개최되는 밀양 아리랑대축제 중 무형문화재 시연공연에서 감네줄당기기, 밀양백중놀이, 무안용호놀이, 법흥상원놀이와 함께 작약산 예수재를 시연하고 있다.

206 만진(원봉), 「경상남도 무형문화재지정·인정 신청서」, 2015, pp.61~68.

207 만진(원봉), 앞의 책, p.49.

〈표 5〉작약산 예수재 범패 계보

활동연도	밀양 팔공산제 범패	밀양 표충사제 범패	비고
1800년대 후반~ 1900년초	송호스님 (1870~1980)	대은스님(1890) 호산스님 - 보산스님 - 용담스님 (모두 1895~1910년 생으로 추정)	1900년 초기에는 팔공산제 범패와 표충사제 범패가 명백히 구분됨
1900년대 초·중반	강벽운스님 (1900) ↓ 박성봉스님 (1918~1999)	이백허스님-배신월스님-배인월스님 (1899)　　　(1905~1975) 　　　　↓　　　　↓ 공월파스님 백도암스님 - 문구암스님 (1900~1910 년생 추정)	
1950년 ~1980년		안경산스님 - 이정화스님 - 덕봉스님 (1917)　　(1918)　 (1915~1998) ↓ 금봉스님 (1921~1985)	성봉스님이 표충사 범패 승들과 재를 지낸바 있음
	산옹스님	현재 밀양에서 작약산 영산재의 증명스님으로 활동 중	표충사범패 맥이 끊어지고, 성봉스님의 팔공산제 범패가 전승
	원봉스님	현재 밀양에서 작약산 영산재의 어장으로 활동 중	
	태우스님 환명스님		

2) 의식의 구성과 진행과정

2016년 10월 14일에 거행된 작약산 생전예수재의 자세한 과정을 살펴보자. 진행과정은 세 단계로 오전 의식, 오후 의식, 야간 의식으로 구분, 진행하였다. 조전의식으로 시작하여 다음날 새벽예불을 끝으로 24시간의 긴 시간 동안 의식이 진행되는 것이 큰 특징이다.

오전 의식의 의식과 절차는 새벽 3시부터 12시까지 진행되었다. 새벽예불부터 예수재가 시작되는데 조전점안·대령·관욕·사시불공의 순서로 진행되었다. '새벽예불'은 일반 예경의식과 마찬가지로 도량석, 범종 타종과 아침 쇳송, 그리고 각단의 예참에 이어 조전점안의식을 진행하였다.

조식 공양 후 절 입구 우측 창고와 넓은 마당에 조성된 불보살과 영가를 맞이하는 영가단으로 이동하였다. 대령의식부터 어장 원봉스님의 범패소리 거불을 시작으로 3명의 작법승이 바라춤을 추고 관욕까지 이어진다. 이어 사시불공은 범패승 한 명이 대웅전 법당에서 평염불로 불공을 드리는 것으로 오전 의식을 마쳤다.

오후 의식은 신중작법, 시주이운施主移運, 가마龍船작법, 그리고 본의식인 예수상단豫修上壇의 할향喝香부터 '통서인유편通敍因由篇과 '엄정팔방편嚴淨八方篇까지 진행하는 것으로 오후 1시부터 6시까지 진행되었다.[208]

점심 공양 후 사부대중들이 대웅전 앞마당에 모여 의식을 시작한다. 어산의 범패소리로 104위의 신중을 청하는 신중작법을 마치면 의식승들에 의해 시주이운으로 들어간다. 그날의 설판 재자를 반야용선에 태워 이운식을 거행한다. 참석한 모든 대중들을 대웅전 마당으로 모이게 하여 가마와 반야용선을 타고 탑돌이를 한다. 이어 어산의 범패소리 할향부터 시작하여 범패승들과 함께 의식 보고인 통서인유편과 엄정팔방편까지 진행하였다. 의식 내내 작법승 4명이 바라춤을 봉행하였다.

야간 의식은 '주향통서편呪香通序篇을 시작으로 다음날 새벽예불까

---

208 만진(원봉), 같은 책.

지, 6시에서 다음날 새벽 5시까지 진행하였다.[209]

저녁 공양 후 대중들을 대웅전으로 모이게 한 후 화청놀이를 하였다. 다시 마당에 모이게 한 후, 증명법사를 이운하는 설주이운 의식을 진행하고 법문을 청하였다. 이후 주향통서편을 범패승의 범패소리로 시작하여 상단의 불단 좌측에 마련된 사자단에 사자를 청하여 찬탄과 공양을 올렸다.

모든 사부대중들은 다시 영청소로 이동하여 소청성위편召請聖位篇과 소청명부편召請冥府篇의 의식을 진행하였다. 상단의 불보살과 중단의 명부시왕, 판관귀왕 등을 청하여 찬탄 관욕을 하였다. 이어 대성인로왕보살번을 선두로 의식승들이 호적, 나발, 광쇠, 태징, 목탁을 들고 따른다. 이어 그 뒤를 연을 가운데 두고 청룡, 황룡의 등룡기, 명부시왕번과 청사번이 양 옆으로 도열하였다. 그 뒤를 불보살과 명부시왕, 판관귀왕의 위패를 모신 신도들이 따른다. 맨 뒤에는 법성게번을 든 대중들이 행렬을 이룬다.

시련행렬이 대웅전 앞 상단의 불단과 중단의 시왕단에 도착하면 위패를 모시고 청하여 찬탄과 공양을 올린다. 이때에 어산의 범패에 따라 작법승들은 바라춤과 나비춤을 봉행한다.

이어서 새벽에 점안해 놓은 금은전을 대중들에게 나누어준다. 고사단에서 고사판관들을 청하여 공양을 올리는 의식을 진행한다. 이후 가지변공편에서는 상단, 중단, 고사단, 마구단의 변공 의식을 진행하고 이어 영가들을 위해 간단한 시식을 올린다.

---

209 만진(원봉), 같은 책.

이어 공성회향의식을 하고 소대장으로 이동한다. 행렬은 대성인로
왕보살번이 선두이고 뒤로 의식승들이 호적, 나발, 광쇠, 태징, 목탁을
들고 따른다. 대중들은 각자의 금은전을 머리에 이고 행렬을 따라
탑돌이를 하면서 소대로 이동한다. 소대의식이 끝나면 대중 모두는
대웅전 법당으로 가서 새벽예불을 올린다. 이렇게 광제사의 작약산
생전예수재는 모두 끝이 난다.

〈사진 5〉 작약산 생전예수재 의식

3) 설단과 장엄

작약산 생전예수재의 진행은 크게 세 곳에서 진행한다. 첫 번째는 대웅전 법당 안이다. 조석예불과 사시불공을 올리는 공간으로 일상의 례이기 때문에 단을 설치하거나 장엄하지는 않는다.

두 번째는 대웅전 앞마당이다. 대웅전 정면 계단에 상단의 불단이 설치되어 있고, 불단 좌측면에 사자단과 고사단이 마련되어 있다. 대웅전 우측 벽에는 마구단이 자리잡고 있으며, 우측 별도의 공양간 앞에 시왕단이 설치되어 있다.

대웅전 앞 도량 전체에 104위번과 판관, 귀왕번들을 걸어놓아 화려하게 장엄하였다. 상단의 불단과 각 단에는 각종 공양물이 올려져 있었고, 시왕단에는 시왕도가 족자 형태로 걸려 있다. 아래 공양단에는 공양물과 업경대, 벼루, 먹, 붓, 칼, 수첩 등이 놓여져 있었다.

　세 번째는 영청소의 영청단으로 창고 앞에 꽃그림으로 장식한 벽을 세우고 영청단을 설치하였다. 불단 옆은 지화로 장식하였고, 왼쪽에는 창과 칼이 놓여져 있다. 오른쪽에는 불보살님을 모시고 갈 연과 시왕번, 청사번이 있다. 그 앞에 일산이 있으며, 오른쪽에 반야용선이 있다. 가운데 공간을 띄우고 의식집전단이 불단을 바라보고 있다. 이 공간의 둘레를 삼신번, 칠여래번, 팔보살번 등으로 장엄하였다.

〈사진 6〉 작약산 생전예수재의 설단과 장엄

3. 조계종의 서울 '조계사 생전예수재'

1) 1972년 통합 이전 조계사 생전예수재의 성립

조계사는 대한불교조계종의 총본산이며, 한국불교의 대표사찰이다.

조계사는 일제치하인 1910년, 조선불교의 자주화와 민족자존 회복을

염원하는 스님들에 의해 각황사란 이름으로 창건되었으며, 1937년

각황사를 현재의 조계사로 옮기는 공사를 시작, 이듬해 삼각산에 있던 태고사太古寺를 이전하는 형식을 취하여 절 이름을 태고사로 하였다. 그리고 1954년 불교정화운동이 일어난 후 조계사로 바뀌어 현재에 이르고 있다.[210] 2000년 조계사, 대한불교조계종, 불학연구소, 불교신문사가 공동으로 주최한 학술세미나 '조계사의 역사와 문화'에 첨부된 '조계사 연표'에 1960년 8월 19일 생전예수재 회향식이라는 내용이 있다.[211] 그리고 〈불교신문〉의 전신인 〈대한불교〉의 창간해인 1960년 7월 5일 1면에 「생전예수재봉행」 권선문 형식의 기사가 실려 있으며, 8월 3일 「생전예수재가 시작되다」의 기사에서 7월 30일(음력, 윤6월 27일)에 시작하여 회향식은 8월 19일으로 20일간 거행한다는 공고가 실려 있다. 9월 8일 「생전예수재 엄수」의 기사에서는 "생전예수재 회향식은 8월 19일 오전 열시부터 오후 일곱 시까지 아홉 시간에 걸쳐 조계사 대법당에서 거행되었다."는 내용이 실려 있다.[212]

이날 거행된 생전예수재의 의식절차는 삼귀의례三歸儀禮 − 대령관욕對靈灌浴 − 신중작법神衆作法 − 전점안錢點眼 − 전이운錢移運 − 상공上供 − 설교說敎 − 상중법청上中法請 − 시왕각배十王各拜 − 전이운錢移運 − 함합소緘合疏 낭독 − 시식施食 − 회향回向의 순서로 진행되었음을 밝혔다.[213]

210 조계사홈페이지(www.jogyeas.kr), 검색어: 조계사 역사.

211 성청환, 「조계사 생전예수재의 역사와 의의」, 『정토학연구』 제23집(한국정토학회, 2015), p.142, 각주 참조.

212 성청환, 앞의 논문, p.143.

213 성청환, 앞의 논문, p.144.

이후 1966년 5월 4일(음력 윤3월 23일)과 5일 이틀 동안 매일 오후 2시부터 4시까지 거행하였다는 내용이 6월 1일 1면 기사 「조계사서 종합법회」에 실려 있다.[214]

1968년 9월 1일부터 7일까지 거행된 생전예수재에서는 「금강경 해설 강좌」도 진행하였으며,[215] 회향식은 아침 9시부터 밤 10시까지 진행되었다. 법주인 영암映岩 총무원장스님의 법문에서 "생전예수재 는 사후에 49일 천도재를 지내는 것처럼, 생전에 자기 죄업을 벗기 위한 것으로 『관정수원왕생시방정토경灌頂隨願往生十方淨土經』과 『승만경勝鬘經』, 『수생경壽生經』에 근거하여 거행하는 것이다."라고 하였다.[216] 같은 기사에 오전에는 향수香水 − 사성례四聖禮 − 천수千手 − 권공勸供 − 축원祝願 − 영반靈飯의 순서로 거행하고, 오후에는 거량擧 揚 − 법문法門 − 금은전점안이운金銀錢占眼移運 − 삼보통청三寶通淸 − 권공勸供 − 축원祝願 − 시식施食 − 배역拜逆의 순서로 회향하였다는 내 용이다.[217]

이와 같이 조계사의 생전예수재는 1960년대부터 1972년까지 개설 되었다. 이후 조계종과 태고종이 양분되면서 전통적인 의식과 범패, 작법무는 태고종을 중심으로 전승되어왔다. 1980년대에는 조계사와 강남 봉은사 등 조계종 사찰에서 태고종스님들을 초청하여 여러 의식 들을 설행하였다. 2000년 이후부터는 조계종 어장스님들을 중심으로

---

214 성청환, 앞의 논문, p.145.
215 성청환, 같은 논문, 「생전예수재」, 〈대한불교〉 1968년 8월 25일, 1면.
216 〈대한불교〉 1968년 9월 15일 3면.
217 성청환, 앞의 논문, p.146.

평염불과 전문적인 범패, 작법무 등의 의식이 진행되었다. 조계사는 2015년 11월 20일과 21일 전통양식을 복원한 생전예수재를 거행하기도 하였다.

2) 의식의 구성과 진행과정

2015년 11월 20일과 21일 거행된 조계사 생전예수재 의식의 구성과 진행절차를 살펴보자. 먼저 10월 4일 입재를 시작으로 10일 초재에 '보시'를 주제로 범어사 율주 수진스님이 법문을 하였고, 17일 2재에 '지계'를 주제로 조계종 전계대화상 성우스님이 법문하였다. 이어 10월 24일 3재에는 '인욕'을 주제로 전 백양사 주지 성오스님이 법문하였으며, 10월 31일 4재에는 '정진'을 주제로 법산스님이 법문하였다. 11월 7일 5재에는 '선정'을 주제로 군종교구장 정우스님이 법문하였으며, 11월 14일 6재에 '지혜'를 주제로 지하스님이 법문하였다. 11월 16일에는 예수재 회향에 필요한 '성전의식聖錢儀式'과 '택전의식擇錢儀式'이 진행되었으며, 11월 20일과 21일 회향식으로 마감되었다.

조계사 생전예수재 회향은 조계종 의례위원장 인묵스님의 집전으로 진행되었다. 첫째 날인 20일은 오전 9시부터 범종의 타종과 신중작법 의식을 시작으로 회향식이 시작되었다. 신중작법은 도량에 모든 불법 수호신들을 청하여 이들로 하여금 청정한 의식도량을 수호하게 하는 의식이다. 인묵스님의 주도로 범패와 의식승들의 태징, 요령, 목탁, 법고 등의 반주로 104위의 옹호성중들을 청하였다. 이어서 괘불과 불패이운 의식이 진행되었으며, 범패승들의 범패와 반주에 맞추어 6명의 작법승이 나비춤을 추었다.

　다음으로 대령의식으로 일주문 앞쪽으로 이동하여 동참 대중들의 선망조상 영가를 청하는 외대령 의식이 진행되었다. 이후 목탁승을 선두로 취타대와 그 뒤를 호적, 태징 등을 든 의식승들이 따르며, 그 뒤를 육수장삼을 수하한 작법승들이 따르고, 이어 위패가 모셔진 반야용선을 중심으로 양옆에 청룡, 황룡의 등룡기들이 서서 따른다. 그 뒤를 동참 대중들이 열을 지어 행렬하여 괘불단으로 나아간다. 부처님께 예를 올리고 4명의 작법승들이 나비춤을 추었다.

　이어 위패를 영가단으로 옮겨 영가들의 삼업의 때를 맑히는 목욕의식인 관욕의식이 진행되었다. 위패가 관욕단으로 들어가면 4명의 작법승들에 의해 바라춤이 봉행되었으며, 이어 2명의 작법승들이 바라춤을 추었다. 관욕의식을 마치면 영가위패를 상단의 불단으로 모셔 예를 올리고 다시 영가단으로 돌아와 안치하였다.

　다음은 조전점안의식으로 금은전을 점안하고 이운하는 의식으로 범패가 진행되는 동안 4명의 작법승들이 바라춤을 추었다. 곧이어 생전예수재 본의식으로 운수상단(예수상단)의식이 이어졌다. 운수상단의식은 예수재를 알리고 설단의 마련을 의미하는 것이라 할 수 있다. 의식승 1명이 법고를 울리고 이어 4명의 작법승들이 바라춤을 추었고 이후 범패로 의식을 이어갔다. 이어 조계사 대중스님들이 한글금강경 강경을 하였고, 이어 범패가 이어지는 가운데 바라춤과 나비춤이 펼쳐졌다.

　다음으로 생전예수재가 열림을 알리기 위하여 하늘의 사자를 청하고 공양을 올리는 사자단의식이 있었다. 사자단은 중단의 시왕단 뒤쪽에 마련되었다. 어산과 의식승, 동참대중 모두 사자단으로 이동하여 범패를 시작으로 4명의 작법승들의 바라춤이 이어졌다.

사자단의식이 끝나면 괘불단으로 이동하여 소청성위편召請聖位篇의 상단의식이 이어졌다. 모든 불보살들을 맞이하여 찬탄과 공양을 올리고 예경 드리는 의식이 진행되었으며, 인묵스님의 범패에 맞추어 2명의 작법승들이 바라춤과 나비춤을, 그리고 1명의 법고춤이 펼쳐졌다. 이어 상단의 불패佛牌를 불단 오른쪽에 마련된 관불소로 옮기어 관욕의식을 하는데, 2명의 작법승들의 바라춤이 이어졌다. 관욕을 마친 불패를 상단에 옮겨 공양을 올리는 권공의식을 진행하였고, 5명의 작법승들의 바라춤과 끝으로 동참대중들을 위한 축원이 이어졌다. 이것으로 첫째 날 의식을 마쳤다.

둘째 날인 11월 21일은 오전 9시 30분부터 전날에 이어서 범종의 타종과 소청중위편召請冥府篇의 중단의식부터 시작되었다. 중단은 지장보살님을 비롯한 시왕 명부중冥府衆에게 찬탄과 공양을 올리고, 다음으로 각 명위各位의 사군使君들을 모셔 공양을 올리는 의식이다. 4명의 작법승들이 바라춤과 나비춤을 시작으로 중단의 지장보살과 명부시왕, 제위판관귀왕 등을 청하는 의식이 이어졌다. 이어 중단의 위패位牌를 시왕단의 오른쪽에 마련된 성욕소로 옮겨 의식을 진행하였고, 4명의 작법승들이 바라춤을 추었다. 관욕의식을 마치면 목탁승의 인도에 따라 위패를 모시고 불단의 부처님 앞으로 나아가 예를 올리고 중단으로 위패를 다시 모신다.

비구니스님의 화청이 이어졌으며, 이후 고불총림 백양사 방장 지선스님의 법문이 이어졌다. "안락한 미래를 위해 미리 준비하는 자세로 살아야 한다. 지금까지 살아온 인생보다 오늘 이 시간 이후부터 어떻게 살아가야 할 것인가가 중요하다"며, "자비로써 모든 모순과 업보를 앞장서서 청산하는 것이 예수재를 잘 지내는 것이다. 자신을 개조하는 자세로, 항상 예수재를 지내는 자세로 살아가는 불자들이 될 것"을 당부하며[218] 법문을 마쳤다.

이어 권공의식이 이어졌으며, 4명의 작법승에 의해 나비춤과 1명의 법고춤이 추어졌다. 축원으로 권공의식을 마쳤다.

다음은 고사단의식으로, 명부의 돈과 경전을 맡아 보관하는 창고를 담당하는 고사님들께 공양을 올리는 의식이다. 이어 영가단에서 조계사 대중승려들과 신도들의 한문본 『금강경』 독송이 이어졌다. 다음은 영가단의 시식의식으로 영가에게 음식과 법문을 베푸는 의식이 봉행되었고, 동참 대중들에게 고사단의 금은전을 나누어 주었다.

이후 봉송을 위해 부처님께 예를 올리고 10명의 작법승들이 바라춤을 추었다. 다음은 부처님께 예를 올리는 동안 마구단의식으로 고사단의 오른쪽에 마구단을 마련하여 금은전을 운반하는 말 등의 동물들에게 공양을 행하는 의식이 있었다. 부처님께 예를 마치고 모든 생전예수재 의식의 끝마무리로서 벌려 놓았던 의물儀物과 번幡, 방傍 등을 걷어들이고, 수생전과 금은전과 위패를 태우는 소대봉송의식을 위해 도량을 돌고 탑돌이를 하는 봉송행렬을 하였다. 끝으로 소대장에서 모든 의물, 번, 방, 위패 등을 태우는 의식으로 조계사 생전예수재 의식을 모두 마쳤다.

이러한 모습을 조계사 대방의 정묵스님이 신도들의 표정을 보면서

---

218 조계사 홈페이지(www.jogyeas.kr/), 미디어 뉴스, 검색어: 조계사 생전예수재.

말하기를,

> 금은전을 머리에 이고 소대로 나아가는 행렬의 신도들의 표정이
> 다른 행사와는 달리 너무 즐거운 표정들이라서 한 보살님께 "왜
> 그리 웃으시냐?"고 물으니, "오늘 처음 생전예수재를 하였는데
> 나의 전생 빚을 갚는 돈을 머리에 이고 있으니 너무나 기분이
> 좋다."라고 하였습니다. 그렇기 때문에 내가 먼저 생전예수재를
> 제대로 알아야겠습니다.[219]

라고 하였다.

위의 내용을 바탕으로 진행절차를 보면 먼저 11월 16일에는 예수재
회향에 필요한 성전의식과 택전의식이 진행되었음을 알 수 있다.

'택전의식'이란 지전의 점안식으로, 지전으로 되어 있는 금은전金銀
錢을 스님들께서 고르고 띠별 예수재 빚에 맞게 금강경 탑다라니,
금전, 은전, 종이 수표 등을 넣는 의식을 말한다.[220] '성전의식'은 택전의
식을 한 다라니를 고사단에 올리는 의식이다.[221]

3) 설단과 장엄

조계사 생전예수재의 진행은 두 곳의 공간에서 진행되었다. 첫째,
설단은 대웅전 앞마당을 중심으로 하여 정면의 대웅전 앞에는 괘불을

---

219 인터뷰: 조계사 대방의 정묵스님(30대 후반), 2015년 11월 21일.
220 조계사 홈페이지(www.jogyeas.kr), 미디어조계사 뉴스, 2004년 4월 8일 기사.
221 앞의 주와 같음.

모신 상단의 불단이며, 오른쪽은 사자단이, 왼쪽은 마구단과 고사단이 설치되었다. 그리고 괘불의 불단을 중심으로 오른쪽에는 중단의 명부시왕단이 설치되었으며, 왼쪽에는 하단의 영가단과 관욕단, 관욕소가 마련되었다.

둘째는 일주문 안쪽에 영가(시련)단이 마련되었다.

장엄을 보면 괘불을 중심으로 'ㄇ'형태로 각종 보산개와 불보살과 신중들의 번幡, 그리고 대형 금은전이 장엄되었다. 괘불의 공양단에는 각종 공양물과 양옆으로 대형 지화가 화분에 장식되었으며, 오른쪽에 관불소를 설치하였다.

중단의 명부시왕단은 중앙에 대형의 지장보살과 명부시왕의 탱화가 있으며, 아래의 공양단에는 업경대業鏡臺와 각종 공양물이 올려져 있다. 오른쪽에 성욕소가 있다.

하단의 영단은 중앙에 감로탱화가 모셔져 있으며, 탱화 양옆으로 영가들의 명단이 적혀 있다. 아래의 공양단 우측에 있는 관욕단의 관욕소는 병풍으로 둘러쳐져 있다.

괘불단의 왼쪽에 마련된 고사단에는 공양물과 함께 금은전의 봉투가 가득 쌓여져 있다.

소대장은 종무소 앞마당에 위치하여 대형 향로 모양의 소대가 화려하게 위용을 나타내고 있다.

〈사진 7〉 조계사 생전예수재 의식

〈사진 8〉 조계사 생전예수재의 설단과 장엄

4. 조계종의 경남 양산 '통도사 생전예수재'

통도사는 경상남도 양산시 하북면에 위치한 영남의 중심 사찰이다. 통도사의 창건과 역사를 보면 다음과 같다.

통도사는 선덕여왕 15년(646) 대국통大國統 자장율사에 의하여 창건되어, 당시 경주의 황룡사가 왕실귀족불교의 중심지였던 것에 반하여 통도사는 산중에 자리잡은 수행불교修行佛敎의 중심도량이었다. 통도사에 모셔진 부처님 사리와 금란가사는 자장스님이 문수보살로부터 바로 전해 받았다는 종교적인 신비감을 주고, 『속고승전』에서 당 태종이 400함의 대장경과 금란가사를 하사하고 구부九部에 명을 내려 공양供養케 한 다음 귀국하게 하였음은 그 당시 당나라의 최고 권력자로부터 절대적인 귀의를 받았다는 뜻이다. 따라서 통도사는 부처님의 사리와 가사뿐만 아니라 우리나라 최초로 대장경을 봉안한 법보사찰이라는 역사적 의의도 갖는다. 또한 금강계단을 설치하여 전국의 모든 승려들을 이곳에서 계를 받아 득도하게 함으로서, 승보와 법보 등 불교에서 가장 소중히 여기는 삼보가 이곳 통도사에서 시작되었음을 보여 주고 있다.

고려시대는 왕실과 대중의 귀의를 받자 사찰이 크게 증축되었고, 원나라 사신이 고려에 올 적에는 가장 먼저 통도사에 참배하였다. 이러한 분위기 속에 서천국 108대조사 지공대화상指空大和尙이 한동안 이곳에서 무생심지계無生心地戒를 설하기도 하였다.

조선시대에는 억불정책과 임진왜란에 사찰이 전소되다시피 하였지만 우운대사友雲大師 등의 활동으로 대부분의 사우寺宇를 중창하였고, 조선 말기에는 가혹한 종이공출과 잡역에 시달렸지만 백암선사栢巖禪師와 권돈인權敦仁대감의 활약에 의하여 고난을 벗어나 대한제국 때 전국 16개 수首사찰을 정할 때 경상남도의 대본산大本山이 되었다.[222]

통도사에는 일찍부터 염불원念佛院이 있었으므로 범패와 의식의 전통이 계승되었음을 알 수 있다. 즉 경남지방을 아우르는 통도사제 범패가 성행하였었는데, 70년대 법난으로 범패승 대부분이 절을 떠나 각 지역으로 흩어지면서 현재 통도사의 범패 전통은 계승되지 못하였다. 최근 들어 영산재와 수륙재, 생전예수재 등의 의식을 설행하면서 통도사제 범패의 전통을 회복하기 위해 노력하고 있다.

1) 의식의 구성과 진행과정

통도사의 생전예수재는 최근 들어 매년 거행하고 있다. 본 조사는 2011년 11월 16일, 2012년 5월 19일, 그리고 2014년 11월 16일에 설행한 의식이다. 해는 다르지만 매년 칠칠재의 형식으로 설법전에서 거행하였다.

2011년 11월 16일의 생전예수재는 입재에서부터 6재까지는 법문을 중심으로 설행하였다. 7재의 법사는 다음과 같다. 입재에는 주지 원산스님, 초재에는 통도사강원의 강주 지형스님, 2재에는 성림스님, 3재에는 종단고시위원장 지안스님, 4재에는 전 통도사 강주 우진스님,

5재에는 통도사 율원장 덕문스님, 6재에는 전 동국대학교 불교대학원장 법산스님, 7재 회향에는 전계사 해남스님이다.

의식의 구성을 자세히 살펴보자. 회향의식은 오전 의식과 오후 의식으로 진행되었다. 설법전 앞마당에서 오전 7시에 함합소를 나누어 주는 것으로부터 시작하여 신중작법, 전점안, 대령, 관욕, 상단불공, 법문, 화청, 영반의식으로 오전 의식을 마쳤다.

오후 의식은 점심공양 후 각단 권공, 봉송의 순서로 진행되었다. 의식은 오전 8시부터 설법전 내에 설치된 시왕단에서 영남범음범패연구회의 어산 한파스님과 의식승들의 집전으로 104위의 신중을 청하는 신중작법으로 시작하였다. 시왕단을 마주보면서 가장 앞에 증명법사가 자리하였고, 그 뒤를 의식승과 승려, 동참대중들이 자리하였다.

이어서 9시부터는 대령과 관욕의식이 범패로 진행되었으며, 작법승 2명이 바라춤을 추었다. 이후 11시까지 상단불공의식이 요령, 목탁, 광쇠 등에 맞추어 범패로 진행되었다. 이때 법고 반주는 하지 않았다.

상단불공을 마친 후 11시부터 전계사 혜남스님을 청하여 생전예수재의 의의와 공덕에 대한 법문이 있었다. 이후 어산 한파스님이 화청소리로 회심곡을 불렀고, 영단의 영반의식을 끝으로 오전 의식을 마쳤다.

점심 공양 후 오후 의식으로 상단, 신중단, 시왕단, 고사단, 사자단, 마고단 등의 권공의식이 시작되었다. 설법전에서 권공을 마치면 대중들은 고사단에 쌓아놓았던 지전을 받아 머리에 이고서 설법전 앞마당에 정렬한다. 행렬 제일 앞에는 반야용선을 머리에 이고 대웅전을 향해 범패승들이 부처님께 예를 올린다.

이후 의식승을 선두로 대중들과 함께 금강계단으로 나아간다. 이때는 범패승 2명이 선두에 서고 그 뒤를 위패를 든 2명의 승려가 따라간다. 이어서 목탁, 요령, 광쇠를 든 승려들과 대중들이 행렬하여 나아간다. 행렬은 시계방향으로 금강계단을 한 차례 돈 후, 각 전각들을 돌면서 소대를 향해 나아간다. 소대는 계곡 옆 공터에 임시로 반야용선 모양의 소각로를 마련하였다. 여기서 위패와 지전 등을 태우는 봉송의식을 끝으로 생전예수재의식은 모두 마친다.

통도사의 의식과 법회행사를 담당하는 교무국장 진응眞應스님은 통도사의 생전예수재에 대하여 다음과 같이 말했다.

통도사의 생전예수재는 윤달이 드는 해뿐만 아니라 매년 빠짐없이 봉행하고 있습니다. 다만 윤달이 드는 해가 7월 백중과 겹치면 우란분절 의식을 봉행하므로 예수재는 하지 않습니다. 예수재가 특별히 다른 행사와는 다른 점이 크지는 않습니다. 그러나 긴 시간을 봉행하기에 화청할 때의 회심곡이라던지 함합소와 금은전을 들고 소대로 향할 때는 신도님들이 많이 즐거워합니다.[223]

이와 같이 생전예수재는 비교적 긴 시간이지만, 신도들이 직접 참여함으로써 다소 지루할 수 있는 의식에 기쁜 마음으로 흔쾌히 동참한다는 사실을 확인할 수 있었다.

---

223 통도사 교무 진응眞應스님 인터뷰, 2016년 11월 3일.

〈사진 9〉 통도사 생전예수재 의식

2) 설단과 장엄

통도사 생전예수재의 진행은 크게 3곳에서 이루어진다. 첫 번째는 설법전이다. 상단을 중심으로 오른쪽에 고사단이 설치되었고, 그 옆에 지전을 쌓았다. 상단의 우측면 중앙에 시왕단을 두고, 양옆으로 영가단을 설치하여 영가들의 명단을 벽면에 부착하였다. 시왕단 쪽 위에는 양쪽 끝에서 줄을 걸어 시왕단 중심까지 시왕번을 걸었다. 양옆으로 금은전과 시왕도를 걸었으며, 각단에는 각종 공양물을 올렸다.

두 번째는 설법전 마당의 좌측에 마련된 사자단과 마구단이다. 사자단에는 사자의 위패와 촛대, 향로, 정수의 탁잔과 공양물이 올려져 있다. 마구단은 사자단의 우측에 설치되어 있으며, 촛대, 향로, 정수의 탁잔과 볏집, 콩, 미나리, 당근 등 말의 공양물, 그리고 과일, 떡 등의 일반 공양물이 함께 올려져 있는 것이 특징이다.

〈사진 10〉 통도사 생전예수재의 설단과 장엄

5. 천태종의 충북 단양 '구인사 생전예수재'

1) 단양 구인사 생전예수재의 성립

단양 구인사는 천태종 본산의 사찰이다. 1945년 상월조사가 창건하였
으며, 1967년 천태종이라는 불교단체 등록을 하면서 시작된 종단이다.

구인사의 범패 전승은 1960년대 후반을 기점으로 시작되었는데,
조계종 승려였던 권수근權守根스님이 1960년대 후반 상월조사의 초청
을 받아 구인사의 승려들에게 불교의식을 전수하면서부터 시작된다.
1970년부터 대표적 불교의식인 상주권공재常住勸供齋, 시왕각배재十
王各拜齋, 수륙재水陸齋, 영산재靈山齋, 생전예수재生前豫修齋를 비롯
한 각종 기능을 전수하였다. 이때 천태종단에 생전예수재가 전승된
것이다.[224]

구인사에서는 권수근스님에게서 전수 받은 변춘광스님과 범패 전수
자들을 중심으로 1980년대부터 생전예수재를 설행하였으며, 1982년
9월 4일부터 10일까지 7일간 설행된 것이 가장 이른 기록으로 남아
있다. 그리고 1984년 8월 19일부터 25일간 '영산대재 및 생전예수재'라
는 명칭으로 의식을 거행하였다.[225]

'구인사 생전예수재'는 1960년대 권수근스님에 의해 불교의식의
전수가 이루어졌으며, 그 후 20여 년에 이르는 전승과정을 통해 1980년
대에 이르러 변춘광스님을 중심으로 한 천태종 승려들이 참여하여

224 최운종, 「구인사 생전예수재 학술보고서 -구인사 생전예수재 의 전승과 계보-」
   (대한불교천태종 (사)진단전통예술보존협회, 2015), pp.255~256.
225 최운종, 위의 책, p.257.

생전예수재 의식을 설행하기 시작하였으며, 윤달이 드는 해에 계속하여 생전예수재를 봉행하고 있는 것이 '구인사 생전예수재'인 것이다.[226]

2) 의식의 구성과 진행과정

구인사 생전예수재는 영산재와 예수재가 결합된 형태라는 점이 특징이다. 2015년 5월 2일 설행된 경우, 오전 9시부터 오후 1시 30분까지 영산재 의식을 설행하고, 오후 2시부터 4시까지는 예수재 의식을 진행하였다.

의식집전은 어산은 구해스님, 범음은 동희스님, 범패는 석용스님이 주로 담당하고, 그 외 다수의 의식승들로 이루어졌다. 구해스님과 동희스님은 천태종 소속이 아니라 초빙되어 온 스님이고 나머지 의식승들은 모두 천태종의 스님들이다.

생전예수재의 절차는 시련부터 시작하여 대령, 관욕, 조전점안, 괘불이운, 영산작법, 식당작법의 순서로 구성되어 있다.

의식의 진행과정을 구체적으로 보자. 설법보전 앞마당에 괘불을 봉안하고 그 앞에 설단하였다. 설단 앞에서 어산 구해스님의 범패로부터 시련이 시작되어 작법승 6명의 바라춤과 4명의 나비춤으로 의식이 진행되었다. 이후 시련 행렬에서는 대성인로왕보살번을 선두로 천인화상天人畵像이 뒤를 따른다. 그 뒤로 구인사 사명기와 승려들이 합장한 채 따르고, 호적수와 취타대가 연주하며 합류한다. 이어 연輦이 이운되며, 그 뒤를 영가의 위패들이 따른다. 사부대중들이 각종 번과

---

226 최운종, 위의 책, p.259.

기를 들고 행렬을 이루어 괘불이 봉안된 설단 앞마당을 돌아 설법보전 앞에 멈추어 예를 올리면서 시련을 마쳤다.

이어서 설법보전을 향하여 범패승의 집전으로 대령의식을 하였다. 이후 행렬은 이동하여 괘불의 설단에 좌정하여 자리를 정리하였고, 괘불의 좌측에 마련된 관욕소灌浴疎를 향하여 범패승들의 집전으로 관욕의식이 이루어졌다. 관욕의식이 끝난 후 동참 대중들은 영가 위패를 들고 불단을 향해 예를 올리고, 목탁승의 인도로 의식장소인 마당을 한 바퀴 돌아서 불단의 우측면에 마련된 영가단에 안치 후 영가를 향해 예를 올림으로서 관욕의식이 마무리되었다.

대령, 관욕의식 이후 조전점안의식이 진행되었다. 탁자 위에 있던 지전들을 불단 앞으로 옮기고 범패승들의 집전으로 전점안을 하였다. 4명의 작법승들이 바라춤을 봉행하는 가운데 동참 대중들은 차례로 불단으로 나아가 다라니와 금은전을 머리 위로 정대頂戴하였다. 이윽고 목탁승의 인도로 행렬을 지어 도량을 돈 후, 의식집전단 뒤에 좌정하면서 조전점안의식을 마쳤다.

다음은 괘불이운의식으로 구해스님의 범패와 2명의 나비춤으로 의식이 봉행되었는데, 괘불을 옮기는 의식은 생략되었다. 의식을 거행하는 앞마당에 많은 대중들이 운집해 있으므로 현실적으로 괘불이운은 생략하는 경우가 대부분이다. 조전점안을 끝으로 야외의 의식은 모두 끝났고, 모든 사부대중들은 설법보전으로 이동하였다.

다음은 승려들에게 공양을 올리는 의식, 식당작법이다. 설법보전에 모인 의식집전단과 모든 승려들은 '□' 형태로 좌정하였다. 승려들 앞에는 발우가 놓여 있다. 상석을 중심으로 의식단 가운데에는 타주춤을 추기 위한 타주가 자리 잡았고, 그 양옆에 작법승 2인이 자리하였다. 스님들의 소개가 끝나면 범패승이 오관게五觀偈를 독성하고 이때 중앙의 작법승 2명은 바라춤을 추었다.

이어 석용스님의 법고춤과 중앙의 작법승에 의한 타주무가 펼쳐졌다. 이때에 금판일잡禁板一匝이라 하여 모든 승려들이 일어난다. 스님 두 명이 좌판과 우판이라는 긴 나무막대를 돌리면서 이동하면 나머지 승려들이 열列을 정돈한다. 상석의 스님 앞에서 두 승려가 만나 상석을 향해 예를 올린다. 예를 마치고 좌정하여 발우를 풀어 공양할 준비를 한다. 이어 스님들이 공양물을 배분하면 공양이 시작된다. 공양을 마치면 모두 일어나 한 바퀴를 돌면서 식당작법의식을 마무리하였다. 이렇게 구인사 생전예수재의 오전 의식이 끝났다.

오후 의식은 생전예수재의 본의식으로 설법전에서 계속 이어졌다. 불단을 향해 구해스님이 운수상단運修上壇 할향을 시작으로 고향게告香偈까지 진행하였고, 이후 동희스님이 통서인유편을 봉행하였다.

이어 구해스님이 엄정팔방편嚴淨八方篇을 진행하였다. 스님의 범패와 취타대, 삼현육각의 반주가 시작되었고, 8명의 작법승들이 바라춤을 봉행하였다. 4명의 작법승들이 나비춤을 추었다. 목탁승의 인도로 법당을 한 바퀴 돈 후, 다시 7명의 작법승들이 바라춤을 추었다. 의식이 진행되는 동안 4명의 나비춤과 3명의 바라춤이 계속되었다. 법당 가운데로 법고를 옮겨와 동희스님이 법고춤을 추었다. 구해스님이 범패로 엄절팔방편을 마무리지었다.

이어 주향통서편呪香通敍篇은 동희스님이 시작하였다. 사자단의 공양과 소청성위의 상단, 중단의 시왕들께 공양을 올리는 의식이 이어졌다. 이후 고사단과 영단의 시식이 진행되었다. 시식을 마친 후 구해스님의 인도로 모든 대중들이 번과 기를 들고 법당 안을 돌았다. 이는 소대의식을 대신하는 의식이었고, 이때 8명의 작법승들이 바라춤을 추었다. 이것으로 구인사 생전예수재의 모든 의식을 마무리하였다.

〈사진 11〉 구인사 생전예수재 의식

3) 설단과 장엄

구인사 생전예수재는 모두 세 곳에서 진행되었다. 첫 번째는 설법보전의 앞마당이다. 이곳에는 괘불을 모신 불단을 중심으로 우측에 관욕소를 설치하였고, 그 우측면에 영가단을 마련하였다. 의식집전단은 마당한가운데 불단을 바라보는 위치에 두었고, 그 뒤에 대중들이 좌정할수 있도록 하였다.

괘불 좌우로 보산개와 각종 번을 걸었으며, 좌측면 전체에 각종번들을 장엄하였다. 불단 아래의 공양단에는 많은 공양물이 올려져 있고, 좌우에 지화로 장식하여 화려하게 꾸몄다. 그리고 대중들 뒤에는 화려하고 큰 반야용선이 자리 잡고 있었다.

두 번째는 설법보전이다. 정면의 상단을 중심으로 공양물이 올려져 있으며, 상부 양측에 대형 금은전, 좌측으로는 화려하고 큰 반야용선을 걸었다. 법당 내부 둘레에는 각종 번들과 신중도가 빼곡히 들어서 있다.

세 번째는 설법보전 뒤쪽이다. 그림으로 사자단, 고사단, 마구단을 그려 봉안하였고, 각 단마다 화려한 지화로 장엄하였다.

〈사진 12〉 구인사 생전예수재의 설단과 장엄

6. 보문종의 서울 '보문사 생전예수재'

보문사普門寺는 서울시 성북구 보문동에 위치한다. 고려 예종 10년 (1115)에 담진국사曇眞國師가 창건하였다고 전한다. 이후 숙종 18년 (1692)에 대웅전을 중건하였으며, 영조 33년(1757)과 헌종 8년(1842) 다시 대웅전을 중수하여 오늘에 이르고 있다. 예전에는 보문사 일대를 '탑골승방'이라 일컬었으며, 조선 후기 한양 지도인 「수선전도首善全 圖」에 '승방'으로 기록되어 있는, 비구니스님들의 수행도량이다.[227]

1) 의식의 구성과 진행절차

2014년 11월 17일 보문사 생전예수재가 봉행되었다. 사십구재의 형식 으로 진행되었는데, 9월 30일 종범스님의 법문으로 입재하였다. 초재 인 10월 6일은 동참자들이 화분과 꽃공양을 올렸다. 2재인 10월 13일은 사부대중들과 『금강경』 송경의식을 거행하였으며, 3재인 10월 20일은 영가전에 송경의식을 하였다. 4재인 10월 27일은 아마타경 송경의식을 올렸고, 5재인 11월 3일은 동참자들의 선망조상 영가들을 위한 관욕의 식을 올렸다. 6재인 11월 10일은 합창단이 음성공양을 올렸으며, 7재인 회향은 11월 17일 100여 명의 사부대중과 함께 거행하였다.

보문사 생전예수재의 의식 절차는 다음과 같다. 오전 9시에 시작하 여 오후 2시까지 쉬는 시간이 없이 시련, 대령, 괘불이운, 영산단권공, 관음시식, 소대의식 등의 절차가 진행되었다. 의식을 간략화한 것이

227 보문사 홈페이지: http://www.bomunsa.or.kr

특징이다.

먼저 시련의식으로 보문사 생전예수재 의식의 시작을 알린다. 목탁승이 선두에 서고 뒤에 호적승이 호적을 부르며 뒤따른다. 그 뒤에 어장인 구해스님이 태징을 치고, 의식을 집전하는 스님들이 따랐다. 그 뒤에 대성인로왕보살번과 연輦, 각종 번을 든 대중들이 줄을 지어 호지문護持門 안쪽 마당의 시련터로 이동하였다.

시련터의 마당으로 들어선 행렬은 목탁승을 선두로 마당을 한 바퀴 돈다. 이때 대성인로왕보살번과 연을 든 신도는 다섯 부처님의 연호가 새겨진 비석의 시련대에 이운한다. 연의 오른쪽에 대성인로왕보살번을 세워 놓는다. 이어 어산스님과 의식승들은 의식집전단에서 태징, 호적, 목탁, 법고 등의 악기로 의식을 진행하였다. 신도들은 그 앞에 서서 의식에 참여하였다. 구해스님의 집전에 따라 시련의식을 봉행하고, 두 명의 작법승이 앞으로 나와 바라춤을 추고, 다시 두 명의 작법승이 나비춤을 추었다. 이때 구해스님과 범패승 한 명이 범패를 하고 다른 한 명의 의식승이 법고로 반주하였다. 범패를 마치고 다시 목탁승을 선두로 어산스님과 의식승 그리고 대성인로왕보살번과 연, 각종 번을 든 대중들이 마당을 한 바퀴 돈 후 대웅전 앞 설단으로 행렬하면서 시련의식을 모두 마쳤다.

다음은 대령의식이다. 시련행렬이 괘불이 모셔진 설단으로 도열하고, 시련에서 모셔온 영가들은 부처님께 예를 올리고 간단히 법식을 올렸다. 이어 연은 불단의 우측으로 이운하였다.

어산스님과 6명의 범패승들은 의식집전단에 자리하였다. 그 뒤로 원로승려들과 예수재에 참석한 동참자들의 생축을 기원하는 승려

10여 명이 함께 자리하였다. 범패승 1명이 의식구인 목어, 목탁, 범종, 법고 등의 의미를 참석한 대중들에게 설명하였다.

구해스님의 범패를 시작으로 괘불이운이 시작되었고, 참석 대중들은 불단 앞으로 나아가 예를 올렸다. 그 사이 작법승 4명은 바라춤을 추었으며, 이후 계속 범패가 이어지는 가운데 작법승 2명이 법고춤을 추었다. 구해스님의 범패가 이어지고 작법승 4명이 교대로 나와 바라춤을 추었다. 이어 작법승 2명이 나비춤을 추었고 다시 4명이 바라춤을 추었다. 이러한 야외 의식은 구해스님의 화청, 회심곡으로 마무리되었다.

오후 의식은 보광전 법당에 마련된 영단에서 거행하였으며, 구해스님의 범패를 시작으로 영가들에게 공양을 올리는 관음시식을 하였다. 보광전 안에서 영단의식이 이루어지는 동안 대웅전 마당에 봉안되어 있던 금은전과 다라니를 반야용선 모양의 가마에 실어 보광전 안으로 이운하였다. 이어 시식의식을 마친 후 영단의 위패와 벽면에 부착된 영가의 명단을 모두 용선가마에 실어 이운하였다. 의식승과 대중들은 모두 마당으로 나아가 부처님께 예를 올리고 행렬을 이루어 소대의식장으로 이동하였다.

소대로 이동하면서는 구해스님의 소리에 맞추어 '지장보살'을 연호하였다. 소대 주변에 둥글게 둘러서고 의식승들은 중앙에서 태징과 목탁, 요령으로 범패하며 소대의식을 진행하였다. 용선가마에 있던 영가위패와 금은전, 그리고 설단을 장엄한 다라니 등을 태웠다. 소대의식이 끝나자 의식승과 사부대중들은 모두 마주보며 예를 올리면서 생전예수재를 모두 마쳤다.

〈사진 13〉 보문사 생전예수재 의식

2) 설단과 장엄

보문사 생전예수재의 진행은 네 곳에서 이루어진다. 첫 번째는 사찰의
정문격인 문루, 호지문護持門 안쪽 마당이다. 이곳에서는 시련의식이
진행된다. 한쪽에 미륵불, 노사나불, 비로자나불, 석가모니불, 아미타
불의 명호가 새겨진 비석이 단 위에 있다. 그 아래에 연을 내려놓을
수 있는 자리가 마련되어 있다. 계단 아래에 상을 놓고 촛대와 향로,

정수를 담은 탁잔과 불전함을 올려놓았다. 이 마당 중앙이 의식집전단인데, 그 앞에 자리를 깔아 작법승들이 작법을 할 수 있는 공간을 마련하였다.

두 번째는 대웅전 앞마당으로 생전예수재의 주요의식을 설행하는 공간이다. 대웅전 앞에는 삼신번과 대성인로왕보살번 등을 걸었으며, 적, 황, 녹의 천을 마당을 가로 질러 보광전까지 걸었다. 괘불은 대웅전의 우측에 위치한 심우전 앞에 봉안되었고, 신중도와 보살도 그리고 금은전을 두었다. 괘불 앞의 불단에는 각종 공양물이 정성스럽게 차려져 있다. 의식집전단은 괘불의 맞은편 묘승전 앞에 마련되었으며, 보광전 앞쪽이 동참 대중들의 자리이다.

세 번째는 보광전 법당 내의 영가단이다. 영가단 벽면에 영가의 명단을 큰 전지에 적어 붙여 놓았다. 아래 단에는 각종 공양물을 차려 놓았다. 그리고 단 앞쪽 천정에는 시왕번과 칠여래번으로 장엄하였다.

네 번째는 소대이다. 사찰의 중심에서 다소 벗어나 산과 접한 곳에 위치해 있다. 소대와 별도로 금은전을 태울 수 있도록 준비하였다.

〈사진 14〉 보문사 생전예수재의 설단과 장엄

Ⅳ. 사례를 통해 본 생전예수재의
보편성과 특수성

1. 의례의 구조와 재차

생전예수재의 여러 의식집 가운데 널리 보급된 책은『예수시왕생칠재
의찬요』와『작법귀감』, 그리고『석문의범』등이다. 그런데 이러한
전통 문헌은 실제 예수재 현장에서 사용하기에는 여러 가지 불편한
점들이 있는 듯하다. 이에 따라 현장에서 사용하기 간편하도록 편집,
요약하는 경우가 자주 있었고, 대표적 의식집으로 3종이 있다.

첫 번째가 박삼우스님의『예수재의범豫修齋儀範』[228]이고, 두 번째가
박송암스님의 친필『요집要集』이고, 세 번째가 2002년에 편찬한 것으
로 알려진 송강스님의『요집要集』이다. 이 중에서 박삼우스님의『예수
재의범』이 가장 널리 유통되었다고 한다.[229]

---

228 朴三愚 編著,『예수재의범豫修齋儀範』, 寶蓮閣, 1984.

229 혜일명조,「생전예수재 발전방향에 대한 제언」,『淨土學硏究』23(정토학회,
    2015), p.71.

봉원사는 국가무형문화재 제50호 '영산재'를 보유한 대표적 의례 사찰인데, 이곳에서는 의식문으로 『봉원사요집奉元寺要集』과 박송암 스님의 『요집』이 전해진다.

앞의 장에서 살펴보았듯이 2014년 10월 30일 봉행한 봉원사 생전예 수재 의식은 어산 구해스님과 봉원사영산회보존회 의식승들의 집전으로 진행되었다. 절차는 시련, 대령, 관욕, 조전점안, 신중작법, 괘불이운, 예수상단, 중단, 예수상단, 중단, 중단, 중단, 관음시식/전시식, 봉송 등의 14단계로 진행되었다. 봉원사의 생전예수재는 의식의 성격에 따라 크게 준비의식, 본의식, 회향의식의 세 단계로 분류된다. 준비의식은 시련, 대령, 관욕, 조전점안, 신중작법, 괘불이운 등이고, 본의식은 예수상단권공, 중단, 예수상단, 중단, 중단, 중단, 관음시식 등이다. 그리고 회향의식은 봉송, 소대의식 등이다.

밀양 작약산예수재는 원봉스님이 주관하는데, 의식절차는 스승 산옹스님이 전해준 『예수문豫修文』을 기본으로 한다. 이 『예수문』은 1957년 당시 밀양지역에서 활동한 성공性空스님이 수정, 편집하였다고 한다.[230]

2016년 10월 14일 봉행한 작약산 생전예수재는 16단계로 진행되었다. 어장인 원봉스님과 작약산예수재보존회 의식승들이 집전하였다. 절차는 조전의식(점안), 새벽예불, 대령, 관욕, 사시불공, 신중작법, 시주이운〔용선〕작법, 예수상단권공, 중단, 예수상단, 중단, 중단, 중단, 시식, 봉송/소대, 새벽예불 등의 의식이 차례로 전개되었다. 의식

---

230 원봉, 앞의 책, p.121.

은 시간에 따라 오전 의식, 오후 의식, 야간 의식으로 구분된다. 오전 의식은 조전의식(점안), 새벽예불, 대령, 관욕, 사시불공 등이다. 오후 의식은 신중작법, 시주이운(용선)작법, 예수상단권공(할향에서 엄정팔 방편까지) 등이다. 야간의식은 예수상단권공, 중단, 예수상단, 중단, 중단, 중단, 시식, 봉송/소대, 새벽예불 등이다. 이처럼 조전의식으로 시작하여 다음날 새벽예불을 끝으로 24시간의 긴 시간 동안 의식이 진행된다는 점이 다른 사찰의 생전예수재와 구별되는 특징이라고 하겠다.

조계사는 한국불교의 중심사찰이라는 상징적 위상을 지니므로 이곳 의 생전예수재는 많은 의미를 지닌다. 조계사 생전예수재에 관해서는 1960년 8월 19일 봉행한 기록이 전한다. 이에 따르면 삼귀의례, 대령관 욕, 신중작법, 전점안, 전이운, 상공上供, 설교, 상중법청上中法請, 시왕 각배, 전이운, 함합소 낭독, 시식, 회향의 순서로 진행되었음을 볼 수 있다. 조계사에서 현재 사용하는 의식문은 대한불교조계종 의례위원 장인 인묵스님이 편찬한 『예수작법豫修作法 예수생칠재의찬문豫修生七 齋儀纂文』(一應 藏)이다. 2015년 11월 20～21일에 봉행한 생전예수재의 진행 절차는 모두 12단계이다. 첫째 날은 신중작법, 괘불패이운, 외대 령, 관욕, 조전점안이운, 운수단, 상단 등의 진행되었다. 둘째 날은 중단, 화청, 설법, 봉송 등으로 구성되었고, 준비의식으로 회향일의 4일 전에 '성전의식聖錢儀式'과 '택전의식擇錢儀式'이 있었다. 회향 양일 에 영가를 위한 『금강경』 독송을 시행하였다는 점이 이채롭다.

통도사의 생전예수재는 2011년 11월 16일에 봉행한 사례이다. 진행 과정은 영남범음범패연구회의 어산 한파스님과 의식승들의 집전으로

10단계로 진행되었다. 신중작법, 전점안, 대령, 관욕, 상단불공, 법문, 화청, 영반의식, 각단(상단, 신중단, 시왕단, 고사단, 사자단, 마고단) 권공, 봉송/소대 등으로 구성되었다. 그리고 의식의 절차는 오전의 준비의식과 오후의 본의식으로 구분된다. 오전 의식은 신중작법, 전점안, 대령, 관욕, 상단불공, 법문, 화청, 영반 등이다. 본의식인 오후 의식은 각단(상단, 신중단, 시왕단, 고사단, 사자단, 마고단) 권공, 봉송/소대 등이다.

구인사는 대한불교천태종의 총본찰의 사찰이며, 1960년대부터 현재까지 의식의 전수를 위해 노력하고 있다. 1980년대부터 '영산대재 및 생전예수재'라는 명칭으로 의식을 진행해 왔으며, 특히 박삼우의 『예수재의범』에 의거하여 봉행하고 있다.

2015년 5월 2일 설행된 구인사 생전예수재의 절차를 보자. 어산은 구해스님(봉원사), 범음은 동희스님, 그리고 천태종 어산단 소속 의식 승들이 참여하였다. 시련부터 시작하여 대령, 관욕, 조전점안, 괘불이운, 영산작법, 식당작법, 운수상단(예수상단), 사자단, 상단, 중단, 고사단, 시식, 봉송/소대 등의 13단계로 진행되었다. 그리고 의식의 순서에 따라 준비의식인 오전 의식이 먼저 진행되었다. 시련, 대령, 관욕, 조전점안, 괘불이운, 영산작법, 식당작법 등이다. 그리고 오후 의식인 운수상단(예수상단), 사자단, 상단, 중단, 고사단, 시식, 봉송/소대 등의 2단계로 구성되었다.

이상에서 살펴본 6개 사찰의 생전예수재의 진행과정에서 드러난 동이점과 특징을 간추리면 다음과 같다. 첫째, 생전예수재의 설행시간, 둘째, 진행과정의 유사성, 셋째, 독자적 의식과정으로 나누어 볼 수 있다.

먼저 생전예수재의 설행 시간은 대체로 1일 봉행과 2일 봉행으로
나뉜다. 1일 봉행은 서울의 봉원사와 보문사, 경남 양산의 통도사,
충북 단양의 구인사 등 4개 사찰로 가장 보편적인 의식진행이라 할
수 있다. 그리고 2일 봉행은 서울의 조계사, 경남 밀양의 광제사
등이다. 조계사의 경우 낮의식으로 2일에 걸쳐 봉행하고, 광제사는
새벽부터 다음날 새벽까지 연속적으로 의식을 거행한다는 차이가
있다.

진행과정의 유사성을 보면, 봉원사와 보문사, 그리고 구인사가
같은 형태의 진행순서로 거행하고 있다. 그러나 보문사의 경우는
한정된 시간 관계로 축소된 형태의 진행과정을 보여주고 있다. 2014년
11월 17일 봉행한 의식은 오전 9시에서 시작하여 오후 2시까지의
비교적 짧은 시간이었다. 장시간 동참할 수 없는 현대생활의 특성을
그대로 반영한 사례이다. 특히 동참 대중들 대부분이 노년의 보살들이
라는 점을 배려한 결과라고 생각된다.

다음은 서울 조계사와 경남 양산 통도사이다. 두 사찰은 대한불교조
계종의 같은 종단 사찰이며, 종단의 대표적 사찰이라는 점에서 유사성
을 가진다고 볼 수 있다. 그리고 예수상단의 찬탄관욕과 중단의 찬탄관
욕은 조계사와 작약산의 광제사의 두 사찰에서만 진행한다는 점이
이채롭다. 조계사는 원형복원을 위한 시연회였고, 작약산 생전예수재
는 전통적으로 지속해 온 의식이었다.

독자적 의식과정의 유형은 경남 밀양의 작약산 생전예수재이다.
시간적인 특징과 진행과정의 특징을 모두 지니고 있었다.

〈표 6〉 각 사찰 생전예수재의 특징과 차이

시간적 진행과정		절차의 유사성		독립적 특성
1일 진행	2일 진행	어산단	종단	
서울 봉원사 양산 통도사 단양 구인사 서울 보문사	서울 조계사 밀양 광제사 (작약산)	서울 봉원사 서울 보문사 단양 구인사	서울 조계사 양산 통도사	밀양 광제사 (작약산)

〈사진 15〉 예수재 의식문

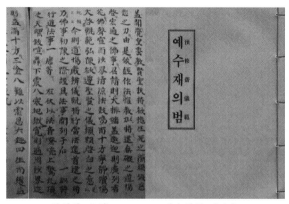

봉원사 요집   예수의문(박삼우)

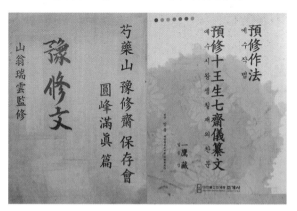

예수문(작약산) 예수작법 예수시왕생칠재의찬문(조계사)

〈사진 16〉 법현스님 소장본 봉원사 의식집

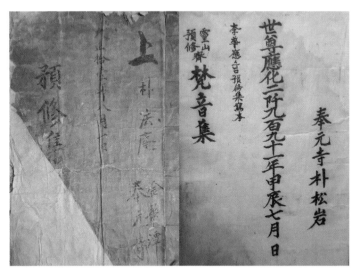

1922년 김화담스님 예수집   1963년 박송암스님 영산예수재범음집

1972년 박송암스님 석문의범   1974년 박송암스님 옥천범음요향

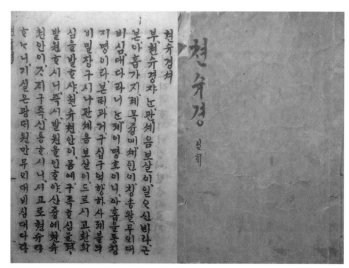

1919년 3월16일 천수경   1919년 3월16일 천수경

1934년 봉원사 옥천집   은중경

〈사진 18〉 예수재 의식문

예수법요(백련사)   예수법요(백련사)

2. 설단과 장엄

생전예수재는 영산재나 수륙재와 같이 신앙의 대상을 의식도량에
맞이하여 그 공덕을 찬탄하고 공양 발원하는 의식이다. 그런데 예수재
는 의식의 특성상 다른 의례와는 다른 특별한 사전준비가 필요하다.
또한 다양한 신앙의 대상을 여법하게 맞이하기 위한 설단設壇이 추가
된다.

대체로 불교의식에서 설단은 상단, 중단, 하단의 3단으로 구성한다.
예수재에서는 여기에 그치지 않고 3단을 다시 3단으로 나누어 모두
9단으로 설치해야 한다. 구체적으로 보면 '상단'을 셋으로 구분하여
상상단上上壇은 삼신불을 봉안하고, 상중단上中壇은 지장보살·무독귀
왕·도명존자를 봉안하며, 상하단上下壇은 범왕·제석천왕·사천왕 등
을 각각 봉안한다. '중단'도 셋으로 구분한다. 먼저 중상단中上壇은
명부시왕, 중중단中中壇은 하판관·지등관, 그리고 중하단中下壇은 시

왕 안내 권속들을 봉안한다. 끝으로 '하단'은 별치단이라고 하여 조관단
曹官壇, 사자단, 마구단 등으로 구성된다.[231]

생전예수재를 설행하고 있는 각 사찰의 공간 장엄에 대해 살펴보자.

먼저 봉원사 생전예수재의 설단 구성은 괘불단을 중심으로 구성되는
데, 네 곳의 공간을 사용한다. 명부시왕의 중단은 임시 설단의 야외가
아닌 명부전을 이용한다. 중단의 고사단은 괘불단의 왼쪽에 마련되어
있으며, 사자단과 마구단은 삼천불전 앞에 있다. 그리고 영가단은
괘불단 우측에 설치되어 있다. 관욕을 위한 관욕소는 괘불단 뒤쪽에
있는 대방이고, 시련을 위한 공간은 해탈문 밖에 마련된 시련터이다.

괘불단에는 오방천이 대방에서부터 괘불 위로 넘어가 건너편 삼천불
전 탑까지 걸려 있다. 마당에 사방으로 줄을 걸어 보산개, 등산개,
대형 금은전, 각종 불보살의 번, 다라니, 신중도, 12지신도 등으로
장엄하였다. 또한 도량 전체의 전각에도 번이 걸려 있다. 상단에는
지화와 생화로 장엄하였다.

조계사의 설단 구성은 괘불단을 중심으로 되어 있으며, 두 곳의
공간을 사용한다. 첫 번째 공간으로 괘불단 상단의 오른쪽에 관불소가
있으며, 왼쪽은 마구단과 고사단이 설치되었다. 그리고 괘불의 불단을
중심으로 우측면에는 중단의 명부시왕단이 설치되었다. 오른쪽에
성욕소가 있고, 시왕단의 뒤쪽에 사자단이 있다. 상단의 좌측면에는
하단의 영가단과 관욕단, 관욕소가 마련되었다. 또 다른 공간으로
영가시련을 위한 단을 일주문 안쪽에 설치하였고, 그 옆에 소대장을

231 홍윤식, 「구인사 생전예수재 학술보고서」(대한불교천태종 총무원, (사)진단전통예
술보존회, 2015), pp.22~23.

마련하였다.

장엄으로는 괘불을 중심으로 'ㄷ' 형태로 각종 보산개와 불보살과 신중들의 번, 그리고 대형 금은전 등이 등장하였다. 괘불의 공양단에는 각종 공양물과 양옆으로 대형 지화가 화분에 장식되어 있으며, 오른쪽에 관불소가 있다. 괘불단의 왼쪽에 마련된 고사단에는 공양물과 함께 금은전의 봉투가 가득 쌓여 있었다.

중단의 명부시왕단은 중앙에 대형의 지왕보살과 명부시왕의 탱화가 있다. 아래의 공양단에는 업경대와 각종 공양물이 올려져 있다. 그리고 오른쪽에 성욕소가 있다.

하단의 영단은 중앙에 감로탱화를 봉안하였고, 탱화 양옆으로 영가들의 명단이 적혀 있다. 아래의 공양단 우측에 있는 관욕단의 관욕소는 병풍으로 둘렀고, 소대장은 종무소 앞마당에 위치하여 대형 향로 모양의 소대가 화려한 위용을 나타냈다.

보문사 생전예수재의 설단 구성은 괘불단을 중심으로 되어 있으며, 4곳의 공간을 사용한다. 첫 번째는 호지문護持門 앞마당의 시련터 장소이며, 두 번째는 심우전 앞의 상단인 괘불단이다. 세 번째는 보광전이며, 네 번째는 소대이다. 보문사의 경우, 설단은 상단의 괘불단과 하단의 영가단만 설치되었다. 이는 축소된 형태의 간략한 의식이었기 때문이라 생각된다.

장엄으로는 대웅전에서 보광전까지 오방천을 걸었으며, 괘불을 중심으로 도량 둘레에 삼신번과 대성인로왕보살번, 금은전 등을 걸었다. 공양단에는 지화와 각종 공양물이 있다.

작약산 광제사 생전예수재의 설단 구성은 대웅전 앞마당을 중심으로

2곳의 공간을 사용한다. 하나는 대웅전 정면 계단에 설치된 상단의 불단이며, 그 좌측면에 사자단과 고사단이 마련되어 있다. 대웅전 우측 벽에는 마구단이 자리잡고 있고, 대웅전 우측 공양간 앞에 별도의 시왕단을 설치하였다. 다른 한 곳은 절 입구 우측에 있는 창고 앞 넓은 마당으로 이곳에 영청소의 영청단을 두었다.

장엄으로는 대웅전 앞 도량 전체에 104위번과 판관귀왕번들을 걸어 화려하게 장엄하였다. 상단의 불단과 각단에는 각종 공양물이 올려져 있고, 시왕단에는 시왕도가 족자 형태로 걸려 있다. 아래 공양단에는 공양물과 업경대 벼루, 먹, 붓, 칼, 수첩 등이 놓여져 있었다. 꽃 그림으로 장식한 벽의 영청단과 그 옆은 지화로 장식하였으며, 왼쪽에는 창과 칼이 놓여져 있다. 오른쪽에는 불보살님을 모시고 갈 연과 시왕번, 청사번 등이 세워져 있다. 그 앞에 일산이 있으며, 오른쪽에 반야용선이 있다. 그리고 공간 주변을 삼신번, 칠여래번, 팔보살번 등으로 장엄하였다.

통도사 생전예수재의 설단은 2곳의 공간을 사용한다. 하나는 설법전 법당 안의 상단과 그 우측면에 중단, 그리고 중단 양쪽의 고사단과 영단이다. 다른 한 곳은 설법전 앞 마당으로 좌측에 사자단과 마구단을 설치하였다. 소대는 도량 밖의 넓은 공터에 반야용선 모양의 임시소대를 설치하였다.

장엄으로는 시왕단 중심으로 시왕번과 양옆으로 금은전과 시왕도를 걸었으며, 각단에는 각종 공양물을 올렸다.

구인사 생전예수재의 설단은 3곳의 공간을 사용한다. 첫 번째는 설법보전 앞마당에 상단인 괘불단과 영가 관욕단이 있으며, 상단의 우측면에 하단의 영가단을 설치하였다. 두 번째 공간은 설법보전 법당 안으로 중앙에 시왕단을 마련하였다. 세 번째는 설법보전 건물 뒤쪽으로 사자단, 고사단, 마구단을 두었다.

장엄으로는 괘불의 좌우로 보산개와 각종 번을 걸었으며, 좌측면 전체에 각종 번 등을 걸었다. 불단 아래의 공양단에는 많은 공양물이 올려져 있고, 좌우에 지화로 장식하여 화려하게 꾸몄다. 그리고 대중들 뒤에는 화려하고 큰 반야용선이 자리 잡고 있다.

설법보전의 법당 안에는 상부 양측에 대형 금은전으로 장식하고, 좌측으로는 화려하고 큰 반야용선이 걸려져 있다. 법당 내부 둘레에는 각종 번들과 신중도가 빼곡히 걸려져 있으며, 사자단, 고사단, 마구단 이 지화로 장엄되어 있다.

이상의 사례에서 보면 생전예수재의 장엄은 기본적인 기旗와 번, 지화, 금은전 등으로, 사찰의 규모에 따라 크기는 다소 차이는 있으나 형식은 거의 같은 모습을 지녔음을 볼 수 있다. 또한 설단은 공통적으로 9단이라는 원칙을 잘 지키고 있음을 알 수 있었다.[232]

3. 범패와 작법

한국 불교의 재의식에서 가장 큰 특징은 범패와 작법무이다. 오늘날의 범패는 경제(서울 경기), 완제(호남), 내포제(충청), 영제(영남) 등으로 나뉘어 전승 보존되고 있다. 그러므로 범패는 지역에 따라 소리의

---

[232] 다만 서울 보문사는 전체적으로 의식을 축소, 진행하면서 중단을 생략한 경우 이다.

170

길이와 굴곡의 차이를 지니게 되었다. 그렇다고 해서 의식 구성이나 가사 등 본질적인 측면에서 차이가 있는 것은 아니다.[233]

1) 봉원사의 범패와 작법

한국의 대표적 범패사찰인 봉원사의 경우 안채비와 바깥채비 형식의 소리가 있다. 안채비는 짧은 소리를 촘촘히 엮어 나아가는 형식으로 유치성由致聲, 청사성請辭聲, 착어성着語聲, 편게성篇偈聲, 축원성祝願聲, 개탁성開卓聲 등이다. 바깥채비는 음의 굴곡이 짧고 연주 시간이 짧은 홋소리와 짧은 가사임에도 음의 굴곡 및 연주시간이 긴 짓소리가 있다.[234]

작법무는 바라춤, 나비춤, 법고춤, 타주춤 등의 4종류이다. 바라춤은 천수바라, 사다라니바라, 화의재진언바라, 관욕쇠바라, 명바라, 요잡바라, 내림게바라 등 7가지이다. 나비춤은 향화게작법, 도량게작법, 다게작법, 삼귀의작법, 모란찬작법, 오공양작법, 구원겁중작법, 자귀의불작법, 정례작법, 지옥게작법, 긔경작법, 사방요신작법, 운심게작법, 만다라작법, 삼남태작법, 대각석가존작법, 옴남작법, 창온작법 등의 18가지 작법이 있다.[235]

범패는 각 지역별로 차이가 있지만, 큰 틀에서는 벗어나지 않는다. 그러나 작법무는 경우가 다르다. 즉 영제에서는 경제와 같이 많은 수의 작법무는 존재하지 않는다. 이는 영제가 작범무보다는 범패

233 법현, 『한국의 불교음악』(운주사, 2005), p.241.
234 법현, 앞의 책, pp.243~244.
235 법현, 『불교무용』(운주사, 2002), pp.45~60.

위주로 의식을 진행하였다는 사실을 말해준다.

봉원사 생전예수재의 의식진행에서 범패와 작법무의 구성에 대해 법현스님은 다음과 같이 설명하였다.[236]

시련

옹호게(擁護偈, 반짓소리 후 요잡바라), 헌좌게獻座偈 헌좌진언(獻座眞言, 홋소리), 다게(茶偈, 홋소리 후 다게작법), 천수바라, 행보게行步偈, 산화락散花落, 인성(擧靈山, 짓소리), 긔경(반주, 긔경작법 후 요잡바라), 영축게靈鷲偈, 보례삼보普禮三寶.

대령

거불(擧佛, 짓소리), 대령소(對靈疏, 안채비), 지옥게地獄偈, 착어(着語, 안채비), 진령게(振鈴偈, 안채비), 보소청진언普召請眞言, 고혼청(孤魂請, 안채비), 향연청香煙請, 가영歌詠, 존물편(靈駕法語, 안채비).

관욕

인예향욕편(引詣香浴篇, 안채비), 대비주, 입실게入室偈, 가지조욕(加持澡浴, 안채비), 목욕게沐浴偈, 목욕진언(沐浴眞言, 관욕게바라), 작양지진언嚼楊枝眞言, 제불자운운안채비, 수구진언漱口眞言, 세수면진언洗手面眞言, 가지화의加持化衣, 화의재진언(化衣財眞言, 화의재진언바라), 수의진언授衣眞言, 착의진언着衣眞言, 정의진언整衣眞言, 출욕참성(出

---

236 법현, 『불교의식음악 연구』(운주사, 2012), pp.259~269.

172

浴參聖, 안채비), 지단진언指壇眞言, 행보게行步偈, 산화락散花落, 인성
(거령산, 짓소리), 정중게(庭中偈-庭中), 개문게(開門偈-開門), 가지예성
(加持禮聖, 안채비), 보례삼보(普禮三寶, 홋소리), 퇴귀명연(退歸冥宴,
안채비), 법성게法性偈, 괘전게掛奠偈, 수의안좌受位安座, 안좌게(安座
偈, 홋소리), 수의안좌진언受位安座眞言, 다게(茶偈, 홋소리).

조전점안

정구업진언淨口業眞言, 오방내외안위제신진언五方內外安慰諸神眞言,
개경게開經偈, 개법장진언開法藏眞言, 신묘장구대다라니神妙章句大陀
羅尼, 사방찬四方讚, 도량찬道場讚, 참회게懺悔偈, 참회진언懺悔眞言,
조전진언造錢眞言, 성전진언成錢眞言, 쇄향수진언灑香水眞言·변성금
은전진언變成金銀錢眞言, 괘전진언掛錢眞言, 금은전이운(金銀錢移運,
옹호게의 반짓소리 후 요잡바라), 산화락散花落, 삼마하(나무반야바라밀,
짓소리). 경함이운經函移運, 산화락散花落, 거령산짓소리, 헌전진언獻
錢眞言.

신중작법

옹호게(擁護偈, 반짓소리 후 요잡바라), 창불104위(唱佛一白四位, 홋소
리), 옹호게(擁護偈, 홋소리), 다게(茶偈, 홋소리), 탄백歎白

괘불이운

옹호게(擁護偈, 반짓소리), 찬불게讚佛偈, 출산게出山偈, 염화게拈花偈,
산화락散花落, 거영산(擧靈山, 짓소리), 등상게登床偈, 사무량게四無量

揭, 영산지심(志心靈山, 짓소리), 유원애민자비수아정례(홋소리), 헌좌게(獻座揭, 홋소리), 헌좌진언(獻座眞言, 홋소리), 다게(茶偈, 홋소리), 보공양진언普供養眞言, 건회소(建會疏, 안채비).

운수단상단(예수상단)

할향(喝香, 홋소리), 연향게(燃香偈, 홋소리), 정례(頂禮, 홋소리) 후 명발, 개계소(開啓疏, 안채비), 합장게(合掌偈, 홋소리), 고향게(告香偈, 홋소리), 통서인유편通敍因由篇의 정삼업진언正三業眞言, 계도도장진언戒度塗掌眞言, 삼매야계진언三昧耶戒眞言 엄정팔방편(嚴淨八方篇, 안채비)의 관음찬觀音讚, 관음청(觀音請, 안채비), 향화청香花請, 산화락散花落, 가영(歌詠, 홋소리), 걸수게(乞水偈, 홋소리), 쇄수게(灑水偈, 홋소리), 복청게(伏請偈, 홋소리), 천수바라, 사방찬(四方讚, 홋소리), 도량찬(道場讚, 홋소리), 참회게(懺悔偈, 홋소리), 참회진언(懺悔眞言, 홋소리), 정대게(頂戴偈, 홋소리), 개경게(開經偈, 홋소리), 개법장진언(開法藏眞言, 짓소리, 삼남태), 십념十念, 거량擧場/수위안좌진언(受位安座眞言, 안채비), 청법게請法偈, 설법게說法偈, 설법說法, 보궐진언補闕眞言, 수경게收經偈, 사무량게四無量揭, 귀명게歸命偈, 개단진언開壇眞言, 건단진언建壇眞言, 결계진언結界眞言, 주향통서편(呪香通序篇, 안채비), 분향진언焚香眞言, 주향공양편呪香供養篇의 유치(由致, 안채비).

사자단의 중단

거불擧佛, 사자소(使者疏, 안채비), 진령게(振鈴偈, 홋소리), 소청사자진언召請使者眞言, 유치(由致, 안채비), 청사(請辭, 안채비), 향화청(香花

請, 안채비), 가영(歌詠, 안채비)/고아게(내림게바라), 안위공양편(安慰供養篇, 안채비), 헌좌게(獻座偈, 홋소리)/헌좌진언(獻座眞言, 홋소리), 욕건만나라선송(欲建曼拏羅先誦, 홋소리)/정법계진언(淨法界眞言, 홋소리), 다게(茶偈, 홋소리, 다게작법 후 요잡바라 후 사방요신작법), 향수나열(香水羅列, 홋소리), 특사가지(特賜加持, 짓소리), 사다라니진언(四多羅尼眞言, 홋소리), 오공양(五供養, 홋소리, 오공양작법 후 요잡바라 후 사방요신작법), 가지게(加持偈, 홋소리), 보공양진언(普供養眞言, 홋소리), 보회향진언(普廻向眞言, 홋소리), 사대주四大呪, 금강경찬金剛經讚, 원성취진언願成就眞言, 보궐진언普闕眞言, 탄백嘆白, 십대명왕화청十代冥王和淸, 행첩소(行牒疏, 안채비), 봉송사자편(奉送使者篇, 안채비), 봉송진언奉送眞言, 봉송게奉送偈, 청장(請狀, 안채비), 물장(物狀, 안채비), 보회향진언普廻向眞言.

소청성위의 상단

거불擧佛, 소청성위소(召請聖位疏, 안채비), 진령게(振鈴偈, 안채비), 청제여래진언請諸如來眞言, 청제현성진언請諸賢聖眞言, 유치(由致, 안채비), 청사(請辭, 안채비), 향화락香花落/가영歌詠, 청사請辭, 향화락香花落/가영歌詠, 청사請辭, 향화락香花落/가영歌詠, 다게茶偈, 청사請辭, 향화락香花落/가영歌詠, 청사請辭, 향화락香花落/가영歌詠, 청사請辭, 향화락香花落/가영歌詠, 청사請辭, 향화락香花落/가영歌詠/내림게바라, 헌좌안위편(獻座安位篇, 안채비), 헌좌진언獻座眞言, 제위진백편(안채비), 욕건만나라선송(欲建曼拏羅先誦, 홋소리)/정법계진언(淨法界眞言, 홋소리, 옴남작법), 다게(茶偈, 홋소리, 다게작법 후 요잡바라 후 사방요신작법), 가지변공편(加持邊功篇, 홋소리), 사다라니진언(四多羅尼眞言, 홋소리, 사다라니바라), 상단 가지게(加持偈, 홋소리), 보공양진언(普供養眞言, 홋소리), 보회향진언(普廻向眞言, 홋소리), 보궐진언(補闕眞言), 회향게回向偈, 축원화청〔祝願和淸(회심곡, 축원화청)〕.

소청명부의 중단

소청명부편召請冥府篇, 거불擧佛, 소청명위소召請冥位疏, 진령게振鈴偈, 소청염마라왕진언召請焰魔羅王眞言, 유치由致, 청사請辭, 향화청香花請/가영歌詠, 청사請辭, 향화청香花請/가영歌詠, 청사請辭, 향화청香花請/가영歌詠, 청사請辭, 향화청香花請/가영歌詠, 청사請辭, 향화청香花請/가영歌詠, 청사請辭, 향화청香花請/가영歌詠, 청사請辭, 향화청香花請/가영歌詠, 청사請辭, 향화청香花請/가영歌詠

중단의 청사請辭

향화청香花請/가영歌詠, 청사請辭, 향화청香花請/가영歌詠, 청사請辭, 향화청香花請/가영歌詠, 청사請辭, 향화청香花請/가영歌詠, 청사請辭, 향화청香花請/가영歌詠, 청사請辭, 향화청香花請/가영歌詠, 청사請辭, 향화청香花請/가영歌詠, 청사請辭, 향화청香花請/가영歌詠, 청사請辭, 향화청香花請/가영歌詠, 청사請辭, 향화청香花請/가영歌詠, 청사請辭, 향화청香花請/가영歌詠, 청사請辭, 향화청香花請/가영歌詠, 청사請辭, 향화청香花請/가영歌詠, 청사請辭, 향화청香花請/가영歌詠내림게바라, 가영歌詠, 참례성중편

參禮聖衆篇 - 소청명위소부터 여기까지 안채비소리, 보례게普禮偈, 정
례(頂禮, 짓소리), 가영歌詠, 헌좌안위편獻座安位篇, 법성게法性偈, 헌좌
게(獻座偈, 홋소리)/헌좌진언(獻座眞言, 홋소리, 욕건만나라선송(欲建
曼拏羅先誦, 홋소리)/정법계진언(淨法界眞言, 홋소리, 옴남작법 후 요잡바
라), 다게(茶偈, 홋소리, 다게작법 후 요잡바라 후 사방요신작법), 기성가지
(홋소리), 사다라니진언(四多羅尼眞言, 홋소리, 사다라니바라), 중단 가지
게(加持偈, 홋소리), 보공양진언(普供養眞言, 홋소리, 보회향진언(普廻向
眞言, 홋소리), 심경/보궐진언補闕眞言, 탄백嘆白, 지장축원화청〔祝願和
淸(회심곡, 축원화청)〕

고사판관편의 중단

거불擧佛, 진령게(振鈴偈, 안채비), 보소청진언(普召請眞言, 안채비), 유
치(由致, 안채비), 청사(請辭, 안채비, 향화청(香花請, 안채비)/가영(歌詠,
안채비), 보례삼보편(普禮三寶篇, 안채비), 상단 보례삼보(普禮三寶, 안
채비), 중단 보례삼보(普禮三寶, 안채비), 법성게法性偈, 수위안좌편(受
位安座篇, 안채비), 헌좌게(獻座偈, 홋소리)/헌좌진언(獻座眞言, 홋소리),
정법계진언(淨法界眞言, 홋소리, 옴남작법 후 요잡바라), 다게(茶偈, 홋소
리, 다게작법 후 요잡바라 후 사방요신작법), 오공양(五供養, 홋소리, 오공양
작법 후 요잡바라 후 사방요신작법), 가지게(加持偈, 홋소리), 보공양진언
(普供養眞言, 홋소리), 보회향진언(普廻向眞言, 홋소리), 심경/보궐진언
補闕眞言, 탄백嘆白, 축원祝願, 함합소(緘合疏, 안채비)

중단의 마구단

정법계진언(淨法界眞言, 홋소리, 옴남작법 후 요잡바라), 다게(茶偈, 홋소리, 다게작법 후 요잡바라 후 사방요신작법), 향수나열(香水羅列, 홋소리), 사다라니(四多羅尼眞言, 홋소리, 사다라니바라), 운심게(運心偈, 홋소리, 운심게작법 후 요잡바라 후 사방요신작법), 보공양진언普供養眞言, 보회향 진언普廻向眞言, 귀의불에서 십념.

영가시식

영가시식은 관음시식 또는 전시식이나 관음시식을 기본으로 하였다. 거불擧佛/창혼唱魂, 착어(着語, 홋소리), 진령게振鈴偈, 착어/천수일편(홋소리), 화엄사게華嚴四句偈, 파지옥진언破地獄眞言, 해원결진언, 보소청진언普召請眞言, 귀명삼보歸命三寶, 증명청證明請, 홋소리, 향화청香花請, 가영(歌詠, 홋소리), 헌좌진언獻座眞言, 다게茶偈, 고혼청孤魂請, 향연청歌詠, 가영歌詠, 수위안좌受位安坐/안좌게安坐偈/수위안좌진언受位安座眞言, 다게茶偈, 선밀게宣密偈, 사다라니四多羅尼부터 장엄염불 후 공덕게까지이다.

2) 조계사의 범패와 작법

조계사의 의식집전은 어산 인묵仁默스님과 그의 문하 의식승들로 집전되었다. 인묵스님은 조계종에서 원명스님, 동희스님과 더불어 어장魚丈급 범패 전수자 세 명 중 한 분으로 현재 조계종의 의례위원장을 맡고 있다. 또한 스님은 범패를 가르치는 어산작법학교 교장으로 1997년부터 2016년까지 재직하였다. 중요무형문화재 제50호 영산재

이수자이기도 하다. 그렇기 때문에 조계사에서 봉행한 생전예수재의 범패와 작법무의 형태는 봉원사와 계통을 같이 한다고 볼 수 있다. 그리고 동희스님과 원명스님은 태고종 봉원사 박송암스님의 수제자이다.

조계사에서 봉행한 작법무의 구성을 자세히 보자. 시련에서는 요잡바라·천수바라·다게작법·사방요신작법·긔경작법·법고무, 관욕에서는 관욕쇠바라·화의재바라, 조전점안에서는 요잡바라, 신중작법에서는 요잡바라, 괘불이운에서는 요잡바라·다게작법, 괘불이운에서는 요잡바라·다게작법, 운수단(예수상단)에서는 요잡바라·명바라·내림게바라·천수바라·정례작법·도량게작법·사방요신작법·삼남태작법·법고춤, 중단(소청사자)에서는 내림게바라·요잡바라·사다라니바라·다게작법·사방요신작법·오공양작법, 상단(소청성위)에서는 내림게바라·요잡바라·사다라니바라·옴남작법·다게작법·사방요신작법, 중단(소청명부편)에서는 내림게바라·요잡바라·사다라니바라·옴남작법·다게작법·사방요신작법, 중단(소청고사판관)에서는 요잡바라·사다라니바라·옴남작법·다게작법·사방요신작법·오공양작법, 중단(마구단)에서는 요잡바라·사다라니바라·옴남작법·다게작법·사방요신작법·운심게작법 등으로 되어 있다.

바라춤은 천수바라, 사다라니바라, 요잡바라, 명바라, 관욕쇠바라, 화의재바라 등의 6가지이다. 나비춤은 다게작법과 도량게작법 긔경작법, 정례작법, 삼남태작법, 오공양작법, 옴남작법, 운심게작법, 사방요신작법 등의 9가지와 법고춤이 봉행되었다.

조계사 생전예수재의 의식진행에서 범패의 구성은 기본적으로 봉원사와 같은 맥락이다. 작법무의 구성을 보면 아래와 같다.

신중작법은 요잡바라, 괘불이운은 요잡바라와 다게작법과 법고, 관욕은 관욕쇠바라와 화의재진언바라, 조전점안은 천수바라, 운수단은 명바라·천수바라·도량게작법, 사자단은 천수바라·사다라니바라, 소청성위의 상단은 천수바라·도량게작법·법고춤·관욕쇠바라·다게작법, 소청명부의 상단은 천수바라·도량게작법·사다라니바라, 중단은 천수바라·도량게작법·관욕쇠바라·다게작법이다. 법고춤은 고사단의 하단은 천수바라·다게작법으로 진행되었으며, 조바라춤은 천수바라·사다라니바라·요잡바라·명바라·관욕쇠바라·화의재진언바라 등의 6가지이다. 나비춤은 다게작법과 도량게작법 2가지가 법고춤으로 봉행되었다.

3) 구인사·보문사의 범패와 작법

구인사의 의식집전은 봉원사의 어산인 구해스님이 집전하였다. 구인사의 의식승들은 봉원사의 옥천범음대학에서 범패 교육과정을 이수하였으므로 작법무의 구성은 봉원사와 동일하다. 그리고 영산재와 결합된 형태의 예수재이므로 식당작법에서의 타주무가 추가되어 있다.

보문사 역시 구해스님의 집전으로 봉원사 작법무의 축소된 형태로 구성되어 있다. 이러한 4개 사찰에서 나타나는 범패와 작법무의 동일성은 직·간접적으로 봉원사의 영향이라 할 수 있다.

4) 작약산의 범패와 작법무

작약산 생전예수재의 의식진행에서 범패와 작법무의 구성을 보면,

조전점안造錢點眼은 점안편과 이운편으로 구성되어 있다. 점안편에서는 정구업진언에서부터 헌전진언까지 평염불로 사물장단에 맞추어 대중창으로 빠르게 진행한다. 이운편에서는 이운게, 나무마하반야바라밀, 봉헌헌전게, 경함이운, 동경게動經偈는 대중창으로 홑소리이다.

대령에서는 거불은 홑소리의 대중창이며, 지옥게·파지옥게·파지옥진언·해원결진언·보소청진언·나무상주시방불법승·나무대자대비구고관세음보살·나무대방광불화엄경은 평염불로 사물장단에 맞추어 대중창으로 빠르게 한다. 그러나 거불은 짧은 짓소리의 형태로 소리를 짓는다. 거량은 독창으로 안채비의 유치성由致聲소리이며, 착어·천수착어는 독창으로 착어성着語聲 소리이다. 진령게는 독창으로 홑소리이나 길게 짓소리 형태로 첫 구절은 법주가, 2구부터는 바라지가 번갈아가며 소리를 한다. 증명청·고혼청은 청사성請詞聲의 독창이다. 그리고 헌좌게/진언은 홑소리이며, 보공양진언은 진언쇠줄이라는 세 가지의 장단으로 평염불의 대중창 또는 독창으로 가창한다. 영가법어는 독창으로 착어성이다. 향화청·향연청·가영은 바라지의 독창으로 평염불이며, 가영은 노래처럼 음률을 가미하는 것이 특징이다. 그리고 대령소는 독창의 소성疏聲이다.

관욕에서는, 인예향욕편과 가지조욕 그리고 가지화의는 안채비이며, 마하반야바라밀다심경과 정로진언은 평염불로 사물장단에 맞추어 대중창으로 빠르게 소리를 한다. 입실게와 목욕게는 대중창의 홑소리이며, 목욕진언부터 정의진언까지는 홑소리로 법주의 독창이다. 욕실방은 소성이며, 지단진언과 산화락, 가영, 나무대성인로왕보

살마하살은 홋소리로 법주의 독창이다. 요잡은 사물 장단만으로 연주
되며, 행보게, 정중게와 개문게, 보례삼보는 안채비이다. 가지예성,
퇴귀명연은 홋소리로 법주의 독창 또는 대중창으로 가창한다. 법성게
는 평염불로 사물장단에 맞추어 가창한다. 괘전게와 수의안좌, 안좌
게, 수의안좌진언, 다게는 홋소리이다. 괘전게는 대중창이고 수의안
좌는 법주독창이며, 안좌게는 바라지 독창이다. 수의안좌진언은 법주
독창이며, 다게는 바라지 독창의 순서로 가창한다. 그리고 보공양진언
은 진언쇠줄이라는 세 가지의 장단으로 평염불의 대중창 또는 독창으
로 가창한다.

신중작법에서는, 옹호게는 홋소리로 대중창이고, 104위의 봉청은
평염불이다. 각단의 탄백과 다게 그리고 마지막 탄백은 바라지의
독창으로 평염불이다.

시주이운에서는 행보게는 안채비이다. 나머지 모두는 홋소리로
헌좌진언의 헌좌게와 다게는 바라지 독창이며 나머지는 대중창으로
가창한다.

운수단(예수상단)에서는 할향은 법주의 독창으로 반짓소리이다.
나머지는 홋소리로 대중창으로 가창하며, 요잡은 반주로만 연주되며,
통서인유는 유치성으로 법주나 바라지의 독창으로 가창한다. 정삼업
진언·계도장진언·삼매야계진언은 평염불이다. 엄정팔방은 안채비
로 법주나 바라지의 독창으로 가창하며, 관음찬은 홋소리로 대중창으
로 가창한다. 관음청은 청사성이며, 향화청·산화락·가영은 홋소리로
바라지의 독창이다. 걸수게·쇄수게는 홋소리로 대중창이며 복청게는
홋소리이나 반짓소리 형태의 법주의 독창으로 가창한다. 이후 신묘장

구대다라니부터 참회진언까지는 평염불로 사물장단에 맞추어 빠르게 대중창으로 가창한다.

　설주이운에서는 옹호게부터 정대게까지는 홋소리로 대중창으로 가창되나 헌좌진언의 헌좌게와 다게는 바라지의 독창이다. 개경게부터 십념까지는 평염불로 사물장단에 맞추어 빠르게 대중창으로 가창한다. 거량은 안채비의 유치성이며, 수위안좌진언부터 설법게까지는 홋소리로 바라지의 독창으로 가창한다. 설법 이후 보궐진언부터 결계진언까지는 평염불로 사물장단에 맞추어 빠르게 대중창으로 가창한다. 주향공양편에서는 유치由致의 유치성으로 법주나 바라지의 독창으로 가창한다.

　예수중단의 소청사자편에서는 거불은 홋소리의 대중창이며, 사자소는 안채비의 소성으로 가창한다. 진령게는 홋소리이나 반짓소리 형태로 법주를 시작으로 바라지와 한 구절씩 가창한다. 소청사자진언은 평염불이고 법주의 독창이며, 유치는 안채비의 유치성으로 법주의 독창이다. 청사는 안채비의 청사성으로 바라지의 독창이다. 향화청과 가영은 홋소리로 바라지의 독창으로 가창한다. 안위공양은 안채비이며, 헌좌진언은 홋소리로 법주의 선창과 바라지의 헌좌게 독창 그리고 진언은 법주의 독창으로 가창한다. 욕건만나라선송과 정법계진언은 법주의 독창으로 홋소리이며, 다게도 바라지의 독창으로 홋소리이다. 이후 정법계진언부터 보회향진언까지 평염불로 사물장단에 맞추어 빠르게 대중창으로 가창한다. 행첩소는 소성의 바라지 독창이며, 봉송사자는 법주의 독창으로 안채비로 가창한다. 봉송진언은 평염불이며, 봉송게는 홋소리로 대중창이다. 청장은 청사성으로 바라지의 독창이며, 물장은 유치성으로 바라지의 독창으로 가창한다. 보회향진언은 평염불이다.

소청성위의 상단에서는 거불은 홋소리로 대중창이며, 소청성위소는 안채비의 소성으로 바라지의 독창이다. 진령게는 홋소리 형태이나 반짓소리로 법주의 선창과 바라지의 후창으로 가창하며, 청제여래진언과 청제현성진언은 평염불이다. 유치는 유치성으로 법주의 독창으로 가창하며, 청사는 청사성으로 유치와 같이 법주의 독창이다. 산화락과 가영은 홋소리인데, 산화락은 대중창 또는 독창이며 가영은 바라지의 독창이다. 봉영부욕편의 시작은 안채비이며, 정로진언은 평염불로 사물장단에 맞추어 빠르게 대중창으로 가창한다. 입실게는 대중창으로 홋소리이다. 찬탄관욕은 안채비로 가창한다. 이후 구룡찬부터 헌수게까지는 대중창으로 홋소리이다. 인성귀의편은 안채비로 가창되고, 이후 염화게부터 좌불게까지는 대중창으로 홋소리이다. 헌좌안위는 안채비로 가창하며, 헌좌진언에서 게송은 바라지의 독창, 진언은 법주의 독창이다. 다게는 바라지의 독창으로 헌좌진언과 같이 홋소리이다. 보례삼보와 정례는 안채비의 편게성으로 가창한다. 사무량게부터 오자게까지는 대중창으로 홋소리이다.

중단에서는 거불은 홋소리로 대중창이고, 소청명위소는 안채비의 소성으로 바라지의 독창이다. 진령게는 홋소리 형태이나 반짓소리로 법주의 선창과 바라지의 후창으로 가창한다. 소청염마라왕진언은 평염불이다. 유치는 유치성으로 법주의 독창으로 가창한다. 청사는 청사성으로 유치와 같이 법주의 독창이다. 향화청과 가영은 평염불인데 향화청은 대중창 또는 독창이며 가영은 바라지의 독창이다. 봉영부욕은 안채비의 게탁성이며, 정로진언은 평염불로 사물장단에 맞추어 빠르게 대중창으로 가창한다. 입실게는 대중창으로 홋소리인데 가지조욕은 안채비로 법주의 독창으로 가창되고 목욕게는 대중창으로 홋소리이다. 제성헐욕편은 헌수게獻水偈와 헐욕게歇浴偈 모두 대중창으로 홋소리이다. 출욕참성은 안채비로 법주의 독창으로 가창되고, 내림게는 대중창으로 홋소리이다. 참례성중은 안채비이고, 정례는 안채비로 법주의 독창으로 가창한다. 보례게와 오자게는 대중창으로 홋소리이며, 헌좌안위는 안채비로 법주의 독창으로 가창한다. 헌좌진언과 다게는 홋소리로 바라지의 독창이나 헌좌진언에서 진언 부분은 법주의 독창이다. 기성가지는 안채비로 법주의 독창이고, 사다라니진언은 홋소리로 진언쇠줄의 사물반주에 맞추어 법주의 독창이나 대중창으로 가창한다. 보신배헌은 안채비로 법주의 독창으로 가창한다. 오공양은 나비무 작법을 하기 때문에 법주의 짓소리로 가창한다. 가지게는 홋소리로 사물의 다섯마치 장단에 맞추고 보공양진언과 보회향진언은 진언쇠줄의 장단에 맞추어 대중창으로 가창한다. 공성회향은 안채비로 법주의 독창이다.

하단의 고사판관에서는 거불에서부터 봉헌헌전게까지는 홋소리로 대중창으로 가창하며, 헌전진언은 평염불로 법주의 독창이다. 경함이운과 동경게는 홋소리로 대중창이며, 진령게와 보소청진언은 홋소리이나 법주의 독창이다. 유치는 안채비의 유치성이며, 청사는 역시 안채비소리의 청사성으로 법주의 독창으로 가창한다. 향화청과 가영은 평염불로 바라지의 독창이다. 보례삼보편의 근백은 안채비의 게탁성으로 법주의 독창으로 가창한다. 보례삼보는 안채비로 대중창으로 가창하며, 법성게는 홋소리로 법주의 가창에 사물반주 다섯마치 장단으로 연주된다. 수위안좌는 안채비로 법주의 독창이고, 반야심경은 평염불로 사물반주에 맞추어 빠르게 대중창으로 가창한다. 다게는 홋소리로 바라지의 독창이다. 제위진백은 안채비로 홋소리인 욕건만나라선송과 정법계진언은 법주의 독창으로 가창한다. 그리고 다게는 홋소리로 바라지의 독창이며, 상단의 가지변공은 안채비로 법주의 독창이다. 사다라니진언부터 보궐진언까지는 평염불로 사물반주에 맞추어 빠르게 대중창으로 가창한다. 중단권공에서 욕건만나라선송은 홋소리로 법주의 독창이며, 정법계진언은 평염불이고 다게는 바라지의 독창으로 홋소리이다. 중단의 가지변공은 안채비로 법주의 독창이고 사다라니진언부터 반야심경까지 평염불로 사물반주에 맞추어 빠르게 대중창으로 한다. 가지변공은 안채비로 법주의 독창이고 사다라니진언부터 탄백까지 평염불로 사물반주에 맞추어 빠르게 대중창으로 가창한다. 함합소는 안채비의 소성으로 바라지의 독창이다.

마구단권공은 변식진언부터 보회향진언까지 평염불로 바라지의 독창으로 가창한다. 공성회향은 안채비로 법주의 독창이고, 십념은 평염불로 사물반주에 맞추어 빠르게 대중창으로 가창한다.

이후 '경신봉송편 제32'부터 '보신회향 제35'까지의 소대의식은 평염불로 법주나 바라지의 독창으로 가창한다.

작약산 생전예수재의 작법무는 천수바라, 사다라니바라의 2가지이며, 나비춤은 오공양작법, 유원승작법, 요잡작법의 3가지로 구성되었다.

5) 통도사의 범패와 작법

통도사 생전예수재의 의식집전은 어산을 초빙하여 진행하였다. 의식
승들은 영남범음범패연구회 소속이며, 화장사 김해 진영포교당에
주석하는 한파스님이다. 스님은 통범소리와 바라춤의 대가로 알려져
있다. 의식진행에서 범패와 작법무의 구성을 보면 작약산 생전예수재
와는 큰 차이가 없다. 다만 시간의 제약에 따라 많이 축소된 의식으로
진행할 따름이다. 이러한 동일성은 지역적으로 같은 불교의식 권역에
포함되어 있기 때문이라 생각된다.

4. 신도들의 참여방식

생전예수재가 영산재나 수륙재 등 여타의 불교의식과 크게 다른 점은
의식진행 과정에 나타나는 신도들의 참여방식이라고 생각된다. 영산
재와 수륙재에서 신도들의 참여는 시련의 행렬과 불단이나 영단에
나아가 예를 올리는 것, 그리고 소대를 향한 봉송행렬 정도이다. 그러나
생전예수재에는 신도들의 동참이 다양하게 구성되어 있다.

신도들이 동참하는 의식은 다음과 같다. 사후 자신의 최종 재판관인
명부시왕의 공양을 위한 행렬, 자신의 전생 빚을 갚기 위한 금은전의
이운 탑돌이 행렬, 함합소의식, 그리고 사후의 안락한 명부의 길과
극락세계로 가기를 염원하는 가마와 용선타기 놀이, 생전예수재의
즐거움을 표현하는 화청놀이 등이다.

신도들의 참여 의식을 구체적으로 살펴보자. 첫 번째는 시련 행렬이
다. 통도사를 제외한 여러 사찰에서는 의식진행 절차의 차이가 있을

뿐 모두 시련을 진행하였다. 인례승引例僧을 따라 재가신도들은 연과 번을 들고 부처님께 나아가는 행렬에 동참함으로서 의식의 시작과 함께 한다. 이 모습은 그 어떠한 인위적, 물질적 장엄보다 화려하고 장엄한 모습을 연출한다.

두 번째는 신도 개개인이 자신의 사후를 관장하는 명부의 시왕을 찾아 예를 올리는 의식이다. 자신의 생년간지에 따른 각각의 시왕번에 따라 도량과 탑을 도는 행렬은 생전예수재 의식의 중요한 절차이다. 이는 신도 스스로가 자발적으로 참여함으로써, 의식의 중요성을 깨닫게 하는 좋은 기능이라고 하겠다.

세 번째는 신도들 스스로가 전생 빚을 갚는 금은전과 이를 증명하는 증명스님이 나누어 준 함합소의 절반을 머리에 이고 탑과 도량을 도는 행렬에 참여하는 것이다. 이 의식 또한 생전예수재에서 빠질 수 없는 절차이다. 그러므로 신도들의 참여가 필수적이며, 재의 목적과 의미가 담긴 가장 중요한 절차이다.

네 번째는 의식에 동참함으로써 사후의 안락함을 보장 받을 수 있는 모습을 가마타기나 반야용선타기, 화청놀이를 통해 보여준다. 주로 영남지방에서 확인할 수 있었는데, 신도들의 기쁨을 배가시키는 효과가 있다.

필자는 작약산 생전예수재의 어산인 만진스님과 함께 여러 지역을 다니면서 오랫동안 생전예수재를 설행하였다. 그때마다 신도들이 가마와 용선을 타는 시간을 제일 기뻐하고 적극적으로 참여하려는 모습을 직접 확인하였다. 생전예수재의 이러한 절차는 근엄한 재의식에서 한 단계 더 나아가 함께 즐기고 나누는 축제와 같은 분위기를

고조시키는 기능을 한다. 여기에 생전예수재의 근본적 목적이 잘
나타난다고 생각된다.

V. 생전예수재의 축제적 성격

축제의 사전적 의미는 어떤 대상이나 분야를 주제로 하여 벌이는 대대적인 행사, 축하하는 의식 등을 말한다.[237] 이러한 축제에는 보편적으로 음악과 악기가 동반된 흥겨운 놀이가 포함된다. 종교적 축제의식도 이와 마찬가지라고 볼 수 있다.

한국불교에서 축제적 성격의 의식은 삼국시대 신라의 연등회燃燈會와 팔관회八關會로부터 시작된다고 한다. 고려시대에는 불교가 정치이념과 결합하면서 연등회와 팔관회가 더욱 성행하였다. 이러한 전통은 조선시대에도 지속되었는데, 세종 14년(1425) 효령대군 이보李補가 주관한 한강에서의 수륙재의식에서 그 축제적인 모습이 잘 나타난다.

효령대군 이보가 성대하게 수륙재를 7일 동안 한강에서 개설하였

---

237 인터넷 한국어사전, www.daum.net 검색어 '축제'.

190

다. 임금이 향을 내려 주고, 삼단三壇을 쌓아 중 1천여 명에게
음식 대접을 하며 모두 보시를 주고, 길가는 행인에게 이르기까지
음식을 대접하지 않는 자가 없었다. 날마다 백미白米 두어 섬을
강물 속에 던져서 물고기들에게 먹이를 베풀었다. 나부끼는 깃발과
일산이 강江을 덮으며, 북소리와 종소리가 하늘을 뒤흔드니, 서울
안의 선비와 부녀婦女들이 구름같이 모여들었다. 양반의 부녀도
또한 더러는 맛좋은 음식을 장만하여 가지고 와서 공양하였다.
중의 풍속에는 남녀가 뒤섞여서 구별이 없었다. 전 판관判官 길사순
吉師舜이 글을 올려 중지하라고 간하였으나 듣지 아니하였다.[238]

위와 같이 한강의 수륙재에서는 승려뿐만 아니라 길가는 행인에게도
음식을 베풀었고, 나부끼는 깃발과 일산이 한강을 덮었으며, 북소리와
종소리가 하늘을 뒤흔들 정도여서 사람들이 구름처럼 모여들었다고
한다. 이러한 모습은 오늘날의 축제와 똑같은 모습이다. 조선시대
불교축제의 대표적 모습이라 할 만한다. 이 장에서는 불교의식이
지니는 이러한 축제적 요소를 심층적으로 살펴보고자 한다. 축제가
지니는 오락성, 유희적 요소, 나아가 참여자를 하나로 엮는 공동체
의식 등이 생전예수재에 어떻게 투영되는가를 보자.

---

238 『世宗實錄』, 권55, 세종 14년, 2월 14일, "孝寧大君 補大設水陸于漢江七日,
上降香, 築三壇, 飯僧千餘, 皆給布施, 以至行路之人, 無不饋之. 日沈米數石于江
中, 以施魚鱉. 幡蓋跨江, 鍾鼓喧天. 京都士女雲集, 兩班婦女, 亦或備珍饌以供,
僧俗男女, 混雜無別, 前判官吉師舜上書諫之, 不允."

1. 탑돌이 의식에 내재된 축제성

한국의 불교의례나 불교적 축제행사에서 탑돌이는 빠지지 않는 절차이다. 부처님 사리를 봉안한 탑 둘레를 도는 탑돌이는 불교의 오랜 신행 전통 중의 하나이다. 스님이 목탁을 치거나 염주를 들고 탑을 돌면서 부처의 큰 뜻과 공덕을 노래하면 신도들이 등을 들고 그 뒤를 따라 돌면서 극락왕생을 기원하는 불교의식이다. 이후 불교가 대중화되고 세대 간의 전승을 거치면서 민속놀이처럼 자리 잡았다.

불교의 수용과 함께 시작된 탑돌이는 한민족의 문화와 민속으로 자리 잡았다. 탑돌이는 특별한 의례 절차나 의식구 등을 필요로 하지 않는다. 그저 합장하거나 등을 들고, 때로는 발원문을 독송하며 탑을 도는 행위만으로 소원을 이룰 수 있다는 어렵지 않은 의례이다. 현실의 고통과 어려움을 극복하는 대중적인 기원신앙으로 성행할 수 있었던 배경이다. 특히 신분제 사회에서 탑돌이는 빈천한 이들이 쉽게 행할 수 있는 기도였고, 의지처였다.[239]

불교에서 도는 행위는 고대 인도에서부터 시작된 깨달은 자에 대한 예경의례이다. 오른쪽으로 세 번 도는 우요삼잡右繞三匝으로 시작되었으며,[240] 이러한 사상적 배경은 『무구정광대다라니경無垢淨光大陀羅尼經』에 나타나 있다. 가비라성의 삼거리에 있는 오래된 탑 속에는 여래의 사리가 있다. 탑을 고치고 상륜당相輪樘을 만들어 그 속에 다라니

---

239 한상길, 「한국 탑돌이의 역사와 현황」, 『淨土學硏究』 제21집(정토학회), p.224.
240 『四分律』, 권31(한글대장경 63, 동국역경원, 1992), 受戒犍度, p.23. "붓다가 수행하던 시절에 마가다국의 왕이 그의 발에 세 번 돌았다."

사경을 봉안하고, 신주神呪를 7번 염송하면 수명이 늘어나고 극락세계
에 왕생하여 백천 겁 동안 복락을 받을 것이라 하였다.[241] 또 선남자와
선여인이 이 탑의 오른쪽으로 돌아서 예배하거나 공양하면 수기를
받아 아뇩다라삼먁삼보리에서 물러나지 아니하고, 모든 업장과 온갖
죄업이 전부 사라질 것이라 하였다.[242]

한국에서 탑을 도는 종교적 행위는 불교가 전래된 삼국시대부터
시작되었다. 경주 흥륜사興輪寺에서는 해마다 2월이 되면 8일에서
15일까지 남녀가 다투어 탑을 도는 복회福會를 열었다. 김현金現이라는
이가 밤이 깊도록 홀로 쉬지 않고 돌고 있는데 한 처녀가 염불하며
따라 돌았고, 마음이 맞아 눈길을 보냈다[243]는 기록에서 탑돌이가
연례적인 불교행사였음을 알 수 있다. 한편 불국사 석가탑 주위를
돌아가며 깔아 놓은 8개의 연꽃 모양의 돌이 탑돌이길[塔道] 유적이라
는 분석도 있다.[244]

---

241 『無垢淨光大陀羅尼經』(대정장, 권10, p.718a), 佛言大婆羅門此迦毘羅城三岐道
處有古佛塔. 於中現有如來舍利. 其塔崩壞汝應往彼重更修理. 及造相輪樣寫陀
羅尼. 以置其中興大供養. 依法七遍念誦神呪. 令汝命根還復增長. 久後壽終生
極樂界. 於百千劫受大勝樂. 次後復於妙喜世界. 亦百千劫如前受樂. 後復於諸
兜率天宮. 亦百千劫相續受樂.

242 『無垢淨光大陀羅尼經』(대정장, 권10, p.718c), 若有善男子善女人. 於此佛塔或右
遶或禮拜或供養者. 當得授記於阿耨多羅三藐三菩提而不退轉. 一切宿障一切
罪業悉皆消滅. 不至飛鳥畜生之類. 至此塔影當得永離畜生惡趣. 若有五無間罪
或在塔影. 或觸彼塔皆得除滅.

243 『三國遺事』, 卷5 弟7 感通, 「金現感虎」, 新羅俗每當仲春初八至十五日都人士女
競遶興輪寺之殿塔爲福會.

244 이희봉, 「불탑 스투파 난간의 역할과 상징」, 법보신문, 2012, 7월 4일 기사.

등을 커서 어둠을 밝히는 행위는 곧 무명을 밝히는 지혜를 상징한다. 초기불교에서는 연등공양의 무량함을 일깨우며 다양한 축제적 연등이 전승되었고, 일상의 연등이 대규모의 연등으로 확대될 때 더욱 환희심을 느끼며 축제를 즐겼다는 것이다.[245]

탑돌이는 주로 개인이나 소수가 아닌 집단적, 공동체적 의식으로 진행되기 때문에 대중적 성격을 지니게 된다. 고려시대 많은 사람이 운집한 각종 법회와 도량에서 탑돌이가 성행한 사실은 이를 잘 말해준다. 조선시대 원각사圓覺寺의 탑돌이도 연등회의 일환으로 진행되면서 많은 대중이 참여한 축제의 한마당이었다. 이러한 공동체적 성격이 바로 우리나라 탑돌이의 중요한 특성이다. 조선시대 이후 등장하는 여러 탑돌이 노래 역시 이러한 성격을 반영한다. 노래는 혼자가 아니라 대중이 함께 하는 것이므로 공동체 의식과 일체감을 고조시킨다.[246]

이러한 탑돌이나 도량을 도는 행위가 경배의 대상에서 축제의 장으로 확대되었으리라 짐작할 수 있다. 탑돌이 가운데 최초로 월정사 탑돌이가 최근 강원도무형문화재 28호로 지정되어[247] 그 불교적, 의례적 가치가 공인되었다.

---

245 구미래, 「탑돌이와 연등의 종교민속적 의미」, 『불교문예연구』 6집(동방문화대학원대학교 불교문예연구소, 2016), p.211.

246 한상길, 앞의 글, p.225.

247 김주일, 「월정사탑돌이 무형문화재 지정 가속화, 2월 18일 월정사 법륜전서 탑돌이 재현 및 토론회 개최」, 현대불교, 2016년, 2월 12일 기사.

1) 시련행렬

시련은 재의식을 위해 모든 불보살과 성현들, 도량을 옹호하는 신중들, 그리고 신도들의 선망조상, 무주고혼들을 청하여 도량의 설단으로 행렬하는 의식이다.

대성인로왕보살번을 선두로 사명기와 승려들이 합장한 채 따르고, 호적수와 취타대가 연주하며 합류한다. 이어 승려와 신도들이 78연輦을 들고 뒤따른다. 그 뒤를 영가의 위패들이 좇아가고, 이어 신도들은 각종 번과 기를 들거나 금은전의 지전을 머리에 이고 줄지어 따라가는 행렬을 이룬다.

광제사의 생전예수재에서는 시련행렬을 마치고도, 상단과 중단의 찬탄 성욕이 끝나면 다시 한 번 시련행렬을 한다. 이번에는 대룡大龍을 선두로 초롱등, 2열로 십대왕기번十大王旗幡과 청사번請詞幡이 서고 가운데에는 연輦, 그 뒤로 시왕과 판관, 귀왕 등의 위패를 모시고 따른다. 나머지 동참 재자들은 법성게번法性偈幡을 들고 뒤따른다. 이러한 행렬은 악기를 든 인례승의 뒤를 따라 탑돌이를 한 후 중단의 시왕단으로 행렬지어 나아간다.

도량에 마련된 설단으로 행렬하면서 호적수와 취타대의 반주가 이어지고 의식승들은 요잡을 친다. 이어 범패승들의 신묘장구대다라니나 법성게 소리에 맞추어 신도들도 같이 부르면서 탑을 돌아 설단으로 이동한다.

사찰의 규모가 클수록 시련행렬이 길어져 의식의 장엄함이 돋보인다. 이러한 부처님께 나아가는 행렬에 신도들이 동참함으로써 그 어떠한 인위적인 장엄보다 엄숙하고 화려한 모습을 연출하게 된다.

이와 같이 신도들의 직접적인 참여로, 생전예수재는 의식으로 그치는 것이 아니라 하나의 축제의 시작을 알리는 서막과도 같은 기능을 한다.

〈사진 19〉 시련 행렬

봉원사 시련 행렬   조계사 시련 행렬

보문사 시련 행렬   작약산 광제사 시련 행렬

구인사 시련 행렬   통도사 시련 행렬

2) 명부시왕행렬의 탑돌이

생전예수재의 본의식에서 소청명부의 시왕과 권속들을 청하여 모시는 의식은 의식 구성에서 많은 비중을 차지한다. 이는 명부시왕을 청하여 모시는 의식이 그만큼 중요하다는 것을 반증한다.

앞에서 살펴본 6개 사찰 중 봉원사와 구인사 그리고 광제사에서 행렬을 하였다. 봉원사와 광제사는 야외도량과 탑을 도는 행렬을 하였고, 구인사는 법당 내에서 원을 그리며 행렬하였다.

법당 내에 마련된 설단에서는 법당 내에 시왕번을 설치하고, 야외단에서는 야외에 번을 설치하여 명부시왕을 청한다. 목탁승의 인도에 따라 신도들은 번을 들고 도량과 탑을 돈 후, 시왕단에 나아가 예를 올린다.

이러한 의식진행에 있어 가장 장엄함을 보이는 사찰은 광제사이다. 소청성위의 중단의식을 시작하기 전에 신도들을 모두 모이게 하여 자신을 관장하는 시왕의 번 앞에 줄을 서게 한다. 각 줄의 제일 앞 사람부터 각각 초롱등, 창, 칼, 시왕번, 청사번을 들게 한다. 그러나 원칙은 그렇지만 시간 관계상 일일이 신도들에게 자신에 해당하는 시왕이 누구인가를 가르쳐 줄 수 없기 때문에 임의로 시왕 번 앞에 10줄을 세운다. 이때 신도들에게 왜 줄을 서고 행렬을 하는지 설명한다.

이윽고 소청명부편의 중단에서 시왕과 판관귀왕 등의 청사가 시작된다. 시왕의 호명에 따라 나발, 태평소, 법라, 태징, 목탁을 든 인례승을 따라서 동참자들은 초롱등, 창, 칼, 시왕번, 청사번을 들고 지장보살의 명호를 연호하면서 탑 또는 법당을 돈다. 이때 초롱등은 행렬의 앞에서 불을 밝혀 안내하고, 창과 칼은 불법을 호위하는 팔부신장으로 행렬을

호위한다는 의미이다. 시왕번은 내가 명부에서 만날 시왕이며, 청사번
은 시왕을 청하는 글이다. 이는 재가 신도 스스로의 참여와 의식의
중요성을 깨닫게 하고 의식이 원만히 회향되도록 하는 역할이다.
그리고 탑돌이를 하거나 법당을 도는 것은 불법의 위신력에 의지하고
자 하는 염원의 행위이다.

〈표 7〉 **시왕행렬 배치 도표**

시 왕 명 칭	나이에 따른 육십갑자
제1진광대왕泰廣大王	갑자 · 갑인 · 갑진 · 갑오 · 갑신 · 갑술생
제2초강대왕初江大王	을축 · 을묘 · 을사 · 을미 · 을유 · 을해생
제3송제대왕宋帝大王	병자 · 병인 · 병진 · 병오 · 병신 · 병술생
제4오관대왕五官大王	정축 · 정묘 · 정사 · 정미 · 정유 · 정해생
제5염라대왕閻羅大王	무자 · 무인 · 무진 · 무오 · 무신 · 무술생
제6변성대왕變成大王	기축 · 기묘 · 기사 · 기미 · 기유 · 기해생
제7태산대왕泰山大王	경자 · 경인 · 경진 · 경오 · 경신 · 경술생
제8평등대왕平等大王	신축 · 신묘 · 신사 · 신미 · 신유 · 신해생
제9도시대왕都市大王	임자 · 임인 · 임진 · 임오 · 임신 · 임술생
제10전륜대왕轉輪大王	계축 · 계묘 · 계사 · 계미 · 계유 · 계해생

198

〈사진 20〉 시왕 행렬

3) 금은전탑돌이

금은전탑돌이란 신도들 각각의 전생 빚을 갚을 금은전의 이운과 이를 증명하는 함합소의 반을 봉투나 상자에 넣어 머리에 이고 도는 행위이다. 대성인로왕보살번을 선두로 호적수와 취타대에 이어 의식승과 승려들이 서고, 그 뒤를 영가의 위패와 금은전을 머리에 이고 따라간다.

이 의식은 탑돌이와 도량을 돌아 소대로 향하는 봉송행렬에 참여하는 것으로 생전예수재에서 빠질 수 없는 매우 중요한 절차이다. 그렇기 때문에 신도들의 참여가 필수적이며, 생전예수재의 목적이 담긴 가장 중요한 절차라고 할 수 있다. 따라서 여느 종파와 지역에 관계없이 금은전과 함합소를 머리에 이고 소대로 향하는 행렬은 그 자체로 장엄함을 가지며, 축제적인 모습을 느끼게 한다.

불교의 기본 사상은, 수행을 통해 '업(業 Karma)'으로 인한 결과인 '보報'에 따른 육도윤회六道輪廻를 벗어나는 것이다. 업보란, 업은 과거의 행위에서 비롯되며, 그에 따른 결과는 자신이 받아야 한다는 것을 뜻한다. 사람은 무수한 죄업을 짓는다. 우리가 그것을 알든 모르든 이루어지고 있으며, '보報'에 따라 윤회를 하는 것이다. 이러한 업사상과 명부시왕사상의 결합으로 전생 빚이라는 것이 생겨났다. 이 빚을 갚음으로서 전생의 죄업을 조금이라도 씻고자 하는 중생들의 열망은 사후의 두려움에서 벗어나고자 하는 신앙적 기원이기도 한다.

　이러한 신앙적 열망이 생전예수재의 '함합소'로 나타났다. 사람은 누구나 전생 빚을 가지고 태어나는데, 함합소는 생전예수재 설행에서 갚아야 하는 빚의 양을 기록한 문서이다.

　전생 빚에 대한 내용은 『불설수생경』에 자세히 전한다.[248]

---

248 『불설수생경佛說壽生經』, 卍續藏經 제87책, pp.922~923, "貞觀十三年有唐三藏法師往西天求教因檢大藏經見壽生經一卷有十二相屬南瞻部洲生下爲人先於冥司下各借壽生錢有注命官秪揖人道見今庫藏空閑催南瞻部洲衆生交納壽生錢阿難又問世尊南瞻部洲衆生多有大願不能納得佛言道教看金剛經壽生經能折本命錢爲秪證經力甚大若衆生不納壽生錢睡中驚恐眠夢顚倒三魂杳杳七魄幽幽微生空中共亡人語話相逐攝人魂魄減人精神爲欠壽生錢若有善男子善女人破旁納得壽生錢免得身邊一十八般橫災第一遠路陂泊內被惡人窺算之災第二遠路風雹雨打之災第三過江度河落水之災第四墻倒屋塌之災第五火光之災第六血光之災第七勞病之災第八疥癩之災第九咽喉閉塞之災第十落馬傷人之災第十一車碾之災第十二破傷風死之災第十三産難之災第十四橫死之災第十五卒中風病之災第十六天行時氣之災第十七投井自繫之災第十八官事口舌之災若有善男子善女人納得壽生錢免了身邊一十八般橫災若有人不納不折壽生錢後世爲人多注貧賤壽命不長醜陋不堪多饒殘疾但看注壽生經又名受生經眞經不虛除了身邊災免了身邊禍又說十地菩薩長壽王菩薩摩訶薩延壽王菩薩摩訶薩增福壽菩薩摩訶薩消災障菩薩摩訶薩救苦難觀世音菩薩摩訶薩長安樂菩薩摩訶薩長歡喜菩薩摩訶薩解冤結菩薩摩訶薩福壽王菩薩摩訶薩延壽長菩薩摩訶薩本宅龍神土地罪消滅滿宅眷罪消滅惡口浪舌罪消滅殺生害命罪消滅前生冤業罪消滅今生冤業罪消滅前生父母罪消滅今生父母罪消滅又說災星金星木星水星火星土星太陽星太陰星羅睺星計都星紫氣星月孛星懺悔已後願災星不照福曜長臨四時無病八節無災若有善男子善女人早納壽生錢分明解說漏

무릇정관 십삼년에 당나라의 고승으로
삼장법사 현장화상 부처님법 구하고자
서역국에 이르러서 대장경을 열람하다
수생경을 발견하니 그경전에 이르시되
열두가지 띠를따라 남섬부주 거친세상
사람으로 태어날때 누구누구 할것없이
생명줄을 이어준돈 수생전을 빌리나니
명부에서 빌렸기에 갚아야할 것이니라
(중략)

자비하신 부처님이 금구로써 설하시되
혹은어떤 선남자나 혹은어떤 선여인이
금강경과 수생경을 정성스레 독송하면
생명뿌리 본명전을 갚을수가 있느니라
그러므로 알지니라 금강경과 수생경은
이세상에 태어날때 생명줄로 빌린돈인
수생전을 갚는데도 그공덕이 너무커서
그어떠한 비유로도 견줄수가 없느니라[249]
(중략)

貫薄小納在庫中庫官收付至百年命終之後七七已前早燒取壽生經救度三世父
母七代先亡九族冤魂皆得生天儒流學士僧尼道俗或貴或賤若有善男子善女人
今生早燒壽生錢三世富貴今生不燒三世貧賤後世難得人身縱得爲人癱手癱足
無目跛腰癡瘂瘂衣不蓋形食不充口被人輕賤若早燒壽生錢注衣注食注命注
祿本命星官本命判官修羅王事天龍八部聞佛所說皆大歡喜信受奉行佛說壽生
經卽說咒曰. 天羅咒地羅咒日月黃羅咒一切冤家離我身摩訶般若波羅蜜一解冤
經二延壽眞言三滅五逆之罪誦此經免地獄之罪便得生天不虛矣"

249 동봉정휴, 「일원곡」(대한불교우리절, 2003), pp.202~208.

이어 『불설수생경』「육십갑자십이생상속六十甲子十二生相」에서는 자신의 생년의 육십갑자에 따른 각각의 흠전欠錢과 간경看經해야 할 경전(금강경, 수생경)의 권수를 다음과 같이 기록하고 있다.[250]

〈표 8〉 자子생 조견표

간지	흠전欠錢	간경看經	납고納庫	납조관納曹官
갑자생	53,000관	17권	제3고	원元 조관
병자생	73,000관	24권	제9고	왕王 조관
술자생	63,000관	21권	제6고	윤尹 조관
경자생	110,000관	35권	제9고	이李 조관
임자생	70,000관	22권	제3고	맹孟 조관

〈표 9〉 축丑생 조견표

간지	흠전	간경	납고	납조관納曹官
을축생	280,000관	94권	제15고	전田 조관
정축생	43,000관	94권	제15고	전田 조관
기축생	80,000관	25권	제3고	최崔 조관
신축생	110,000관	36권	제18고	길吉 조관
계축생	27,000관	10권	제8고	습習 조관

---

250 『佛說壽生經』, 卍續藏經 제87책, pp.922~923.

〈표 10〉 인寅생 조견표

간지	흠전	간경	납고	납조관納書官
병인생	80,000관	26권	제10고	마馬 조관
무인생	60,000관	20권	제11고	곽郭 조관
경인생	51,000관	28권	제15고	모毛 조관
임인생	96,000관	22권	제13고	최崔 조관
갑인생	33,000관	11권	제13고	두杜 조관

〈표 11〉 묘卯생 조견표

간지	흠전	간경	납고	납조관
정묘생	23,000관	9권	제11고	허許 조관
기묘생	80,000관	25권	제26고	송宋 조관
신묘생	80,000관	26권	제4고	장張 조관
계묘생	12,000관	8권	제20고	왕王 조관
기묘생	80,000관	26권	제18고	유柳 조관

〈표 12〉 진辰생 조견표

간지	흠전	간경	납고	납조관
무진생	52,000관	18권	제14고	풍馮 조관
경진생	57,000관	19권	제24고	유劉 조관
임진생	45,000관	15권	제1고	조趙 조관
갑진생	29,000관	10권	제19고	동董 조관
병진생	32,000관	11권	제35고	가賈 조관

〈표 13〉 사巳생 조견표

간지	흠전	간경	납고	납조관
을사생	90,000관	30권	제21고	양楊 조관
정사생	70,000관	23권	제16고	정程 조관
기사생	72,000관	24권	제31고	조曺 조관
신사생	57,000관	19권	제37고	고高 조관
계사생	39,000관	13권	제50고	배裵 조관

〈표 14〉 오午생 조견표

간지	흠전	간경	납고	납조관
갑오생	40,000관	13권	제21고	오午 조관
병오생	33,000관	12권	제60고	소蕭 조관
무오생	90,000관	30권	제39고	사史 조관
임오생	70,000관	33권	제44고	공孔 조관
경오생	62,000관	20권	제43고	진陳 조관

〈표 15〉 미未생 조견표

간지	흠전	간경	납고	납조관
기미생	43,000관	15권	제5고	변卞 조관
정미생	91,000관	29권	제52고	주朱 조관
신미생	13,000관	32권	제59고	상常 조관
을미생	40,000관	13권	제51고	황皇 조관
계미생	52,000관	17권	제49고	주朱 조관

〈표 16〉 신申생 조견표

간지	흠전	간경	납고	납조관
갑신생	70,000관	23권	제56고	여呂 조관
병신생	33,000관	11권	제57고	하何 조관
무신생	80,000관	36권	제58고	시柴 조관
경신생	61,000관	21권	제42고	호胡 조관
임신생	42,000관	14권	제49고	묘苗 조관

〈표 17〉 유酉생 조견표

간지	흠전	간경	납고	납조관
을유생	40,000관	24권	제11고	안安 조관
기유생	90,000관	29권	제32고	손孫 조관
신유생	37,000관	13권	제15고	정丁 조관
계유생	50,000관	16권	제12고	신申 조관
정유생	170,000관	48권	제29고	민閔 조관

〈표 18〉 술戌생 조견표

간지	흠전	간경	납고	납조관
갑술생	25,000관	9권	제27고	병幷 조관
무술생	42,000관	14권	제36고	보甫 조관
경술생	110,000관	35권	제12고	신辛 조관
임술생	73,000관	25권	제4고	팽彭 조관
병술생	80,000관	25권	제3고	좌左 조관

〈표 19〉 해亥생 조견표

간지	흠전	간경	납고	납조관
을해생	48,000관	16권	제42고	성成 조관
기해생	72,000관	25권	제50고	정丁 조관
신해생	101,000관	45권	제40고	석石 조관
계해생	75,000관	24권	제15고	구仇 조관
정해생	39,000관	13권	제40고	길吉 조관

〈사진 21〉 금은전 행렬

조계사 금은전 행렬   통도사 금은전 행렬

봉원사 금은전 행렬   작약산 금은전 행렬

구인사 금은전 행렬　　　　　　보문사 금은전 행렬

4) 가마·용선탑돌이

부산과 경남지역의 생전예수재에서는 가마를 타거나 용선을 타는 행위를 의식에 포함시킨다. 특히 작약산예수재의 진행 과정에서 재가자들은 가마나 용선을 타고 탑을 돌거나 법당을 도는 행위를 하나의 중요한 의식으로 간주한다.

용선은 반야용선般若龍船을 의미한다. 「금강산 건봉사 사적金剛山乾鳳寺事蹟」에 반야용선에 관한 기록이 있다. 경덕왕 17년(758)에 발징법사發徵法師가 미타만일회彌陀萬日會를 설設하였다. 29년만인 병인년(786)에 쌓은 공功이 헛되지 않아 31명이 육신으로 서방정토에 왕생하였다는 내용이다.

발징 대화상이 큰 서원을 발하여 31명을 청하여 미타만일회를 설하고 향 도香徒 1,828명을 맺었다. ··· 29년만인 병인년(786년) 7월 17일 한밤중에 아미타불과 관음·세지 두 보살님이 자금연대紫金蓮臺를 타고 문 앞에 이르러 금색 팔을 펴고 염불하는 대중을 맞이하였다. 부처님은 대중을 거느리고 반야선般若船에 올라 48원을 부르면서 백련화세계로 가서 상품상생上品上生을 명하였다. …
동량棟樑은 두루 다니다가 금성金城에 도착하여 양무아간良茂阿干
의 집에서 자고 있는데, 큰 빛이 근방에 비치어 놀라 일어났다.
… 31명의 스님이 가서 본즉 육신등화肉身騰化하였다. 기쁜 마음으
로 도량을 향하여 1,300여 번의 절을 한 뒤에 그들을 다비하였다.
그리고는 향도가香徒家를 두루 다니니 913명은 도량의 스님과 같은
시간에 단정히 앉아서 왕생하였고, … 또 7일째 되는 한밤중에
아미타불께서 다시 배를 타고 오셔서 말씀하셨다. '내가 본래 세운
원력 때문에 너를 맞이하여 같이 가야겠다.' … 동량은 부처님의
가르침을 믿고 그 발에 절한 후 배를 타고 서방정토로 왕생하였다.[251]

반야용선은 어지러운 세상을 넘어 피안의 극락정토에 갈 때 탄다는
배이다. 반야란 모든 미혹迷惑을 끊고 진정한 깨달음을 얻는 힘이나
또는 모든 법을 통달하여 옳고 그름을 분별하는 마음의 작용을 뜻한다.
　작약산 생전예수재의 가마와 용선을 타는 놀이는 오전의 의식을
마치고 점심 공양 후 쉬는 시간에 진행된다. 공양을 마치고 대중들을
모이게 한 후, 가마나 용선을 준비하여 대중들을 한 사람씩 태워
탑을 돈다. 가마와 용선 앞에는 호적, 법라, 나발, 태평소, 광쇠,
징, 목탁을 든 의식승들이 서고 뒤로 가마와 용선이 따른다. 가마에는
연장자가 올라앉고, 그 뒤로 가마를 탄 주인공의 자식들이나 며느리,

251 불교사학회 편, 『신라미타정토사상연구』(민족사, 1988), pp.223~225.
　　김승호, 「법회와 설법」 9월호 「불교 속의 설화를 찾아2」, 「서방정토로 일시에
　　날아간 향도香徒」(대한불교조계종포교원, 2000), pp.130~133.

그리고 친척 등이 서서 따라간다. 앞에 선 인례승려들이 지장보살 정근精勤과 법성게를 제창하면서 나아가고 대중들은 같이 흥을 돋우면서 춤을 추며 따라간다. 이렇게 탑을 한 바퀴 돌면 다음 사람과 교대를 하면서 그날 참석한 대중들을 모두 태운다.

경상도 지역에서 전승되고 있는 '산오구굿'에는 전정前庭밟기(가매타기)가 있는데, 이것은 생전예수재의 가마타기와 같은 의식이라 할 수 있다. 가마는 자동차가 없던 시절에 편하게 갈 수 있는 이동수단이었다. 그리고 배는 예나 지금이나 중요한 이동의 수단이다. 그렇기 때문에 사후에 명부시왕 앞으로 나아가는 이동수단으로 가마를, 그리고 서방정토에 이르는 이동수단으로 반야용선을 설정한 것이다.

수행자들은 수행을 통해 사후의 불안감을 이겨낼 수 있지만. 재가불자들은 사후의 일이나 서방정토의 왕생에 대한 염원이 쉽지만은 않은 것이 사실이다 그렇기에 이러한 수단을 생전예수재를 통하여 간접 체험함으로써 사후에 대한 두려움을 기쁨으로 승화시키는 것이다.

구미래는 예수재나 산오구굿에서 타는 것은 그것이 연이든 단순한 가마든, 모두 관념적인 반야용선을 상징한다고 하였다.[252] 그들이 탄 반야용선은 모두 의례의 목적이 달성되었음을 뜻한다. 의례의 절차를 한 단계씩 거쳐 극락으로 가는 배를 탔으니, 예수재가 기쁘고 환희로운 축제일 수밖에 없다고 하였다.

---

252 구미래, 앞의 책, p.104.

〈사진 22〉 가마와 용선 놀이 모습

〈사진 23〉 통도사 극락전 벽화의 반야용선

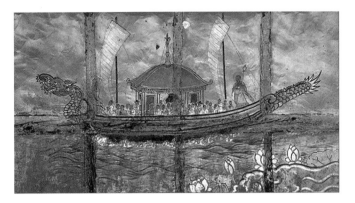

2. 음악적 놀이의 화청

'화청'의 용어적 의미는 여러 불보살을 청한다는 뜻이다. 그런데 이러한
내용의 문文에 율律이 붙어 가창되면서 원래의 의미를 벗어나 음악적
용어로 해석되고 있다.[253]

화청은 대중들이 듣고 쉽게 이해할 수 있도록 선율과 장단에 민속음
악적 어법을 수용하고 있다. 화청과 회심곡은 사설 형식의 가사로
이루어져 일반 대중이 쉽게 그 뜻을 전달 받을 수 있다.[254] 즉 대중들은
범패가 지닌 종교성과 음악성을 이해하기 쉽지 않지만, 화청은 위와
같은 성격을 지녀 대중의 공감과 감동을 불러일으키는 데 중요한
작용을 한다. 결과적으로 화청의 생성 요인은 대중을 상대로 한 불교의
포교적 차원이라고 할 수 있다. 이러한 과정이 중국의 불교음악이
한국적 불교음악으로 전개되는 한 계기가 된 것이라고 한다.[255]

화청은 축원화청祝願和淸과는 차이가 있다. 축원화청에는 재자들의
축수발원을 위해 한자로 이루어진 상단축원화청上壇祝願和淸과 중단
의 지장축원화청地藏祝願和淸이 있다. 생전예수재 진행시 십대명왕에
게 발원하는 육갑화청六甲和淸 등도[256] 한자로 이루어져 축수발원의

253 김성순, 「불교음악 화청和請에 나타난 성/속의 구조」, 종교학연구 27집(서울대학
교 종교학연구회, 2008), p.118.
홍윤식, 『無形文化財調査報告書』(문화관광부 문화재관리국, 1965- 1968), 제9집,
p.15.
254 김성순, 앞의 논문, p.120.
255 법현, 『한국의 불교음악』(운주사, 2005), pp.77~78.
256 김성순, 앞의 논문, p.117.

내용을 담고 있다. 이와 달리 생전예수재에서의 화청은 보통 소청성위召請聖位편의 상단 권공의식 마지막에 축원화청이나 회심곡으로 진행한다.

작약산 생전예수재의 경우 공양시간 후 별도의 시간을 할애하여 화청을 진행한다. 24시간 동안 재를 진행하기 때문에 다소 지루할 수 있는 과정에 화청을 함으로써 긴장을 풀고 여유를 제공하려는 배려이다. 흥겨운 반주와 노래로 신도들의 자발적 흥을 돋구어주기도 하여 박수를 치거나 흥에 겨워 춤을 추기도 한다.

작약산 생전예수재에서는 오후 의식이 끝나면 대중들을 법당 안이나 야외 단 앞에 모이게 한 후 소리를 잘 하는 스님이 화청을 시작한다. 구성진 화청소리로 대중들의 흥을 돋우면 흥에 겨워 적지않은 사람들이 어깨를 들썩이며 춤을 추곤 한다. 이는 동참자들의 오락시간이라 할 수 있다.

어산 만진(원봉)스님의 화청은 4.4조 한글 가사체 '화청'으로 염불조이다. 만진스님의 증언이다.

밀양지역의 경우 화청의 1인자였던 박덕봉스님에 의하면 화청은 소리하는 연주자가 자신만의 독특한 소리와 음률을 가져야 한다고 가르쳤습니다. 작약산 범패에서는 화청을 무진법문이라고도 지칭을 하는데, 예전에는 걸청乞請이라고도 했습니다. 재의식에서 일반 대중들에게 가장 인기가 있는 부분이 화청을 부를 때입니다.[257]

---

257 작약산 생전예수재 어장, 서만진(원봉)스님 증언, 2016년 10월 25일

만진스님의 화청가사는 크게 두 가지이다. 하나는 극락왕생을 바라
는 영가를 위한 '화청'이며, 또 하나는 재가불자를 위로하는 '화청'이다.
만진스님은 이날 재가불자를 위한 화청가사인 백발가를 불렀다.

슬프고 슬프도다 어찌하여 슬프든고
이세월이 견고할줄 태산같이 바랐더니
백년광음 못다가서 백발되니 슬프도다
어화청춘 소년들아 백발노인 웃지마소
더없이 가는세월 낸들아니 늙을소냐
저근듯 늙는것이 한심하고 슬프도다[258]

가사를 보면 늙어 가는 모습이 애달프다는 내용이다. 이는 의식에
참여하는 신도분들이 주로 연세 드신 여자 분들이기 때문이라고 하였
다. 작약산 생전예수재에서 화청은 저녁공양 후에 이루어지는데, 이때
에 어산스님이나 그날 화청을 할 범패승이 나와서 신도들에게 미리
분위기를 띄운다.

오늘은 여러분들의 전생 빚을 갚는 즐거운 잔칫날이니 흥에 겨우시
면 부처님전에 나오셔서 춤을 추어도 좋은 날입니다.[259]

---

258 안진호, 앞의 책, 권하, pp.245~250.

259 인터뷰: 승학承學스님(40대 초반), 작약산생전예수재보존회, 어산인 만진스님을
대신하여 화청을 하기도 한다. 2016년 10월 25일.

조계사 생전예수재에서도 범패승의 화청에 신도들이 흥에 겨워 즐거워하며 박수치는 모습을 확인하였다. 이는 긴 의식 시간이 동참 재자들에게는 매우 지루한 시간일 수 있기 때문에 의식 중간의 휴식시간이며 오락시간이라 할 수 있다.

이처럼 작약산 생전예수재에서 별도의 화청시간을 할애하는 것은 경재의 '회향설법(回向說法, 땅설법)'과 같은 맥락이라고 생각된다. 회향설법은 주로 영산재에서 행한다. 3일 영산재에서 셋째 날의 운수상단雲水上壇, 중단中壇, 신중퇴공神衆退供, 관음시식觀音施食, 전시식奠施食, 소대봉송燒臺奉送 등을 마친 후, 태징, 삼현육각, 호적이 어우러져 한바탕 흥을 돋구어 법당을 한 바퀴 돌고 마지막 설법에 들어가는데, 이것을 '회향설법' 또는 '땅설법'이라고 하였다. 이때는 다른 설법과 달리 각종 염불을 넣어서 한다. 스님의 염불가락에 북을 맞추면, 염불에 맞춘 스님은 몸을 움직이며 설법을 하는 것이다. 이는 판소리의 육자배기처럼 창을 하는 자와 고수가 한 몸이 되어 어우러진 모습이다.[260]

회향설법은 영산재를 무사히 마친 후, 재에 참여했던 대중들의 뒤풀이와 같은 성격이다. 이와 달리 작약산 생전예수재의 화청은 긴 행사시간의 지루함을 풀기 위해 쉬어가는 오락시간이라 할 수 있다. 사찰에서의 법당은 부처님이 모셔져 있는 근엄한 공간이다. 이러한 근엄하고 엄숙한 공간이라는 고정관념을 탈피시키고 대중들에게 친숙하고 축제적인 공간으로 승화시키는 의식이라는 점이 작약산 생전예수재가 다른 지역과의 차별성을 가지는 큰 특징이라 할 수 있다.

---

260 법현, 앞의 책, pp.14~15.

〈사진 24〉 화청놀이 모습

조계사 화청 모습

작약산 광제사 화청 모습

3. 한국인의 죽음준비문화와 축제성

생전예수재의 목적을 한마디로 정의하면 살아생전에 미리 전생 빚을 갚는 의식이라고 할 수 있다. 그런데 이 말을 뒤집어 보면 죽음을 준비하는 의식으로 해석할 수가 있다. 즉 살아 있을 때 업장의 소멸을 염원하며 전생 죄업의 값을 미리 치르고자 하는 열망의 의식이다.

한국인은 일찍부터 삶과 죽음에 대하여 '생사일여生死—如'의 생사관을 지니고 있다.[261] 일상에서 어른들이 맏아들을 가리켜 흔히 '맏상주'라

는 말을 한다. 또 상여가나 향두가에 빠지지 않는 가사에,

> 북망산이 멀다더니 오늘 보니 건너 산 일새
> 부귀영화 인생살이 죽고 나니 허사 일세
> 쉬어 가세 쉬어 가세 가고 나면 못 오는 길

라고 하여 죽음은 삶과 전혀 다른 세계가 아니라 삶의 연속선이라는
인식을 지녔다.

한국인들이 전통적으로 죽음을 준비하는 문화로 세 가지가 있다.
첫 번째는 자신이 죽어 저승갈 때 입는다는, 윤달에 준비하는 '수의壽衣'
이다. 수의를 준비하는 문화는 고대사회에서부터 비롯되어 오랜 역사
적 연원을 지니고 있다. 『삼국지三國志』 고구려편에서

> 남녀가 결혼하면 곧 죽어서 입고 갈 수의를 미리 조금씩 만들어
> 둔다.[262]

고 하였다. 조선시대 1720년 숙종이 붕어하자, 중전이 하교하였다.

> 윤달에 수의를 이미 준비하여 두었으니, 호조에서는 반드시 전례와
> 같이 준비하지 말고, 다만 내전에서의 지시를 기다려서 들여올
> 것이며 평일에 절약하시던 뜻을 받들지어다.[263]

---

261 구미래, 『존엄한 죽음의 문화사』(모시는 사람들, 2015), p.27.
262 『三國志』, 卷30, 「緯書 30」, "烏丸鮮卑東夷傳", 高句麗

216

왕실뿐만 아니라, 수의를 윤달에 준비하는 관습은 민간에서도 하나의 전통이 되었다.

혼례를 올리는데 좋고 또 수의를 만들어 두면 좋다고 하여 모두 이달에 한다, 모든 일에 부정을 타거나 액이 끼지 않는 달이다.[264]

수의는 지역에 따라 '머능옷', '저승옷', '시집갈옷', '죽음옷', '호상옷' 등으로 불렀다.[265] 특히 '시집갈옷'이라는 용어는 죽음을 준비하는 뜻을 강하게 내포하고 있는 것이라 할 수 있다.

두 번째로 죽음을 준비하는 또다른 문화가 '답성踏城놀이'이다.

전북 고창지역에 전해져 오는 모양성牟陽城의 답성놀이이다. 성곽 위를 아녀자들이 열을 지어 밟으며 도는 풍속이다. 한 바퀴 돌면 다리병이 낫고, 두 바퀴 돌면 무병장수하고, 세 바퀴 돌면 극락승천한다는 전설에 따른 것이다. 답성놀이는 저승문이 열린다는 윤달이 가장 효험있다고 하며, 특히 윤3월이 가장 좋다고 한다. 모양성의 북문 이름을 '극락문'이라고 붙인 것도 이러한 전설에서 유래하는 듯하다.

263 『燃藜室記述』, 別集 卷2, 祀典典故, 國喪
264 『東國歲時記』, 閏月, "俗宜嫁娶 又宜裁壽衣 百事不忌"
265 고부자, 「민속조사에 나타난 壽衣의 과거와, 현황과 과제」, 『비교민속학』 30(비교민속학회, 2005), p.335.

〈사진 25〉 고창 모양성 답성놀이 안내문

세 번째는 '산오구굿'이다. 죽은 후 그 영혼이 좋은 곳에 태어나기를 살아생전에 기원하는 굿을 말한다. 일반적으로 죽은 이를 위한 굿을 오구굿이라 하여 사령제死靈祭라고 한다. 반면에 산오구굿은 살아 있는 이를 위한 것이기에 생축제生祝祭라고도 한다. 이 굿의 기주祈主는 노인들로 자신의 죽음을 대비해 미리 의례를 치르는 것이다.[266] 생전에 노인들이 죽은 후 좋은 곳에 가게 해달라고 기원하는 굿으로 주로 경상도 지역에서 전승되는 무당굿의 하나이다. 대개 윤달이나 따뜻한 봄, 또는 백중 무렵에 시행하는데, 윤달은 부정을 타거나 액이 끼지 않는 달로 인식했기 때문이다.[267]

다시 말하면 오구굿은 죽은 자의 극락왕생을 발원하는 굿이며, 산오구굿은 살아 있는 자가 죽은 뒤에 갈 극락행을 기원하는 것이다.

---

266 구미래, 앞의 책, p.39.

267 윤동환, 『동해안 무속의 지속과 창조적 계승』(민속원, 2010), p.227.

산오구굿은 망자를 위해 행해지는 오구굿에 비해 밝고 흥겨운 분위기 속에서 연행되는 것이 특징이다.[268] 그 기능이나 목적 등이 생전예수재와 유사하고, 집단적으로 행해진다는 점 등에서 비슷한 의례유형을 지닌다고 한다.[269]

산오구굿은 오구굿과는 달리 축제적 성격을 많이 지닌다. 이 굿에서는 많은 사람들이 참석해서 굿을 받는 노인을 위로하고 함께 즐기는 것이 중요하다. 굿을 받는 당사자가 죽음에 대한 두려움을 해소할 수 있도록 하는 것을 목적으로 하기 때문이다. 그러므로 산오구굿은 마을굿처럼 하나의 축제마당과도 같다고 한다.[270]

불교의 생전예수재와 민속의 굿은 이와 같이 유사한 점이 있다. 또 다른 사례가 부산 동래지역의 산오구굿 등에서 시행하는 전정前庭밟기〔가매타기〕이다. 이것은 생전예수재에서의 가마타기와 같은 의식이다. 굿을 하는 시기가 윤달이며 산 사람을 위한 의식이라는 점, 그리고 가마타기와 영산맞이, 탑등놀이 등의 의식에서 불교적 영향을 크게 받았다는 사실을 알 수 있다.

---

268 홍태한, 『한국서사무가연구』(민속원, 2002), p.51.

269 한민족문화대백과사전, http://encykorea.aks.ac.kr

270 이연주, 「산오구굿의 현대 극 장르 수용 연구: 이윤택의 연극 '오구- 죽음의 형식'과 영화 '오구'를 중심으로」, 연세대학교 석사논문, 2006, pp.28~29.

〈사진 26〉 산오구굿의 가마타기

이상과 같이 한국인의 생사관은 삶과 죽음을 별개로 이원화시키지 않고, 하나의 연속선상에서 동일시하였음을 알 수 있다. 그렇기 때문에 윤달을 특별한 달로 여겨 수의를 만들거나, 성을 밟거나, 살아 있는 자신을 위해 의식을 치루었던 것이다. 즉 삶의 과정에서 죽음에 대한 대비를 불교든 민속이든 하나의 축제로 승화시켜온 것이다. 최근 현대인들에게 대두되고 있는 '웰 다잉(Well Dying)', 즉 죽음을 자연스럽게 맞이하는 행위는 이미 우리 민족에게는 오래된 문화였고, 역사적 전통이었다고 하겠다.

VI. 결론

이상과 같이 생전예수재의 설행 현황과 의례의 축제성에 관해 살펴보았다. 생전예수재의 성립 배경에는 인간의 근원적 두려움인 죽음에 대한 고민과 이해가 내재되어 있다. 불교에서는 이러한 죽음을 극복하기 위한 신앙으로서 정토신앙이 등장하였다. 불교의 전래와 함께 정토신앙은 우리의 문화와 전통, 의례 등에 가장 큰 영향을 주었다. 삼국시대 정토신앙은 호국불교라는 한국적 특징 속에서 '팔관회'와 '연등회'와 같은 축제의 시발점이 되었다. 이는 불교가 가지는 축제적 요소와 대규모의 불교의식의 시작을 알리는 것이라 볼 수 있다.

고려시대 불교의 국가적 번성은 다양한 불교의식을 성행시켰다. 수륙재와 영산재, 그리고 생전예수재와 같은 죽음의례는 불교의 대중화, 민중화에 크게 기여하였다. 이러한 의식의 발전에는 그에 따른 신앙의 발전도 뒤따르게 마련이다. 생전예수재가 지니는 대표적 신앙은 지장명부신앙과 관음신앙, 그리고 미타정토사상이다. 물론 죽음과 관련된 의식이므로 정토신앙 하나로 설명할 수 있지만, 의식의 절차와 과정에서 지장명부신앙과 관음신앙이 크게 작용하였다.

영산재는 석가모니 부처님의 영산회상을 찬탄하고, 수륙재는 물과 육지의 일체 무주고혼을 구원하기 위한 의식이다. 생전예수재는 이와 달리 산 사람이 주체가 되는 생전 의식이다. 영산재는 석가모니불의 법화사상을 기본으로 하고 수륙재는 아미타불의 구원을 기본으로 하는 정토사상이다. 그러나 생전예수재는 위의 두 사상에 그치지 않고, 여기에 지장명부시왕사상이 더해진다. 그러므로 생전예수재의 사상적 깊이와 신앙적 다양성은 영산재나 수륙재보다 많고 풍성할 수밖에 없다.

또한 의식의 진행에 있어서도 영산재와 수륙재 의식에 더해 산 사람을 위한 의식이 포함되기 때문에 신도들의 적극적 참여가 뒤따른다. 그렇기 때문에 승려들이 의식을 주도하지만, 신도들이 열성과 참여 없이는 불가할 정도로 승속이 하나로 결합하는 종합의례라는 특징을 가진다.

생전예수재의 범패와 작법무는 봉원사를 중심으로 전승되어 왔다. 범패는 지방의 경우 지역에 따라 소리의 길이와 굴곡의 차이를 가지고 있지만 의식 구성이나 가사 등의 본질적인 내용은 차이가 없다.

작법무의 경우 바라춤, 나비춤, 법고춤, 타주춤 등 4종류가 있다. 경제인 봉원사의 경우 바라춤은 천수바라, 사다라니바라 등 7가지이며, 나비춤은 향화게작법, 도량게작법 등의 18가지 작법이 전승되고 있다. 영제의 경우 경제와 같이 많은 수의 작법무는 존재하지 않는다. 이는 작법무보다는 범패 위주로 의식을 진행하였다는 것을 말해준다.

생전예수재는 지역과 사찰에 따라 짧게는 3~4시간, 길게는 24시간 등 설행 시간이 다양하다. 전통사회에서는 며칠씩 진행하는 경우가 다반사였다. 그러나 현대인들에게 긴 시간의 근엄한 종교의식은 지루할 수밖에 없다. 생전예수재의 구심점은 신도들이므로 이들이 흥미와 재미를 얻을 수 있어야 한다. 재가 엄격한 재로 그치지 않고, 하나의 잔치, 축제가 되어야 하는 이유가 여기에 있다. 축제에는 음악이 있고, 노래가 있으며, 춤이 있다. 영산재나 수륙재와는 달리 생전예수재는, 특히 경상도 지역에서는 이러한 요소를 잘 포함하고 있다.

생전예수재는 죽음을 준비하는 한국의 전통문화 중 하나이다. 윤달에 '수의'를 장만하는 일과, 무속에서의 '산오구굿', 그리고 지역 축제인 '답성놀이' 등은 공통적으로 죽음준비 문화이다. 죽음을 특별한 일이 아닌 일상으로 받아들이는 한국인의 사후관이다. 일상으로서의 죽음이기 때문에 슬프고 비극적으로 절망하기보다는 즐거운 마음으로 자연스럽게 수용하려는 의지가 반영된 것이라 생각된다.

생전예수재는 '업業'사상을 바탕으로 한다. 행위에는 반드시 '업보業報'라는 결과가 따른다는 것이다. 업은 과거의 행위이기 때문에 모든 중생은 선업善業이든 죄업罪業이든 만들 수밖에 없다. 특히 죄업은 갚아야 할 행위이다. 현생의 죄업은 대상이 있어 갚을 수 있지만, 전생의 죄업은 대상이 없어 갚을 방법이 없다. 불교에서는 이러한 논리로 현생의 선업을 유도한다. 구체적으로는 전생 빚이라는 개념을 도입하여 부처님과 명부시왕의 위신력에 의지하도록 한다. 생전예수재를 통해 이 빚을 갚음으로써, 사후의 두려움을 이겨내는 축제의 의식으로 만들어 가는 것이다.

자신의 전생 빚을 갚을 금은전을 머리에 이고 그 증서인 '함합소'를 소지한 채, 도량과 탑을 즐거운 마음으로 행진한다. 이렇게 함으로써 가마와 반야용선을 타고 사후의 극락세계에 이를 것을 약속받는 행위는 더 이상 죽음을 두려운 대상으로 여기지 않고, 삶의 자연스런 과정일 뿐이라는 믿음을 불러일으키게 한다.

여기서 그치지 않고 생전예수재는 화청과 춤을 곁들여 도량을 축제의 장으로 만든다는 점이 중요하다. 불법을 수호하는 법당에서의 춤과 노래는 부처님에 대한 불경不敬이라는 선입관을 가진 대중들에게 축제의 장으로 승화할 수 있다는 인식변화를 가지게 하는 중요한 계기가 된다.

이와 같이 생전예수재는 종교적인 사상과 신앙심을 고취시킬 뿐만 아니라 우리 민족의 귀중한 민속문화임을 이해할 수 있었다. 생전예수재와 맥락을 같이하는 오구굿을 연극으로 무대화한 사례 〈오구〉가 있었고, 불교의례 영산재를 무대화한 〈니르바나〉는 우리 전통문화의 현대적 콘텐츠로서의 새로운 가능성을 열었다. 따라서 인간의 삶의 본질에 대한 의미와 가치, 그리고 생사관 등을 다양하게 내재한 생전예수재는 단순히 과거의 종교의례로서 그치는 것이 아니라 현대사회의 새로운 문화로서 재인식되어야 할 필요가 있다.

참고문헌

원전

『三國史記』卷4 列傳 第4, 『三國史記』卷4 新羅本紀 第4, 『三國史記』卷50, 列傳 第10, 『三國史記』卷11 新羅本紀 第11.

『三國遺事』卷第2 紀異第2, 『三國遺事』卷第3 塔像第4, 『三國遺事』卷第4 義解第5, 『三國遺事』卷第5 感通7, 『三國遺事』卷第5 感通第7. 『三國遺事』, 第五卷, 「月明師 兜率歌」

『三國志』, 卷30, 「緯書 30」.

『高麗史』卷1 世家1, 『高麗史』卷1 世家2, 『高麗史』卷11 世家, 『高麗史』卷17 世家17, 『高麗史』卷38, 世家 卷第38, 『高麗史』卷69 志23 禮11, 『高麗史』卷93 列傳第6, 『高麗史』卷94 列傳 卷第7, 『高麗史』卷127 列傳 卷第40,

『高麗史節要』卷1, 『高麗史節要』卷10, 『高麗史節要』卷11.

『朝鮮王朝實錄』

『太祖實錄』1, 『太宗實錄』27, 『世宗實錄』95, 『世宗實錄』115, 『文宗實錄』, 『世祖實錄』29, 『世祖實錄』41, 『中宗實錄』.

『東國歲時記』.

『東文選』第103卷, 『東文選』第110卷.

『燃藜室記述』, 別集 卷2.

『益齋亂稿』권7.

『韓國佛教資料叢書』, 卷2.

知訥撰, 『勸修定慧結社文』(『韓佛全』, 卷4), 『太古和尙語錄』(『韓佛全』, 卷6), 『懶翁和尙語錄』(『韓佛全』, 卷6), 『懶庵雜著』(『韓佛全』, 卷7), 奇巖法堅(1648), 『奇巖集』, 「生前預修疏」(『韓佛全』, 卷8), 『奇巖集』, 「生前預修疏」(『韓佛全』卷8), 『鞭羊堂集』, 「生前疏」(『韓佛全』卷8), 雪巖秋鵬(1710), 『雪嵒雜著』, 「徐允暹預修上中疏」(『韓佛全』, 卷9), 月渚道安(1717), 『月渚堂大師集』, 「生前十王齋疏」

(『韓佛全』, 卷9), 『雪崑雜著』, 「徐允遏預修上中疏」(『韓佛全』 卷9), 涵月海源 (1821), 『天鏡集』, 「預修齋疏」(『韓佛全』, 卷9), 野雲時聖(1827), 『野雲大禪師文 集』(『韓佛全』, 卷9).

『作法龜鑑』, 「略禮王共文」(『韓佛全』, 卷10), 『應雲空如大師遺忘錄』, 「預修緘合別 文』(『韓佛全』 卷10), 『天地冥陽水陸齋儀梵音刪補集』, 「大禮王供養文」(『韓佛 全』, 卷11), 松堂野衲 大愚集述, 『豫修十王生七齋儀纂要』(『韓佛全』, 卷11), 『五 種梵音集』, 「預修文造錢願狀法」(『韓佛全』 卷12), 『詳校正本慈悲道場懺法』(『韓 佛全』, 卷12), 『茶松文稿』(『韓佛全』, 卷12), 『曹溪高僧傳』, 「曹溪宗龍月禪師傳」 (『韓佛全』 卷12).

경장

『佛說觀無量壽佛經』(대정장, 권2).

『妙法蓮華經』 권7 「觀世音菩薩普門品」 제25(대정장, 권9).

『佛說阿彌陀陀經』(대정장, 권12).

『觀無量壽經』(대정장, 권12).

『無垢淨光大陀羅尼經』(대정장, 권10).

『無量壽經』(대정장, 권12).

『地藏菩薩本願經』, 「閻浮衆生業感品」(大正藏, 권13).

『地藏菩薩本願經』, 「利益存亡品」(大正藏, 권13).

『佛說灌頂隨願往生十方淨土經』(大正藏, 권21).

『金剛三昧經論』(대정장, 권34).

『佛設預修十王生七經』(卍續藏, 卷150).

『四分律』 권31(한글대장경 63).

元曉, 『發心修行章』.

圓仁, 『入唐求法巡禮行記』.

『佛祖統紀』, 권33, 「水陸齋」

『釋門儀範』(법륜사, 안진호, 1931)

『預修薦王通儀』, 『석문의범』, 안진호(법륜사, 1936).

『예수재의범(豫修齋儀範), 朴三愚 編著(寶蓮閣, 1984).

단행본

구미래, 『나 그리고 우리를 위한 복 짓기』(아름다운 인연, 2014).

_____, 『존엄한 죽음의 문화사』(모시는 사람들, 2015).

_____, 「탑돌이와 연등의 종교민속적 의미」, 『불교문예연구』 6집(동방문화대학
    원대학교 불교문예연구소, 2016)

『朝鮮金石摠覽(上)』(경인문화사, 1974).

김정희, 『조선시대 지장시왕도 연구』(一志社, 1996).

김종명, 『한국 중세의 불교의례: 사상적 배경과 역사적 의미』(문학과 지성사,
    2001).

김응기(법현), 『영산재연구』(운주사, 1997).

_____, 『불교무용』(운주사, 2002).

_____, 『한국의 불교음악』(운주사, 2005).

_____, 『불교의식음악 연구』(운주사, 2012).

김영태, 「지장신앙의 전래와 수용」, 『현대사회에 있어서 지장신앙의 재조명』(운주
    사, 1991).

김용선 역, 「역주 고려묘지명집성」 상(한림대출판부, 2006).

권상로, 『韓國寺刹全書 上』(불교문화사, 1996).

노명렬(혜일명조), 『수륙재』(일성, 2013).

대한불교천태종 (사)진단전통예술보존협회, 『구인사 생전예수재의 전승과 문화유
    산으로의 가치 학술대회 자료집』(대한불교천태종 (사)진단전통예술보존협회,
    2015).

불교사학회 편, 『신라미타정토사상연구』(민족사, 1988).

신복용 역·주해(圓仁 지음), 『入唐求法巡禮行記』(정신세계사, 1991).

이지형, 『생전예수재』(동림, 1992).

이태원, 『念佛의 源流와 展開史』(운주사, 1998).

정각, 『한국의 불교의례 I』(운주사, 2001).

한보광 역, 『정토삼부경』(여래장, 2000).

홍윤식, 『無形文化財調査報告書』(문화관광부 문화재관리국. 1965- 1968).

차차석, 『중국의 불교문화』(운주사, 2007).

채상식, 「한국민중의 삶과 정토신앙」, 『동아시아불교문화』 제4집(동아시아불교학
　　회, 2009).

채혜련, 『영산재와 범패』(국학자료원, 2011)

논문

강동균, 「淨土信仰에 있어서 儀禮·儀式의 意義」, 『정토학연구』 제6(한국정토학회,
　　2003).

고부자, 「민속조사에 나타난 壽衣의 과거와, 현황과 과제」, 『비교민속학』 30(비교
　　민속학회, 2005), p.335.

구미래, 「생전예수재의 종교문화적 의미와 위상」, 『정토학연구』 제23집(한국정토
　　학회, 2015)

_____, 「구인사 생전예수재의 전승과 문화유산으로의 가치 학술대회 자료집」(대
　　한불교천태종 (사)진단전통예술보존협회, 2015)

곽만연, 「정토신앙의 중생구제와 高麗時代의 淨土思想」, 『불교연구』 제26(한국불
　　교연구원, 2007).

곽성영(승범), 「조선시대 감로탱도상에 나타난 작법무형태 연구」, 동국대학교
　　석사논문, 2013.

김미숙, 「고려 팔관회의 의례문화 연구」, 원광대학교 박사논문, 2014.

김성순, 「불교음악 화청和請에 나타난 성 /속의 구조」, 종교학연구 27집(서울대학교
　　종교학연구회, 2008).

김승호, 「법회와 설법」 9월호, 〈불교속의 설화를 찾아2〉, 「서방정토로 일시에
　　날아간 향도香徒」(대한불교조계종포교원, 2000).

김용덕, 「지장신앙의 수용과 전승 양상」, 『한국언어문화』 제52집(한국언어문화학
　　회, 2013).

김태훈, 「地藏信仰의 韓國的 變容에 關한 研究」, 원광대학교 박사논문.

_____, 「한국 지장신앙의 사상적 연원」, 『한국종교』 34집(원광대학교 종교문제연
　　구소, 2010).

혜일명조, 「현행 생전예수재와 조선시대 생전예수재 비교 고찰: 의식절차와 음악을
　　중심으로」, 중앙대학교 박사학위논문, 2010.

_____, 「생전예수재 발전방향에 대한 제언」, 『정토학연구』 제23집(한국정토학
회, 2015)

_____, 「구인사 생전예수재의 전승과 문화유산으로의 가치 학술대회 자료집」
(대한불교천태종 (사)진단전통예술보존협회, 2015).

라정숙, 「고려시대 지장신앙연구」, 『사학연구』 제80(한국사학회, 2005).

_____, 「『삼국유사』를 통해 본 신라와 고려의 관음신앙」, 『역사와 현실』 71(한국역
사연구회, 2009).

_____, 「高麗時代 淨土信仰 硏究」, 숙명여자대학교 박사논문, 2010.

문명대, 「한국의 정토미술」, 『한국정토사상연구』(불교문화연구원, 동국대학교출
판부, 1985).

서정매, 「밀양지역에 전승되는 팔공산제 범패에 관한 연구: 전승계보와 전승현황을
중심으로」, 『한국음악연구』 제44집(한국국악학회, 2008)

서윤길, 「고려의 호국법회와 도량」, 『佛敎學報』 14(동국대학교 불교문화연구소,
1977).

서원봉, 「2012년 경상남도 도문화재지정 신청서」, 『밀양 작약산예수재 문화재
지정신청 보고서』(경상남도 밀양시 광제사, 2012).

심상현, 「靈山齋 成立과 作法儀禮에 關한 硏究」, 위덕대학교 박사논문, 2011.

석용스님, 「구인사 생전예수재의 전승과 문화유산으로의 가치 학술대회 자료집」
(대한불교천태종 (사)진단전통예술보존협회, 2015).

심효섭, 「朝鮮時代 靈山齋 硏究」, 동국대학교 박사논문, 2005.

성청환, 「조계사 생전예수재의 역사와 의의」, 『정토학연구』 제23집(한국정토학회,
2015)

이기운, 「天台 智顗의 觀音 一佛乘 사상」, 『천태학연구』 제4집(원각불교사상연구
원, 2002).

이성운, 「한국불교 생전예수재의 특성- 회편과 차서와 상례화를 중심으로 - 」,
『정토학연구』 제23집(한국정토학회, 2015)

이지관, 「經說上의 觀音信仰」, 『한국 관음신앙 연구』(동국대 불교문화연구원,
1988).

이진세, 「佛敎喪禮에 관한 硏究 : 生前豫修齋와 49齋를 중심으로」, 동국대학교

석사학위논문, 2006.

이윤수, 「연등축제의 역사와 문화콘텐츠적 특징」, 고려대학교 박사논문, 2012.

이연주, 「산오구굿의 현대 극 장르 수용 연구: 이윤택의 연극 '오구- 죽음의 형식'과 영화 '오구'를 중심으로」, 연세대학교 석사논문, 2006.

오경후, 「구인사 생전예수재의 전승과 문화유산으로의 가치 학술대회 자료집」(대한불교천태종 (사)진단전통예술보존협회, 2015).

임동주, 「신라불교 윤리사상 연구」, 동국대학교 박사논문, 2012.

윤동환, 「동해안 무속의 지속과 창조적 계승」(민속원, 2010).

정각(문상련), 「지장신앙의 전개와 신앙의례」, 『정토학연구』 제15(한국정토학회, 2011).

정증용, 「불교식 生前預修齊를 지낸 노인의 정서와 자아통합감에 관한 연구」, 한서대학교 박사학위논문, 2010.

한상길, 「구인사 생전예수재의 전승과 문화유산으로의 가치 학술대회 자료집」(대한불교천태종 (사)진단전통예술보존협회, 2015).

_____, 「한국 탑돌이의 역사와 현황」, 『淨土學硏究』 제21집(정토학회)

한태식(보광), 「한국정토사상의 특색」, 「정토학연구」 제13집(한국정토학회, 2010).

_____, 「관세음보살 사상연구」, 「정토학연구」 17(한국정토학회, 2012).

_____, 「생전예수재 신앙 연구」, 『정토학연구』 제22집(한국정토학회, 2014).

홍윤식, 「구인사 생전예수재의 전승과 문화유산으로의 가치 학술대회 자료집」(대한불교천태종 (사)진단전통예술보존협회, 2015).

_____, 「구인사 생전예수재 학술보고서」(대한불교천태종 총무원, (사)진단전통예술보존회, 2015),

홍태한, 「진관사국행수륙재 연행과 의례의 민속적 의미」, 『조선시대 수륙재의 전통을 계승한 진관사국행수륙재의 한국문화적 위상』(대한불교조계종 삼각산 진관사, 2014).

최운종, 「구인사 생전예수재 학술보고서 - 구인사 생전예수재 의 전승과 계보-」(대한불교천태종 (사)진단전통예술보존협회, 2015).

채혜련, 「靈山齋 梵唄의 旋律에 관한 연구 : 朴松岩類 上壇勸供 훗소리·짓소리를 중심으로」, 원광대학교 박사논문, 2011.

기타자료

김주일, 「월정사탑돌이 무형문화재 지정 가속화 2월 18일 월정사 법륜전서 탑돌이 재현 및 토론회 개최」, 현대불교, 2016년, 2월 12일 기사.

이희봉, 「불탑 스투파 난간의 역할과 상징」, 법보신문, 2012, 7월4일 기사.

어현경, 「'월정사 탑돌이' 무형문화재 됐다.」, 불교신문, 2016년, 11월 23일 기사.

홍윤식, 「생전예수재, 기복 아닌 課業 성찰이 목적」, 현대불교, 2016년 12월 23일 기사.

백련사 홈페이지: http://www.paengryontemple.or.kr/

보문사 홈페이지: http://www.bomunsa.or.kr/

봉원사 홈페이지: http://www.bongwonsa.or.kr/

조계사 홈페이지: www.jogyeas.kr/

인터넷 한국어사전: http://www.daum.net/

한민족문화대백과사전: http://encykorea.aks.ac.kr/

통도사 홈페이지: www.tongdosa.or.kr/

청련사 홈페이지: http://www.bluelotus.co.kr/

부록

생전예수재 의식문 비교

석문의범(안진호)	예수시왕생칠지재의찬요(송당대우)
운수단(雲水壇)	預修十王儀文
할향(喝香)	召請使者疏 行牒 召請聖位疏 召請冥位疏
一片栴檀沒價香 須彌第一最高崗 六銖通	修設冥司勝會緘合疏 結壇分位 將迎排座
遍熏沙界 萬里伊蘭一樣香	時 壇中所入 之物 造錢法 預修作法壇排節
연향게(燃香偈)	次 規式
戒定慧解知見香 遍十方刹常芬馥 願此香	預修薦王通儀
煙亦如是 熏現自他五分身	
정례(頂禮)	**通叙因由篇第一**
至心歸命禮 十方常主一切 佛陀耶衆 至心	盖聞如來臨入涅盤 開建生七之大軌 瓶沙
歸命禮 十方常主一切 達磨耶衆 至心歸命	卽登寶位 預修十王之眞儀 由是 法筵無滯
禮 十方常主一切 僧伽耶衆	含識有依 賢愚貴賤之徒 爲存亡而大布弘
	持 牢獄幽沉之輩 蒙悲澤而息苦停酸 可謂
요잡(繞匝)반주	慈雲廣被 法雨遐霑 其利濟也 喩之莫論
개계소(開啓疏)	其獲益也 筭之奚窮 非唯一身 獨超三界
피봉식(皮封式)	亦乃 福資四生 恩霑九有 此之大事 實不可
召請文疏 拜獻 十方三寶慈尊前 釋迦如來	議　是夜卽有大檀信朝鮮國(某道某州某
遺敎弟子 奉行加持 秉法沙門 某謹封	里)居
수설대회소(修設大會所)	齋者(某人伏爲) 現增福壽 當生淨刹之願
盖聞 覺皇垂敎 賢聖扶持 欲抛生死之源 須	式遵科儀 預修十王生七之齋 以今月 (某
假慈悲之力 由是 依經作法 準敎加持 建無	日) 就於(某寺) 以大信心 發菩提願 捨世
礙之道場 啓宏通之 佛事 召請則 大排幡盖	間之珎財 建冥王之勝會 食陳百味法演三
邀迎則 廣列香花 佛聲宣而沙 界淸涼 法鼓	乘 伏願大聖大慈三身 大覺大權大化 諸位
鳴而十方寧靜 壇場大啓 軌範弘陳 欲尊聖	冥君 俯賜加持 悉令圓滿
賢之儀 須賴啓白之意 今有 此日 某山 某寺	淨三業眞言曰
預修十王生七之齋 今則道場嚴辦 儀軌將	唵沙嚩嚩輸馱薩婆達摩沙嚩嚩輸度
行 當 法筵 首建之時 乃 佛事初陳之際 謹具	哈
法事 開列于后 云 加持行道 法事一席等 右	戒度塗掌眞言曰
伏以 法音嘹喨 上驚九頂之天 螺鈸喧轟 下	唵啊穆伽左攞弭茫幾酥盧酥盧莎訶
震八寒之獄 寬容則 遍周沙界 廣包則 盈滿	三昧耶戒眞言曰
十方 三途八難 以霑恩 六趣四生而獲益 仰	唵三昧耶薩怛錂(三合)

唯大覺證明 表宣謹疏

佛紀 ○年 ○月 ○日 秉法沙門 某謹疏

합장게(合掌偈)

合掌以爲花 身爲供養具 誠心眞實相 讚歎
香烟覆

고향게(告香偈)

香烟遍覆三千界 定慧能開八萬門 唯願三
寶大慈悲 聞此信香臨法會

통서인유편 제일(通敍因由篇 第一)

蓋聞 如來臨入涅槃 開建生七之大軌 瓶沙
卽登寶位 預修十王之眞儀 由是 法筵無滯
合識有依 賢愚貴賤之徒 爲 存亡而大布弘
持 牢獄幽沈之輩 蒙 悲澤而息苦 停酸 可謂
慈雲廣被 法雨遲霈 其 利濟也 喩之莫論 其
獲益也 算之奚窮 非惟一身獨超三界 亦內
福資四生 恩霑九類 此之大事 實 不可議 是
夜(日) 卽有大檀信 某居住 齋者 某人伏爲
現增福壽 當生淨刹之願 式遵科儀 預修十
王生七之齋 以 今月今日 就於某寺 以大信
心 發 菩提願 捨 世間之珍財 建 冥王之勝會
食陳百味 法演三乘 伏願 大聖大慈 三身大
覺 大權大化 諸位冥官 俯賜加持 悉令圓滿

정삼업진언(正三業眞言)

옴 사바바바 수다 살바 달마 사바바바 수도함
(三說)

계도도장진언(戒度塗掌眞言)

옴 아모가 자라 미망기 소로소로 사바하 (三
說)

삼매야계진언(三昧耶戒眞言) 옴 삼매야 살따
밤 (三說)

엄정팔방편 제이(嚴淨八方篇 第二)

詳夫 聖壇旣啓 佛事方陣 將 法水以加持 灑
道場而淸淨 蕩諸穢汙 祛衆魔邪 凡 隨禱而

嚴淨八方篇第二

詳夫大聖壇旣啓 佛事方陳 將法水以加持 洒
道場而淸淨 蕩諸穢汙 祛衆魔邪 凡隨禱而
感通 在所求而成就 下有洒淨護魔陀羅尼
謹當宣念

曩謨三滿多沒馱喃唵虎嚕虎嚕地瑟吒 地
瑟吒泮怛泮怛阿那訶那阿抳諦吽癹吒

開壇眞言曰

唵跋折囉(二合) 糯嚧特伽(二合) 吒耶三摩
耶 八囉吠舍耶吽

建壇眞言曰

唵難多難多難地難地難多婆哩莎訶

結界眞言曰

唵摩尼尾惹曳達囉達囉吽吽莎訶

呪香通序篇第三

切以百和氤氳 六銖馥郁 纔熱一爐之上 普
熏諸刹之中 結瑞靄以爲臺 聚祥煙而作盖
爲雲爲雨 興福興祥 十方諸聖無不聞 三有
衆生無不度 今者焚香 有陀羅尼 謹當宣念
願令普熏 遍周沙界

焚香眞言曰

唵杜婆始啓矩嚕嚩抳莎訶

呪香供養篇第四

戒香 之香 慧香 解脫香 解脫知見香 光明
雲臺 周徧法界 供養十方無量佛 供養十方
無量法 供養十方無量僧 又復 供養十方無
量眞 宰三界一切萬靈 伏願見聞普熏證常
樂 法界衆生亦如是 摩訶般若波羅蜜

召請使者篇第五(擧佛宣疏)

以此振鈴伸召請 四直使者願遙知
願承三寶力加持 今夜今時來降赴

召請使者眞言曰

感通 在 所求而成就 下有灑淨護魔陀羅尼
謹當宣念
나무 사만다 못다남 옴 호로호로 지따지따
반다반다 하나하나 아니제 홈바탁 (三說)
관음찬(觀音讚)
返聞聞性悟圓通 觀音佛賜觀音號 上同慈
力下同悲 三十二應遍塵刹
관음청(觀音請, 관음보살을 청하는 글)
南無 一心奉請 千手千眼 大慈大悲 觀自在
菩薩 摩訶薩 唯願 不違本誓 哀憫有情 降臨
道場 加持呪水 願降道場 受此供養 (三說)
향화청(香花請) (三說)
산화락(散花落) (三說)
가영(歌詠)
一葉紅蓮在海中 碧波深處現神通 昨夜寶
陀觀自在 今日降赴道場中 故我一心歸命
頂禮 (半拜)
걸수게(乞水偈, 물을 청하는 게송)
金爐芬氣一炷香 先請觀音降道場 願賜瓶
中甘露水 消除熱惱獲淸凉
쇄수게(灑水偈, 물을 뿌리는 게송)
菩薩柳頭甘露水 能令一滴灑塵方 腥膻坵
穢盡蠲除 令此道場悉淸淨
나무 사만다 못다남 옴 호로호로 지따지따
반다반다 하나하나 아니제 홈바탁 (三說)
복청게
伏請大衆同誦唱和神妙章句大陀羅尼曰
나모라 다나 다라 야야 나막 알야 바로 기제
새바 라야... (云云)
사방찬(四方讚)
一灑東方潔道場 二灑南方得淸凉 三灑西
方俱淨土 四灑北方永安康
도량찬(道場讚), 엄정게(嚴淨偈)
道場淸淨無瑕穢 三寶天龍降此地 我今持
誦妙眞言 願賜慈悲密加護

唵步步哩伽多哩里馱伽陀野莎訶
切以無功曰道 不測曰神 神而化之 變通罔
極 恭惟四直使者 神功告浩 聖德巍巍 執寰
界之符文 作人間之捷使 徃返斯須 廻旋頃
刻 記四洲善惡之多小 奏十殿冥王之聖聽
秋毫不忒 正直無邪 若不假於威神 誰能達
於至聖 由是卽有朝鮮國某道(某州某里)
居住齋者(某人伏爲) 現增福壽 當生淨刹
之願 式遵科儀 嚴備冥錢 預修十王生七之
齋 以今月(某日) 就於(某寺) 廣列香花 先
爲供養 伏願俯降香壇 滿慰檀那之願 來臨
法會 克符利濟之心 前伸讚語 次展請詞
謹秉一心 先陳三請
一心奉請 神通自在 威德難量 監齋直府
四直使者等 惟願承三寶力 降臨道場(衆
和)
香花請

安位供養篇第六
盖聞威風挺特 神變難思 應施主虔恪之心
赴願言賁臨於會 如是使者 已屆道場 大衆
虔誠 諷經安座(諷心經 次伸五供養 後宣
物狀)

奉送使者篇第七
上來文牒 宣讀已周 神德無私 諒垂洞鑑
玆者旣蒙靈享 更請從容 文牒幸謝於賚持
雲程願希於馳赴故 吾佛如來 有奉送使者
陀羅尼 謹當宣念
奉送眞言曰
唵嚩 (囉)(二合引)薩埵目叉目

召請聖位第八(次至迎請壇擧念南無常住
十方佛法僧 宣疏)
以此振鈴伸召請 十方佛刹普聞知

236

참회게(懺悔偈)	願此鈴聲遍法界 無邊佛聖咸來集
我昔所造諸惡業 皆有無始貪瞋癡 從身口	請諸如來眞言曰
意之所生 一切我今皆懺悔	唵微布囉鉢囉囉黎杜嚕杜嚕吽吽
참회진언(懺悔眞言)	請諸賢聖眞言曰
옴 살바 못자모지 사다야 사바하 (百八說)	唵阿哥嚕目亢薩哩嚩達哩摩拏阿阿耨怛
설주이운(說主移運)	半那埵
옹호게(擁護偈)	盖聞月照長空 影落千江之水 能仁出世 智
八部金剛護道場 空神速赴報天王 三界諸	投萬彙之機 是以江水淨而秋月臨 信心生
天咸來集 如今我佛剎補禎祥	而諸佛降 如來眞實智 悲愍諸衆生 願知我
요잡(繞匝)반주	虔誠 垂慈作證明 一心稽首 歸命禮請
강생게(降生偈)	一心奉請 三細本染 起於無起 無起卽變
纔降王宮示本緣 周行七步又重宣 指天指	大圓鏡智 聖凡同體 法爾圓常 大小之體
地無人會 獨振雷音偏大千	遍滿法界 表裏通徹 淸淨法身 毘盧遮那佛
입산게(入山偈)	惟願慈悲 降臨道場 證明功德(衆和 香花
世尊當入雪山中 一坐不知經六年 因見明	請下皆例此)
星云悟道 言詮消息偏三千	蠛蠓眼睫起皇州 玉帛諸侯次第投
법신게(法身偈)	天子臨軒論土廣 大虛猶是一浮漚
法身遍滿百億界 普放金色照人天 應物現	故我一心歸命頂禮(下皆倣此)
形潭底月 體圓正坐寶蓮臺	一心奉請 九相本因 惣諸恒沙 分別名相
헌좌진언(獻座眞言)	變同大虛 平等性智 現發無碍 自受果圓
我今敬設寶嚴座 奉獻諸大法師前 願滅塵	自他受用 出入仍本 遍機說法 度諸有情
勞妄想心 速圓解脫菩提果	圓滿報身 盧舍那佛
옴 가마라 승하 사바하 (三說)	海上曾營內外家 往來相續幾隨波
다게(茶偈)	一條古路雖平坦 舊習依然走兩叉
今將甘露茶 奉獻法師前 鑑察虔懇心 願垂	一心奉請 赤肉團上 妄計差別 知妄卽覺
慈悲哀納受	便成大道 普應群機 如月印海 影影皆眞
출산게(出山偈)	妙觀察智 成所作智 一體周徧 隨機說法
巍巍落落淨裸裸 獨步乾坤誰伴我 若也山	大悲濟物 千百億化身 釋迦牟尼佛
中逢子期 豈將黃葉下山下	月磨銀漢轉成圓 素面舒光照大千 連臂山
영축게(靈鷲偈)	山空捉影 孤輪本不落淸川
靈鷲拈華示上機 肯同浮木接盲龜 飮光不	一心奉請 大悲爲本 陰陽之界 現無邊身
是微微笑 無限淸風付與誰	廣濟群迷 世尊收化 而白佛言 末世衆生
산화락(散花落) (三說)	我乃盡度 居歡喜國 南方化主 今日道場
나무영산회상불보살(南無靈山會上佛菩薩)	若不降臨 誓願安在 是我本尊地藏大聖爲
(繞匝)	首 龍樹菩薩 觀世音菩薩 常悲菩薩 陀羅尼

등상게(登床偈)

獅子座高廣 人中獅子登 蠢蠢諸衆生 引導
蓮華界

좌불게(登床偈)

世尊坐道場 清淨大光明 比於千日出 照耀
大千界

정대게(頂戴偈)

題目未唱傾劒樹 非揚一句折刀山 運心消
盡千生業 何況拈來頂戴人

개경게(開經偈)

無上甚深微妙法 百千萬劫難遭遇 我今聞
見得修持 願解如來眞實義

개법장진언(開法藏眞言) 옴 아라남 아라다
(三說)

십념(十念)

清淨法身毘盧遮那佛　圓滿報身盧舍那佛
千百億化身 釋迦牟尼佛 九品導師阿彌陀
佛 當來下生彌勒尊佛 十方三世一切諸佛
十方三世一切尊法 大智文殊舍利菩薩 大
行普賢菩薩 大悲觀世音菩薩 大願本尊地
藏菩薩 諸尊菩薩摩訶薩 摩訶般若波羅蜜

거량(擧場)

據 娑婆世界 此四天下 南瞻部洲 海東 大韓
民國 某寺 清淨水月道場 願我今此 至極之
精誠 生前豫修齋齋 設香壇前 奉請齋者 某
居住 某伏爲 所薦亡 某靈駕(再說) 靈駕爲
主 伏爲記付 上世先亡 師尊父母 多生師長
累代宗親 弟兄叔伯 姉妹姪孫 遠近親戚 等
各列位列名靈駕 此寺最初創建以來 重建
重修 造佛造塔 佛糧燈燭 乃至 佛殿內外 日
用凡諸什物 化主施主 都監別座 助緣良工
四事施主 等 各列位靈駕 此道場內外 洞上
洞下 有主無主 一切哀孤魂 諸佛子等 各列
位列名靈駕 鐵圍山間 五無間地獄 一日一
夜 萬死萬生 受苦含靈等衆 各列位靈駕 乃

菩薩 金剛藏菩薩

掌上明珠一顆寒 自然隨色辨來端
幾廻提起親分付 闇室兒孫向外看

一心奉請 諸聖興悲 降迹靈官 六般神化
同時濟物 毘盧遮那化身天曹 應身天曹 法
身天曹 大智盧舍那化身 地府大神天曹 彌
勒化身 泰山府君天曹 南方老人 地藏化身
天曹

聖化天曹現大機 十方風月屬冥司
沒弦琴上才傾耳 六律清音奏一時

一心奉請 皆於本因 立大誓願 一現慈容
一現威相 侍我地藏 助揚眞化 道明尊者
無毒鬼王

無毒王隨一道明 兩家眞俗作同行
南方本座下叅眞聖 大振玄風濟有情

一心奉請 明察陰陽 善惡因果 賞善罰惡
飛熱鐵輪 令伏惡魔 敬仰南方 無邊身化主
各逞威神 護法利物 大梵天王 帝釋天王
東方持國天王 南方增長天王 西方廣目天
王 北方多聞天王

理世英雄各鎭方 大功爭奪法中王
故來南國名歡喜 也任諸公正紀綱

奉迎赴浴篇第九

仰惟如來大智 菩薩賢聖 從本願以興悲 誓
權形而應感 處處綻紅蓮寶印 頭頭現金色
妙身 垂慈接物 利樂群品 如是諸聖 已降道
場 大衆聲鈸 請迎赴浴

正路眞言曰(引入浴室)

唵蘇悉帝囉左哩哆囉囉左哩哆囉母囉哆
曳左囉左囉滿哆滿哆賀那賀那吽泮吒

讚歡灌浴篇第十

切以無影回測 有相難思 居塵而不染於塵
離相而有權之相 身旣清淨 何須沐浴 實爲

至 兼及法界 普與群生 四生七趣 三途八難
四恩三有 一切有情無情 一切哀孤魂 諸佛
子等 各列位列名靈駕

수위안좌진언(受位安座眞言)

옴 마니 군다리 훔 훔 사바하 (三說)

청법게(請法偈, 법을 청하는 게송)

此經甚深意 大衆心渴仰 唯願大法師 廣爲
中生設

설법게(說法偈)

一光東照八千土 大地山河如杲日 卽是如
來微妙法 不須向外謾尋覓

설법(說法)

보궐진언(補闕眞言)

옴 호로 호로 사야 모케 사바하 (三說)

수경게(收經偈)

聞經開悟意超然 演處分明衆口宣 取捨由
來元不動 方知月落不離天

사무량게(四無量揭)

大慈大悲愍衆生 大喜大捨濟含識 相好光
明以自嚴 衆等至心歸命禮

귀명게(歸命偈)

十方盡歸命 滅罪生淨信 願生華藏界 極樂
淨土中

개단진언(開壇眞言)

옴 바아라 뇨로 다가다야 삼마야 바라베 사야
훔 (三說)

건단진언(建壇眞言)

옴 난다난다 나지나지 난다바리 사바하 (三
說)

결계진언(結界眞言)

옴 마니미야예 다라다라 훔훔 사바하 (三說)

주향통서편 제삼(呪香通序篇 第三)

유치(由致)

切以 百和氳氳 六銖馥郁 纔熱一爐之上 普

凡情 乃浴其身 玆者謹嚴淨室 特備香湯
希聖賢以垂慈 愍凡情而納浴 下有灌沐之
偈 大衆隨言后和

我今灌沐聖賢衆 淨智功德莊嚴聚
願諸五濁衆生類 當證如來淨法身
唵底沙底沙僧伽莎賀

引聖歸位篇第十一

伏以蘭湯浴身 妙觸宣明 仰希聖賢之尊 重
運慈悲之意 出於淨室 徐步華筵 大衆無勞
再伸迎引(如常說禪偈)

獻座安位篇第十二

切以道場氷潔 聖駕雲臻 旣從有感之心 必
副無私之望 玆者諸佛菩薩 一切賢聖 旣臨
淸淨之華筵 宜就莊嚴之妙座 下有獻座之
偈 大衆隨言后和

妙菩提座勝莊嚴 諸佛坐已成正覺
我今獻座亦如是 自他一時成佛道
唵嚩尾囉耶莎賀(奉茶湯已普禮)

召請冥府篇第十三(擧佛如常宣疏)

以此振鈴伸召請 冥府十王普聞知
願承三寶力加持 今夜今時來降赴
召請焰魔羅王眞言曰
唵薩婆焰魔羅闍第毗耶(二合)莎訶
盖聞淸風下散 瑞氣上凝 聖凡之境不殊 寅
陽之路相接 上來壇內 已奉安聖之儀 次至
案前 普召冥王之衆 夫冥王者 如經所說
誓願不測 焰魔天子 諸位冥君 一十八掌獄
之臣 及百萬牛頭之衆 監齋五道 善惡二符
記罪福以分明 據業緣而處斷 賞善則與超
天界 罰惡則判落三途 辨是非不枉之情 賜
苦樂無偏之報 伏願遙聞讚語 各運懽心 仗
三寶之威光 現五通之妙用 出自寶殿 辭別

熏諸刹之中 結 瑞靄以爲臺 聚 祥烟而作盖
爲雲爲雨 興福興祥 十方諸聖無不 聞三有
衆生無不度 今者焚香 有 陀羅尼 謹當宣念
願令普熏 遍周沙界

분향진언(焚香眞言, 향을 피우는 말)

옴 도바시계 구로 바아리니 사바하 (三說)

주향공양편 제사(呪香供養篇 第四)

유치(由致)

戒香 定香 慧香 解脫香 解脫知見香 光明雲
臺 周遍法界 供養十方無量佛 供養十方無
量法 供養十方無量僧 又復供養 十方無量
眞宰 三界一切萬靈 伏願 見聞 普熏證常樂
法界衆生亦如是 摩訶般若波羅密

소청사자편 제오(召請使者篇 第五)

南無十方常住佛, 南無十方常住法, 南無十
方常住僧 (一拜)

사자소(使者疏)

피봉식(皮封式)

召請文疏 拜獻 四直使者等衆 釋迦如來 遺
教弟子 奉行加持 秉法沙門 某謹封

수설대회소(修設冥司勝會所)

聞 金人垂相 示 中土之化身 玉教流慈憫 南
洲之劣輩然 凡情詎通聖意 況 俗體難遭幽
關 若欲請召聖賢 必須假於使者 由是卽有
大韓民國 某居住 某人保體 現增福壽 當生
淨刹之願 預修十王生七之齋 謹命秉法闍
梨一員 及 法事僧一壇 以 今月某日 就於某
寺 開峙冥司 十王道場 約一夜(日) 揚幡發
牒 結界建壇 式遵科儀 特備冥錢 香花燈燭
茶果珍食 供養之儀 端請 年直四天使者 月
直空行使者 日直地行使者 時直琰魔使者
右伏以 聰明正直 捷疾持符 其來也 迅若雷
奔 其去也 速如電急 威風莫測 聖力難思 不

冥司 王乘則玉輦金輿 臣駕則紅霞彩霧 匡
諸部從允副香壇 謹秉一心 先陳三請

一心奉請 鄷都大帝 下元地官 十方法界地
府 一切聖衆 惟願承三寶力 仗秘密語 今夜
今時 來臨法會(衆和)

香花請(下皆例此)

深仁大帝示權衡 隨處隨時刹刹形
正體麗容何似比 瑠璃盤上寶珠明
故我一心歸命頂禮(下皆倣此)

一心奉請 遣使者時 令乘黑馬 手把黑幡
身着黑衣檢亡人家 造何功德 准名放牒 抽
出罪人 不違誓願 第一秦廣大王 幷從眷屬
惟願承三寶力 仗秘密語 今夜今時 來臨法
會

普天寒氣振陰綱 正令全提第一場
鍛鐵鍊金重下手 始知良匠意難量
故我一心歸命頂禮

一心奉請 住不思議大乘菩薩 首願攝化苦
衆生 權現示迹 大叫喚獄植本慈心 第二初
江大王 幷從眷屬

沃焦山作陷人機 上下烘窯火四支
忍見忍聞經幾劫 外威還似不慈悲

一心奉請 撿察人天所作果報 有一比丘 俱
犯重罪 知一字噎 才擧心頭 四面刀山 一時
撲落 王拜禮曰 隨意往生 第三宋帝大王
幷從眷屬

四面刀山萬仞危 突然狂漢透重圍
丈夫不在羅籠裏 但向人天辨是非

一心奉請 於諸善惡 不傾左右 直截而斷
使無滯碍 空中懸秤 稱量業因 第四五官大
王 幷從眷屬

淸白家風直似衡 豈隨高下落人情
秤頭不許蒼蠅坐 些子傾時失正平

一心奉請 於未來世 當得作佛 號普賢王
如來十號具足 國土嚴淨 百寶莊嚴 國名華

違有命之期 允副無私之望 今年今月 今日
今時 幸乞神慈 同垂光降 仰惟 至德 俯察愚
衷 謹疏
佛紀 ○年 ○月 ○日 秉法沙門 某謹疏
진령게(振鈴偈)
以此振鈴伸召請 四直使者願遙知 願承三
寶力加持 今日(夜)今時來赴會
소청사자진언(召請使者眞言)
옴 보보리 가다리 이라가다야 사바하 (三說)
유치(由致)
切以 無功曰 道 不測曰 神 神而化之 變通罔
極 恭惟 四直使者 神功浩浩 聖德巍巍 執
冥界之符文 作 人間 之捷使 往返斯須 迴旋
頃刻 記 四洲善惡之多少 泰 十殿冥王之聖
聰 秋毫不貸 正直無邪 若不假於威神 誰能
達於至聖 由是卽有 大韓民國 某處住 齋者
某人伏爲 現增福壽 當生淨刹之願 式遵科
儀 嚴備冥錢 預修十王生七之齋 以 今月某
日 就於某寺 水月道場 廣列香花 先爲供養
伏願 俯降香壇 滿慰壇那之願 來林法會 克
符利濟之心 前伸讚語 次展請詞 謹秉一心
先陳三請
一心奉請 神通自在 威德難量 監齋直符 四
直使者等 惟願承 三寶力 降臨道場 受此供
養 (三說)
향화청(香花請) (三說) 가영(歌詠)
分將報牒應群機 百億塵寰一念期 明察人
間通水府 周行迅速電光輝 故我一心歸命
頂禮

안위공양편 제육(安慰供養篇 第六)
蓋聞 威風挺特 神變難思 應 施主虔恪之心
赴 願言貢臨於會 如是使者 已届道場 大衆
虔誠 諷誦安座
헌좌진언(獻座眞言)

嚴 菩薩充滿 第五閻羅大王 並從眷屬
冥威獨出十王中 五道奔波盡向風
聖化包容如遠比 人間無水不朝東
一心奉請 罪人所喫平生之肉 若非父母 不
入於口 赤血淋漓 斗之如山 盡被罪則 何劫
有限 斷分出獄 第六變成大王 幷從眷屬
罪案堆渠所作因 口中甘咀幾雙親
大王尙作慈悲父 火獄門開放此人
一心奉請 世人癡甚 雖請冥司 不以禮儀
然依佛勅 乃請供養 收錄善案 第七泰山大
王 幷從眷屬
人頑耳目禮雖違 稍順冥規敬向歸
智不嗔愚言可採 一毫微善捨前非
一心奉請 了知亡人平生之業 非但了知 現
行善惡 亦能細察 心念隱行 不錯絲毫 第八
平等大王 幷從眷屬
明鏡當臺照膽肝 物逃妍也應難
諒狀入妙皆神決 鑑與王心一處安
一心奉請 佛不能救衆生之業 若不蒙我冥
王本願 三界衆生 永劫不出 猛火地獄 一日
一例 彈指滅火 第九都市大王 幷從眷屬
火爲孤魂晨旱魃 佛因三難絶慈雲
乾坤盡入烘爐裏 幾望吾王雨露恩
一心奉請 若無地獄 無一衆生 得成正覺
興悲降尊 勸成佛道 第十五道轉輪大王 幷
從眷屬
古聖興悲作此身 逢場降迹現冥因
捧权若不橫交用 覺地猶難見一人
一心奉請 佛在世時 地獄生蓮 下及裏季
不信佛語 罪決如麻 勞身問事
恁他癡業 二十六位判官 三元將軍(此夏
判官 以至靈祇等衆 爲中壇) 第一夏判官
第二宋判官 第三盧判官 第四司命判官 第
五舒判官 第六王判官 第七裴判官 第八曺
判官 第九馬判官 第十趙判官 第十一崔判

我今敬說寶嚴座 奉獻四直使者前 願滅塵
勞妄想心 速圓解脫菩提果
옴 가마라 승하 사바하 (三說)
욕건만나라선송(欲建曼拏羅先誦)
정법계진언(淨法界眞言) 옴 남 (七×三說)
다게(茶偈)
清淨茗茶藥 能除病昏沈 惟冀使者衆 願垂
哀納受 願垂哀納受 願垂慈悲哀納受
진공진언(進供眞言)
香羞羅列 齋者虔誠 欲求供養之周圓 須仗
加持之變化 仰惟三寶 特賜加持
南無十方佛 南無十方法 南無十方僧
無量威德 自在光明勝妙力 變食眞言
나막 살바 다타 아다 바로기제 옴 삼바라
삼바라 훔 (三說)
시감로수진언(施甘露水眞言)
나무 소로바야 다타아다야 다냐타 옴 소로소
로 바라소로 바라소로 사바하 (三說)
일자수륜관진언(一字水輪觀眞言) 옴 밤 밤 밤
밤 (三說)
유해진언(乳海眞言) 나무 사만다 못다남 옴
밤 (三說)
운심공양진언(運心供養眞言)
願此香供遍法界 普供無盡三寶海 慈悲受
供增善根 令法住世報佛恩
나막 살바 다타 아제백미 새바 모케배약 살바
타캄 오나아제 바라혜맘 옴 아아나캄 사바하
(三說)
마하반야바라밀다심경(摩訶般若波羅蜜多心
經 云云)
오공양(五供養)
上來 加持已訖 供養將陳 以此香羞 特伸供
養 香供養 燃香供養 燈供養 燃燈供養 茶供
養 仙茶供養 果供養 仙果供養 米供養 香米
供養 惟願 四直使者 靈祇等衆 哀降道場 不

官 第十二甫判官 第十三熊判官 第十四皇
甫判官 第十五鄭判官 第十六河判官 第十
七功判官 第十八胡判官 第十九傅判官 第
二十屈判官 第二十一陳判官 第二十二陸
判官 第二十三印判官 第二十四掌箓判官
第二十五江漢判官 第二十六庚判官 上元
周將軍 中元葛將軍 下元唐將軍 各幷眷屬
(廣則如是)
(略則不列名目可也)
四海澄清共一家 訟庭寥寂絶囂嘩
如今世亂皆群犬 空使諸司判事多
一心奉請 牙如釖樹 口似血盆 揮釖眼運
舉捧魂亡 權示嚴威 伏諸惡魔
廣度群迷 三十七位鬼王 第一無毒鬼王 第
二惡毒鬼王 第三惡目鬼王 第四諍惡鬼王
第五大諍惡鬼王 第六白虎鬼王 第七血虎
鬼王 第八赤虎鬼王 第九散殃鬼王 第十飛
身鬼王 第十一電光鬼王 第十二狼牙鬼王
第十三千助鬼王 第十四嗒獸鬼王 第十五
負石鬼王 第十六主耗鬼王 第十七主禍鬼
王 第十八主食鬼王 第十九主財鬼王 第二
十主畜鬼王 第二十一主禽鬼王 第二十二
三獸鬼王 第二十三主魅鬼王 第二十四主
産鬼王 第二十五主命鬼王 第二十六主疾
鬼王 第二十七主儉鬼王 第二十八主目鬼
王 第二十九四目鬼王 第三十五目鬼王 第
三十一那利叉鬼王 第三十二大那利叉鬼
王 第三十三阿那吒鬼王 第三十四大阿那
吒鬼王 第三十五主陰鬼王 第三十六虎目
鬼王 第三十七南安鬼王 各幷眷屬
倚天長釖丈夫行 各逞威風眼電光
棒下有人知痛否 一拳拳倒太山岡
一心奉請 引魂赴齋 徍來冥路 見妙花水
悅之欲入 謂亡人曰 我見仙溪 汝入是湯
護持指路 善薄童子 惡薄童子 監齋使者

捨慈悲 受此供養

보공양진언(普供養眞言) 옴 아아나 삼바바 바아라 훔 (三說)

보회향진언(普廻向眞言) 옴 삼마라 삼마라 미만나 사라 마하 자가라 바라 훔 (三說)

행첩소(行牒疏)

피봉식(皮封式)

召請文疏 拜獻 四直使者等衆 釋迦如來 遺教弟子 奉行加持 秉法沙門 某謹押

불기 ○○○○년 ○월 ○일

수설대회소(修設冥司勝會所)

據 娑婆世界 南贍部洲 海東 大韓民國 某居住 某人 所伸情志 伏爲 現增福壽 當生淨刹之願 預修十王生七之齋 謹命秉法闍梨一員 及 法事僧一壇 以 今月某日 就於某寺 特開冥司十王道場 約一夜(日) 揚幡發牒 結界建壇 式遵科儀 嚴備冥錢 香花燈燭 茶果珍食 供養之儀 謹持黃黑二道 普伸迎請 大聖大慈 法報化 三身諸佛 地藏大聖 六光菩薩 道明無毒 六大天曹 一切賢聖等衆 次及召請 十大冥王 泰山府君 二十六位判官 三十七位鬼王 三元將軍 五道大神等衆 次及召請 諸位冥官 案列諸司 判官鬼王 善惡二符 監齋直符 四直使者 牛頭阿房 卒吏濟班 不知名位 難思難量 一切眷屬等衆 咸冀 上遵密語 俯鑑精誠 克於子時之前 仗此加持之力 各依品敍 齊赴法筵 受今施主 廣大供養 右仰四直使者 賷持文牒 上遊天界 下及幽冥 速疾遍請 咸準法筵 不憚劬勞 希毋違滯 謹牒

佛紀 ○年 ○月 ○日 秉法沙門 某謹牒

봉송사자편 제칠(奉送使者篇 第七)

上來文牒 宣讀已周 神德無私 諒垂洞鑑 玆者 卽蒙靈享 更讀從容 文牒 幸謝於賷持 雲

直府使者 追魂使者 注魂使者 黃川引路使者 年直使者 月直使者 日直使者 時直使者 諸地獄官典使者 諸馬直使者 府吏使者 護法淨神 土地靈祇等 各幷眷屬

來往群官指路頭 黃川風景卽仙遊

行人不識桃源洞 只悅香葩泛水流

一心奉請 先正自身 考理萬條 不錯一事 不義之聲 不入王耳 第一秦廣王 案列從官 判官鬼王 二符四直 監齋直府(此爲下壇)

泰山柳判官 泰山周判官 都句宋判官 大陰夏候判官 那利失鬼王 惡毒鬼王 負石鬼王 大諍鬼王 注善童子 注惡童子 年直使者 月直使者 日直使者 時直使者 監齋使者 直府使者等 各幷眷屬

敬衛庭前鈒戟橫 此王僚佐盡賢良

一宮酒掃先從外 豈與無辜枉不殊

一心奉請 不義取財 君子不爲 臣如割民 天子之咎 直諫於王 罰貪使者 第二初江王 案列從官 判官鬼王 二符四直 監齋直府 泰山王判官 泰山宰判官 都推盧判官 泰山楊判官 上元周將軍 那利失鬼王 三目鬼王 血虎鬼王 多惡鬼王 注善童子 注惡童子 年直使者 月直使者 日直使者 時直使者 監齋使者 直府使者等 各幷眷屬

左右無非是正人 肅然行經絶囂塵

赤身奪暖民休哭 到此門前有諫臣

一心奉請 世間癡人 費食促命 誠罪人日 念食來處 可祭放逸 第三宋帝王 案列從官 判官鬼王 二符四直 監齋直府 泰山河判官 司命判官 司錄判官 泰山舒判官 泰山柳判官 下元唐將軍 白虎鬼王 赤虎鬼王 那利失鬼王 注善童子 注惡童子 年直使者 月直使者 日直使者 時直使者 監齋使者 直府使者等 各幷眷屬

拈匙先念食之功 粒粒來從佛血中

程 願希於馳赴 故吾佛如來 有 奉送使者陀
羅尼 謹當宣念
봉송진언(奉送眞言) 옴 바아라 사다 목차목
(三說)
봉송게(奉送偈)
奉送使者歸所屬 不違佛語度群迷 普期時
分摠來林 惟願使者登雲路
청장(請狀)
據 娑婆世界 南瞻部洲 海東 大韓民國 某居
住 某人 特爲己身 現增福壽 當生淨刹之願
就於某寺 以 今月 某日 虔設法筵 仰告 南方
化主 地藏大聖爲首 道明無毒 兩大聖者 釋
梵護世六大天主 冥府十王 諸曹判官 鬼王
將軍 童子使者 諸靈宰等 盡 地府界 一切聖
賢衆 不捨慈悲 於今夜(日) 聞 奉請之音
俱臨法會 欽受供養者 弟子無任懇祈之至
謹狀
佛紀 〇年 〇月 〇日 秉法沙門 某謹狀
물장(物狀)
據 娑婆世界 南瞻部洲 海東 大韓民國 某居
住 某人 特爲某市 某靈駕 往生淨刹之願 就
於某寺 以 今月某日 修設冥司 十王聖齋 茶
果飯餠 金銀錢文 雲馬駱駝 淸淨供具 章表
一緘 伏請地府聖衆 諸曹眞宰 不知名位 一
切眷屬 俱臨法筵 欽受供養者 弟子無任懇
禱之至 謹狀
佛紀 〇年 〇月 〇日 秉法沙門 某謹狀
보회향진언(普廻向眞言)
옴 삼마라 삼마라 미만나 사라 마하 자가라
바라 훔 (三說)

소청성위 제팔(召請聖位篇 第八)
거불(擧佛)
南無淸淨法身, 毘盧遮那佛, 南無圓滿報身,
盧舍那佛, 南無千百億化身, 釋迦牟尼佛

況有耕夫當夏日 汗流田土喘無風
一心奉請 見賢思齊 各守淸白 不貪爲寶
第四五官王 案列從官 判官鬼王 二符四直
泰山肅判官 泰山勝判官 諸司撿符判官 司
曹襄判官 飛身鬼王 那利叉
鬼王 電光鬼王 注善童子 注惡童子 年直使
者 月直使者 日直使者 時直使者等 各幷眷
屬
若將珎物落含情 父子相雛拔釖爭
唯有聖王賢內署 臨財揖讓濟群生
一心奉請 上下平均 盡力佐王 三界物望
皆歸於王 第五閻羅王 案列從官 判官鬼王
二符四直 監齋直府 泰山洪判官 注死馮判
官 都司曹判官 惡福趙判官 儀同三司大崔
判官 千助鬼王 唷獸鬼王 狼牙鬼王 大那利
叉鬼王 注善童子 注惡童子 年直使者 月直
使者 日直使者 時直使者 監齋使者 直府使
者等 各幷眷屬
上水澄澄下派淸 鏡懸千古映分明
邈然海岳歸王化 自是諸賢佐大平
一心奉請 念彼貧人 瀝血之誠 供雖不淨
陋巷非時 勸王赴請 第六變成王 案列從官
判官鬼王 二符四直 監齋直府 功曹鄭判官
法曹胡利判官 泰山屈利判官 大陰注失判
官 主禍鬼王 主耗鬼王 主食鬼王 阿那乇鬼
王 注善童子 注惡童子 年直使者 月直使者
日直使者 時直使者 監齋使者 直府使者等
各幷眷屬
用議淸平在得賢 共評公道奏王前
寧將勝氣淩孤弱 哀念貧兒一紙錢
一心奉請 恒沙世界 一時同請 一一普應
如月印海 第七泰山王 案列從官 判官鬼王
二符四直 監齋直府 泰山五道屈判官 泰山
黃判官 泰山薛判官 掌印判官 掌簿判官
主財判官 大阿那乇鬼王 主畜鬼王 主禽鬼

소청성위소(召請聖位疏)

피봉식(皮封式)

召請文疏 拜獻 十方三寶慈尊前 釋迦如來
遺教弟子 奉行加持 秉法沙門 某謹封

수설명사승회소(修設冥司勝會所)

伏聞 妙化無方 必 隨機而現相 聖恩廣施 但
應物以利生 今陳妙供 仰望金容 是晨 卽有
娑婆世界 大韓民國 某居住 某人伏爲 現增
福壽 當生淨利之願 預修十王生七之齋 邀
命秉法闍梨一員 及 法事僧一壇 以 今月某
日 就於某寺 開置冥司 十王道場 約一夜(日)
揚幡發牒 結界建壇 式遵科儀 特備冥錢 香
花燈燭 茶果珍食 供養之儀 謹持黃道 召請
法報花 三身諸佛 地藏大聖 六光菩薩 應та
天曹 道明無毒 一切聖賢等衆 謹具稱揚 迎
請于后 一心奉請 淸淨法身 毘盧遮那佛 一
心奉請 圓滿報身 盧舍那佛 一心奉請 千百
億化身 釋迦牟尼佛 一心奉請 圓成悲智 大
聖地藏王菩薩 一心奉請 咸登覺位 證法度
生 六光菩薩 一心奉請 興悲降迹 應化三身
六大天曹 一心奉請 立大誓願 助佛揚化 道
明尊者 一心奉請 發弘誓願 助揚眞化 無毒
鬼王 一心奉請 梵釋二主 四大天王衆 右伏
以 佛恩周庇 不違有感之心 法力難思 能濟
無邊之衆 伏乞覺天金相 慈光普照於凡情
空界眞靈 威德感通 於此地 今修淨供 望賜
哀憐 出定光臨 和南謹疏 仰惟 大覺證明 謹
疏

佛紀 ○年 ○月 ○日 秉法沙門 某謹疏)

진령게(振鈴偈)

以此振鈴伸召請 十方佛刹普聞知 願此鈴
聲遍法界 無邊佛聖咸來集

청제여래진언(請諸如來眞言, 모든 여래를 청
하는 말)

옴 미보라 바라라례 도로도로 훔훔 (三說)

王 注善童子 注惡童子 年直使者 月直使者
日直使者 時直使者 監齋使者 直府使者等
各幷眷屬萬國千邦向一時 分身百億應無
虧

盛朝際會何煩問 臣庶來從聖化儀

一心奉請 不進不退 奉王以道 各履中庸
第八平等王 案列從官 判官鬼王 二符四直
監齋直府 功曹司甫判官 泰山陵判官 泰山
陸判官 主産鬼王 主獸鬼王 四目鬼王 主魅
鬼王 注善童子 注惡童子 年直使者 月直使
者 日直使者 時直使者 監齋使者 直府使者
等 各幷眷屬

數進加邪退卽忠 事君難得古淳風此
門用學淸平調 緩急 齋彈一曲中

一心奉請 罪人出獄 勸善送之 造惡復來
懲誡頑癡 第九都市王 案列從官 判官鬼王
二符四直 監齋直府 六曹黃甫判官 府曹陳
判官 泰山胡判官 泰山董判官 泰山熊判官
主命判官 五目鬼王 主疾鬼王 主陰鬼王
注善童子 注惡童子 年直使者 月直使者
日直使者 時直使者 監齋使者 直府使者等
各幷眷屬

鐵杖金鎚響似雷 釖牙蛇口向人開
此方不是安身處 寧負誠言去復來

一心奉請 不顧身勞 橫行火裏 爲諸衆生
立大寞功 第十五道轉輪王 案列從官 判官
鬼王 二符四直 監齋直府 泰山六曺判官
泰山鄭判官 泰山趙判官 泰山鄔判官 泰山
李判官 時通卿中元葛將軍 産殃鬼王 注善
童子 注惡童子 泰山府君 年直使者 月直使
者 日直使者 時直使者 監齋使者 直府使者
等 各幷眷屬

火裏探湯自不傷 始知門客化非常
世間沐雨梳風輩 空上凌煙較短長

一心奉請 唯佛所知 非我境界 事雖違規

청제현성진언(請諸賢聖眞言)

옴 아가로 모함살바 달마나아야 나녹다 반나
다 (三說)

유치(由致) 蓋聞 月照長空 影落千江之水 能
仁出世 智投萬彙之機 是以 江水淨而秋月
臨 信心生而諸佛降 如來眞實智 悲愍諸衆
生 願知虔誠禮 垂慈作證明 一心稽首 歸命
禮請

一心奉請 三細本染 起於無起 無起卽變 大
圓鏡智 聖凡同體 法爾圓常 大小之禮 遍滿
法界 表裡通徹 淸淨法身 毘盧遮那佛 惟願
慈悲 降臨道場 證明功德 (三說)

산화락(散花落) (三說) 가영(歌詠)

蠐螬眼睫起皇州 玉帛諸侯次第投 天子臨
軒論土廣 太虛猶是一浮漚 故我一心歸命
頂禮

一心奉請 九相本因 摠諸恒沙 分別名相 變
同太虛 平等性智 現發無碍 自受果圓 自他
受用 出入仍本 隨機說法 度諸有情 圓滿報
身 盧舍那佛 惟願慈悲 降臨道場 證明功德
(三說)

산화락(散花落) (三說) 가영(歌詠)

海上曾營內外家 往來相續幾隨波 一條古
路雖平坦 舊習依然走兩叉 故我一心歸命
頂禮

一心奉請 赤肉團上 妄計差別 知妄卽覺 便
成大道 普應群機 如月印海 影影皆眞 妙觀
察智 成所作智 一切周徧 隨機說法 大悲濟
物 千百億化身 釋迦牟尼佛 惟願慈悲 降臨
道場 證明功德(三說)

산화락(散花落) (三說) 가영(歌詠)

月磨銀漢轉成圓 素面舒光照大千 連臂山
山空捉影 孤輪本不落靑天 故我一心歸命
頂禮

一心奉請 大悲爲本 陰陽二界 現無邊身 廣

不記其過 大悲行化 七位靈官難思難量 聖
位等衆 不知名位 諸判官等衆 不知名位
諸鬼王等衆 不知名位 諸靈官等衆 不知名
位 諸地獄官典等衆 不知名位 諸使者等衆
不知名位 一切眷屬等衆

古來冤債起哀親 莫若多生不識人
向我佛門如廣濟 無緣眞箇大悲恩

請赴香浴篇第十四

切以至明至聖之冥君 大權大化之臣僚 各
垂慈悲 同臨法會 大衆聲鈸 奉迎赴浴
正路眞言曰(如上引入浴室)

加持澡浴篇第十五

詳夫淨三業者 無越乎澄心 潔萬物者莫過
於淸水 是以謹嚴浴室 特備香湯 希通力以
昭彰 愍精誠而納浴 下有灌沐之偈 大衆隨
言后和

以此香湯水 灌沐十王衆

願承法加持 普獲於淸淨

唵(引)尾摩囉(引)秫第(引)薩嚩(二合)賀

出浴參聖篇第十六

惟願冥府十王一切僚宰等衆 欲詣道場 先
參聖衆 請出香浴 速赴淨壇 今當專心合掌
徐步前行 大衆無勞 再伸迎引 冥間一十大
明王 能使(人天壽筭長亡靈到淨方) 願承
佛力來降赴 現垂靈驗坐道場

參禮聖衆篇第十七

謹白冥府十王一切僚宰等衆 旣受虔請 已
降道場 當除放逸之心 可發慇懃之意 投誠
千種 懇意萬端 想三寶之難逢 傾一心而信
禮 下有參禮之偈

稽首十方調御師 三乘五敎眞如法

濟群迷 世尊收化 而白佛言 末世衆生 我乃
盡度 居歡喜國 南方化主 今日道場 苦不降
臨 誓願安在 是我本尊 地藏大聖 爲首 龍樹
菩薩 觀世音菩薩 常悲菩薩 陀羅尼菩薩 金
剛藏菩薩 惟願慈悲 降臨道場 證明功德
산화락(散花落) (三說) 가영(歌詠)

掌上明珠一顆寒 自然隨色辨來端 幾回提
起親分付 暗室兒孫向外看 故我一心歸命
頂禮

一心奉請 諸聖興悲 降迹靈官 六般神化 同
時濟物 毘盧遮邪 化身天曹 應身天曹 法身
天曹 大智盧舍邪 化身地府 大神天曹 彌勒
化身 泰山府君天曹 南方老人 地藏化身天
曹 惟願慈悲 降臨道場 證明功德 (三說)
산화락(散花落) (三說) 가영(歌詠)

聖化天曹現大機 十方風月屬冥司 沒絃琴
上才傾耳 六律清音奏一時 故我一心歸命
頂禮

一心奉請 皆於本因 立大誓願 一現慈容 一
現威相 侍我地藏 助揚眞化 道明尊者 無毒
鬼王 惟願慈悲 降臨道場 證明功德 (三說)
산화락(散花落) (三說) 가영(歌詠)

無毒王隨一道明 兩家眞俗作同行 南方座
下叅眞聖 大振玄風濟有情 故我一心歸命
頂禮

一心奉請 明察陰陽 善惡因果 賞善罰惡 飛
熱鐵輪 令伏惡魔 敬仰南方 無邊身化主 各
逞威神 護法利物 大梵天王 帝釋天王 東方
持國天王 南方增長天王 西方廣目天王 北
方多聞天王 惟願慈悲 降臨道場 證明功德
(三說)
산화락(散花落) (三說) 가영(歌詠)

理世英雄各鎭方 大功爭奪法中王 故來南
國名歡喜 也任諸公正紀綱 故我一心歸命
頂禮

菩薩聲聞緣覺衆 一心虔誠歸命禮
一心頂禮 南無盡虛空徧法界十方常住一
切佛陀耶衆(和答) 惟願慈悲 受我頂禮
一心頂禮 南無盡虛空徧法界十方常住一
切達摩耶衆(和答) 惟願慈悲 受我頂禮
一心頂禮 南無盡虛空徧法界十方常住一
切僧伽耶衆(和答) 惟願慈悲 受我頂禮

獻座安位篇第十八

再白冥府十王一切僚宰等衆 旣淨三業 已
禮十方 逍遙自在以無拘 寂靜安閑而有樂
玆者香燈互列 茶果交陳 旣敷筵會以迎門
宜整容儀而就座 下有獻座之偈 大衆隨言
后和

我今敬設寶嚴座 普獻一切冥王衆
願減塵勞妄想心 速圓解脫菩提果
唵伽摩囉星賀莎訶
奉茶偈
我今持此一椀茶 便成無盡甘露味
奉獻一切冥府衆 惟願慈悲哀納受

召請庫司判官篇第十九

以此振鈴伸召請 庫司諸君願遙知
願承三寶力加持 今夜今時來赴會
普召請眞言
南無步步帝哩伽哩多哩怛他誐馱野

切以閻羅而下 相次十王 各立部署 憲條而
爲治化 乃至分司列職 僚宰諸臣 咸悉儔焉
恭惟庫司判官 靈機不測 妙慧難思 上奉冥
界之錢財 下昭人間之壽生 出內取與 不遺
毫髮 由是儔諸珎饌 嚴列冥錢 至心懸意
以伸供養 伏願各運懽忻之意 咸赴法筵之
壇 仰表一心 先陳三請
一心奉請 威風凜然 靈鑑昭彰 明察人間
眞妄是非 本命元神 列局諸曹第(某)庫曹

봉영부욕편 제구(奉迎赴浴篇 第九)
仰惟 如來大智 菩薩賢聖 從本願以興悲 誓
權形而應感 處處綻 紅蓮寶印 頭頭現 金色
妙身 垂慈接物 利樂群品 如是諸聖 已降道
場 大衆聲鈸 請迎赴浴
정로진언(淨路眞言)
옴 소싯지 나자리다라 나자리다라 모라다예
자라자라 만다만다 하나하나 훔 바탁 (三說)
입실게(入室偈)
毘藍園內降生時 金色妙身無厭疲 凡情利
益臨河側 金灌度生亦復宜

찬탄관욕편 제십(讚歎灌浴篇 第十)
切以 無爲叵測 有相難思 居塵而佛染於塵
離相而有權之相 身旣淸淨 何須沐浴 實爲
凡情而納浴 下有灌沐之偈 大衆隨言後和
구룡찬(九龍讚)
五方四海九龍王 曾會毘藍吐水杲 凡情利
益臨河測 令灌度生滿蘭堂
관욕게(灌浴偈)
我今灌沐聖賢衆 淨智功德莊嚴聚 願諸五
濁衆生類 當證如來淨法身
헐욕게(歇浴偈)
以本淸淨水 灌浴無垢身 不捨本誓願 證明
我佛事
헌수게(獻水偈)
今將甘露水 奉獻三寶前 不捨大慈悲 願垂
哀納受 願垂哀納受 願垂慈悲哀納受

인성귀의편 제십일(引聖歸位篇 第十一)
伏以 蘭湯浴身 妙觸宣明 仰希聖賢之尊 重
運慈悲之意 出於淨室 徐步華筵 大衆無勞
再伸迎引
염화게(拈花偈)
靈鷲拈華示上機 肯同浮木接盲龜 飮光不

官(某)司君 幷從眷屬 惟願承三寶力 降臨
道場

普禮三寶篇第二十
謹白庫官等衆 旣受虔請 已降香壇當除放
逸之心 可發殷勤之意 投誠千種 懇意萬端
想三寶之難逢 傾一心而信禮 下有普禮之
偈 大衆隨言後和
普禮十方無上尊 五智十身諸佛陁
普禮十方離欲尊 五敎三乘諸達摩
普禮十方衆中尊 大乘小乘諸僧伽
次禮中位
普禮鄭都大帝衆
普禮十王府君衆
普禮判官鬼王衆

受位安坐篇第二十一
切以信心有感情 誠必應於神聰 靈鑑無私
部馭已臨於勝會 如是靈駅 已降道場 大衆
虔誠諷經安坐(誦心 經 奉茶略則卽時諷
經)(伸五養宣緘合奉私錢亦可)

諸位陳白篇第二十二
謹白闔堂聖衆 今夜今時 虔伸召請 諒垂慈
憫 特降香筵 乃緣世俗之相傳 排列寶位之
坐次 實慮尊卑錯序 名位差殊 盖爲凡流
不知高下 伏惟惣鑑 次第就坐 各賜寬容
矜恤情虔 歆受供養 無任懇禱激切之至

加持變供篇第二十三
切以淨壇 旣設香供斯陳 微塵之刹在前 滿
月之容降會 栴檀再爇 蘋藻交陳 欲成供養
之周圓 須仗加持之變化 仰惟三寶 特賜加
持
南無十方(云云)

是微微笑 無限淸風付與誰

산화락(散花落) (三說)

나무영산회상불보살(南無靈山會上佛菩薩)

(繞匝)

좌불게(坐佛偈)

請入諸佛蓮華座 降臨千葉寶蓮臺 菩薩聲
聞緣覺衆 惟願不捨大慈悲

헌좌안위편 제십이(獻座安位篇 第十二)

切以 道場氷潔 聖駕雲臻 旣從有感之心 必
副無私之望 玆者 諸佛菩薩 一切賢聖 旣臨
淸淨之華筵 宜就莊嚴之妙座 下有獻座之
偈 大衆隨言後和

헌좌진언(獻座眞言)

妙菩提座勝莊嚴 諸佛坐已成正覺 我今獻
座亦如是 自他一時成佛道

옴 바아라 미나야 사바하 (三說)

다게(茶偈)

我今持此一椀茶 變成無盡甘露味 奉獻十
方三寶殿 願垂慈悲哀納受

보례삼보편 제십삼(普禮三寶篇 第十三)

切以 空月騰輝 無幽不燭 佛身赴感 有願必
從 衆生以三業歸依 諸佛乃六通垂鑑 由是
敬焚牛首 高震魚音 虔共十方 信禮常住三
寶

사무량게(四無量揭)

大慈大悲愍衆生 大喜大捨濟含識 相好光
明以自嚴 衆等至心歸命禮

사자게(四字偈)

大圓滿覺應跡西乾 心包太虛量廓沙界 佛
功德海秘密甚深 衒伽沙劫讚揚難盡

志心頂禮 上來奉請 十方常住 一切 佛陀耶
衆, 志心頂禮 上來奉請 十方常住 一切 達磨
耶衆, 志心頂禮 上來奉請 十方常住 一切

變食(三七遍) 甘露 水輪 乳海 (等各三七
遍)

上來加持已訖 供養將陳 以此香羞特伸拜
獻

以此加持妙供具

供養三身諸佛陀 供養地藏大聖尊
供養六光菩薩衆 供養化身六天曹
供養道明無毒尊 供養釋梵諸天衆
供養護世四王衆

不捨慈悲受此供 施作佛事度衆生
供養眞言 回向眞言 誦楞嚴經

祝願

加持變供篇第二十四

切以香燈耿耿 玉漏沉沉 正當普供十方 亦
可冥資三有 玆者重伸激切 再爇名香 欲成
供養之周圓 須仗加持之變化 仰惟冥鑑 俯
賜證明

南無十方(云云)

變食(二七遍) 甘露 水輪 乳海(等各二七
遍)

普伸拜獻篇第二十五

上來加持旣訖 變化無窮 願此香爲解脫知
見 願此燈爲般若智光 願此水爲甘露醍醐
願此食爲法喜禪悅 乃至幡花互列 茶果交
陳 卽世諦之莊嚴 成妙法之供養 慈悲所積
之慧所熏 以此香羞 特伸拜獻

육법공양(六法供養) (而后加持)

以此加持妙供具(每上加此言)

供養鄷都大帝尊 供養十王冥府衆
供養泰山府君衆 供養十八獄王衆
供養諸位判官衆 供養諸位鬼王衆
供養將軍童子衆 供養衙內從官衆
供養使者卒吏衆 供養不知名位衆

僧伽耶衆, 唯願慈悲 受我頂禮

오자게(五字偈)

爲利諸有情 令得三身故 淸淨身語意 歸命禮三寶

옴 살바못다 달마승가람 남모소도제 (三說)

소청명부편 제십사(召請冥府篇 第十四)

擧佛(거불)

南無幽冥敎主 地藏菩薩 摩訶薩(一拜), 南無助揚眞化 道明尊者 (一拜), 南無助佛揚化 無毒鬼王 (一拜)

소청명위소(召請冥位疏)

피봉식(皮封式)

召請文疏 拜獻 冥府十王等衆 釋迦如來 遺敎弟子 奉行加持 秉法沙門 某謹封

수설명사승회소(修設冥司勝會所)

切以 智增靈明 不處天宮而利物 悲心弘廣 常居地府而化生 以四相 如乎四心以十王 如乎十地 殿前酷獄 愍 衆生造業而來 案側善童 錄 含識壽福而往 鑑現善惡 總現無遺 是晨卽有 娑婆世界 南贍部洲 海東 大韓民國 某居住 某人伏爲 現增福壽 當生淨刹之願 預修十王生七之齋 謹命秉法闍梨 及 法事一壇 以 今月某日 就於某寺 水月道場 開置冥司 十王道場 約一夜(日) 揚幡發牒 結界建壇 謹遵科儀 特備冥錢 香花燈燭 茶果珍食 供養之儀 謹持黑道 召請 冥府十王 六曹官典 百司宰執 億千眷屬 十八部官 牛頭馬面 阿旁卒吏 不知名位 一切神祇等衆 伏願同臨道場 普霑妙供 謹具冥啣 開列于后

一心奉請 諸位 冥王衆 一心奉請 諸位 獄王衆 一心奉請 諸位 判官衆 一心奉請 諸位 鬼王衆 一心奉請 諸位 將軍衆 一心奉請 諸位 阿旁衆 一心奉請 諸位 童子衆 一心奉請 諸位 卒吏衆 一心奉請 諸位 不知名位等衆

悉皆受供發菩提 永離一切諸惡道

供養眞言 回向眞言(云云) 誦金

剛經(准卷)

和請

地藏菩薩某氏保體 哀愍覆護(衆和) 現增福壽 當生淨刹(下皆倣此) 龍樹菩薩 觀世音菩薩 常悲菩薩 陁羅尼菩薩 金剛藏菩薩 地藏王菩薩 道明和尙 無毒鬼王 六大天王 第一秦廣大王 第二初江大王 第三宋帝大王 第四五官大王 第五閻羅大王 第六變成大王 第七泰山大王 第八平等大王 第九都市大王 第十五道轉輪大王 第一王各部 大山柳判官 大山周判官 大陰夏候判官 那利失鬼王 惡毒鬼王 負石鬼王 大諍鬼王 注善童子 注惡童子 日直使者 月直使者 第二王各部 大山王判官 大山宰判官 都推盧判官 大山揚判官 大那利失鬼王 上元周將軍 三目鬼王 血虎鬼王 多惡鬼王 注善童子 注惡童子 日直使者 月直使者 第三王各部 大山河判官 司命判官 司錄判官 大山舒判官 大山柳判官

下元唐將軍 白虎鬼王 赤虎鬼王 注善童子 注惡童子 日直使者 月直使者 第四王各部 大山肅判官 大山勝判官 諸司檢覆判官 司曹裴判官 飛身鬼王 那利叉鬼王 電光鬼王 注善童子 注惡童子 日直使者 月直使者 第五王各部 大山洪判官 注死馮判官 都司曹判官 惡福趙判官 儀同崔判官 千眼鬼王 噉獸鬼王 狼牙鬼王 大那利叉鬼王 注善童子 注惡童子 日直使者 月直使者 第六王各部 功曹鄭判官 法曹胡判官 大山窟判官 大陰注失判官 主禍鬼王 主耗鬼王 主食鬼王 阿那乇鬼王 注善童子 注惡童子 日直使者 月直使者 第七王各部 五道窟判官 大山黃判官 大山薛判官 掌印判官 掌筭判官主

右具如前 伏乞 冥府官曹 一切聖賢等衆 希
降聖慈 望垂靈助 上稟如來之勅 下愍檀信
之心 早布龍旌 速排鳳輦 母賜叱阻 率領徒
衆 願赴聖壇 廣施妙用 僧某 冒犯冥威 無任
懇禱 激切之至 具狀伸聞 伏祈聖鑑 謹疏
佛紀 ○年 ○月 ○日 秉法沙門 某謹疏
진령게(振鈴偈)

以此振鈴伸召請 冥府十王普聞知 願承三
寶力加持 今日(夜)今時來赴會
소청염마라왕진언(召請焰魔羅王眞言)
옴 살바 염마라 아제비야 사바하 (三說)
유치(由致) 蓋聞 清風下散 瑞氣上凝 聖凡之
境不殊 冥陽之路相接 上來壇上 已奉諸聖
之儀 次至案前 普召冥王之衆 夫 冥王者 如
經所說 誓願不測 焰魔天子 諸位冥官 一十
八 掌獄之臣 與 百萬牛頭之衆 鑑齋五道 善
惡二符記 罪福而分明 據 業緣而處斷 賞善
則 超生天界 罰惡則 判落三途 辨 是非不枉
之情 賜 苦樂無偏之報 伏願遙聞讚語 各運
懽心 仗 三寶之威光 現 五通之妙用 出自寶
殿 辭別冥司 王乘則 玉輦金輿 臣駕則 紅霞
彩霧 引諸部徒 允副香壇 謹秉一心 先陳三
請
一心奉請 酆都大帝 下元地官 十方法界 地
府一切聖衆 惟願承三寶力 仗秘密語 今夜
(日)今時 來臨法會 受此供養 (三說)
향화청(香花請) (三說) 가영(歌詠)
深仁大帝示權衡 隨處隨時利刹形 正體麗
容何似比 琉璃盤上寶珠明 故我一心歸命
頂禮 (半拜)
一心奉請 遣使者時 令秉黑馬 手把黑幡 身
着黑衣 檢亡人家 造何功德 准名放牒 抽出
罪人 不違誓願 第一秦廣大王 并從眷屬 惟
願承 三寶力 仗秘密語 今夜(日)今時 來臨
法會 受此供養 (三說)

財鬼王 大阿那吒鬼王 主畜鬼王 主禽鬼王
注善童子 注惡童子 日直使者 月直使者
第八王各部 功曺司甫判官 大山凌
判官 大山睦判官 主獸鬼王 主獸鬼王 四目
鬼王 主魅鬼王 注善童子 注惡童子 日直使
者 月直使者 第九王各部 六曺黃甫判官
府曺陳判官 大山胡判官 大山董判官 大山
熊判官 主命鬼王 五目鬼王 主疾鬼王 主陰
鬼王 注善童子 注惡童子 日直使者 月直使
者 第十王各部 六曺睦判官 大山鄭判官
大山趙判官 大山鄔判官 大山李判官 時通
卿判官 中元葛將軍 産殃鬼王 主福鬼王
注善童子 注惡童子 日直使者 月直使者
泰山府君難思難量聖位都前 不知名位判
官都前 不知名位鬼王都前 不知名位靈官
都前 不知名位使者都前 不知名位一切眷
屬都前
精勤 鳴鈸 祝願

加持變供篇第二十六
香羞羅列某氏虔誠(云云) 諸眞言如常
以此加持妙供具(每上加此言)
供養天曺地府君
供養本命星祿官
供養善惡童子衆
供養宅神將軍衆
供養家竈大王衆 供養水草將軍衆
供養福祿財祿官 供養衣祿命祿官
供養食祿錢祿官 供養本庫星官等
虔誠拜獻妙供具 不捨慈悲受此供
供養眞言 回向眞言(云云)
讀織合
文 施食

향화청(香花請) (三說) 가영(歌詠)

普天寒氣振陰網 正令全提第一場 鍛鐵練
金重下手 始知良匠意難量 故我一心歸命
頂禮

一心奉請 住不思議 大乘菩薩 首願攝化 拯
苦衆生 權現示跡 大叫喚獄 植本慈心 第二
初江大王 並從眷屬 惟願承 三寶力 仗秘密
語 今夜(日)今時 來臨法會 受此供養 (三說)

향화청(香花請) (三說) 가영(歌詠)

沃焦山作陷人機 上下烘窯火四支 忍見人
聞經幾劫 外威還似不慈悲 故我一心歸命
頂禮

一心奉請 檢察人天 所作果報 有一比丘 具
犯重罪 知一字覽 才擧心頭 四面刀山 一時
撲落 王拜禮曰 隨意往生 第三宋帝大王 並
從眷屬 惟願承 三寶力 仗秘密語 今夜(日)
今時 來臨法會 受此供養 (三說)

향화청(香花請) (三說) 가영(歌詠)

四面刀山萬仞危 突然狂漢投重圍 丈夫不
在突然裡 但向人天辨是非 故我一心歸命
頂禮

一心奉請 於諸善惡 不傾左右 直截而斷 使
無滯碍 空中懸秤 秤量業因 第四五官大王
並從眷屬 惟願承 三寶力 仗秘密語 今夜(日)
今時 來臨法會 受此供養 (三說)

향화청(香花請) (三說) 가영(歌詠)

淸白家風直似衡 豈隨高下落人情 秤頭不
許蒼蠅坐 些子傾時失正平 故我一心歸命
頂禮

一心奉請 於未來世 當得作佛 號 普賢王如
來 十號具足 國土嚴淨 百福莊嚴 國名華嚴
菩薩充滿 第五閻羅大王 並從眷屬 惟願承
三寶力 仗秘密語 今夜(日)今時 來臨法會
受此供養 (三說)

향화청(香花請) (三說) 가영(歌詠)

供聖回向篇 二十七

上來普集大衆 諷誦 大悲陁羅尼 諸部神呪
加持淨食 供養地藏菩薩 六光菩薩 六大天
曹 釋梵四王 鄷都大帝爲首 十殿冥王 冥府
等衆 諷誦 金剛經 圓滿功德 將此殊因 普
皆回向修齋施主 及諸有情 現增福壽 當生
善處 所求如願 一一成就 種智頓明 俱成正
覺 念十念云云

諸位奉送俻散花器威儀 執奉門外行

敬伸奉送篇第二十八

上來法筵必罷 能事已圓 欲伸發遣之儀 須
謝降臨之慶 伏願幡花分道 俱還起於淨筵
樓閣乘空 並各歸於眞界 我今奉送 聖賢有
偈 當以宣揚 請諸大衆 異口同音 隨我今說

奉送地藏六光尊 拔苦與樂度衆生
奉送道明財首尊 助揚眞化利有情
奉送應化六天曹 大權示迹濟群生
奉送釋梵四天王 實報酬因利人間
奉送國王龍神衆 各離邪身得佛身
奉送鄷都大帝衆 回向菩提無上果
奉送十殿冥王衆 速證如來正法身
奉送判官鬼王衆 各離業道證菩提
奉送將軍童子衆 悉發菩提得三昧
奉送使者諸眷屬 寶除熱惱得淸凉
奉送不知名位衆 遠離憂患常安樂

化財受用篇第二十九

復以無上秘密之言 加持冥財 願此一財爲
多財 以多財爲無盡之財 用充本庫 受用無
窮 不有化財之僞 大衆隨言後和
願諸佛以神通力 加持冥財遍法界
願此一財化多財 普施冥府用無盡
燒錢眞言
曩謨三滿多沒馱南唵跋遮那毗盧枳帝沙

冥威獨出十王中 五道奔波盡向風 聖化包
容如遠比 人間無水不朝同 故我一心歸命
頂禮
一心奉請 罪人所喫 平生之肉 若非父母 不
入於口 赤血淋漓 斗之如海 盡被罪則 何劫
有限 斷分出獄 第六 變成大王 並從眷屬 惟
願承 三寶力 仗秘密語 今夜(日) 今時 來臨
法會 受此供養 (三說)
향화청(香花請) (三說) 가영(歌詠)
罪案堆渠所作因 口中甘咀幾雙親 大王常
作慈悲父 火獄門開放此人 故我一心歸命
頂禮
一心奉請 世人癡甚 雖請冥司 不以禮儀 然
依佛勅 乃請供養 收錄善案 第七泰山大王
並從眷屬 惟願承 三寶力 仗秘密語 今夜(日)
今時 來臨法會 受此供養
향화청(香花請) (三說) 가영(歌詠)
人頑耳目禮雖違 稍順冥規敬向歸 智不責
愚言可採 一毫微善捨前非 故我一心歸命
頂禮
一心奉請 了知亡人 平生之業 非但但了 現
行善惡 亦能細察 心念隱行 不錯絲毫 第八
平等大王 並從眷屬 惟願承 三寶力 仗秘密
語 今夜(日)今時 來臨法會 受此供養 (三說)
향화청(香花請) (三說) 가영(歌詠)
明鏡當臺照膽寒 物逃姸嬈也應難 諒哉入
妙皆神決 鑑興王心一處安 故我一心歸命
頂禮
一心奉請 佛不能救 衆生定業 若不蒙我 冥
王本願 三界衆生 永劫不出 猛火地獄 一日
一夜 彈指滅火 第九都市大王 並從眷屬 惟
願承 三寶力 仗秘密語 今夜(日)今時 來臨
法會 受此供養 (三說)
향화청(香花請) (三說) 가영(歌詠)
火爲孤魂長旱魃 佛因三難絕慈雲 乾坤盡

訶
獻錢眞言
唵阿遮那吽莎訶

奉送冥府篇第三十
上來召請諸大聖衆 陰府靈官 不捨慈悲 已
赴請筵 特賜降臨 受沾供養 饒益我等 能事
已圓 今當奉送 各還本位 我佛有奉送陁尼
謹當先念
奉送眞言
唵縛曪目叉目

普伸回向篇第三十一
上來勝會 並已周圓 凡聖歡心 共樂無爲之
化 檀那慶讚 同彰有德之名存亡眷屬皆安
隨喜助緣俱利 有如斯難逢難遇之德 獲如
斯大慶大幸之恩 大衆虔誠 奉辭聖衆 一心
稽首 用伸回向
普回向眞言(云云)

預修十王儀文
召請使者疏
修設冥司勝會所
聞金人垂相 示中土之化身 玉教流慈愍南
洲之劣輩 然凡情詎通聖意 況俗體難造幽
關 若欲請召聖賢 必須假於使者 由是卽有
朝鮮國某道(某處某人) 伏爲現增福壽 當
生淨刹之願 預修十王生七之齋 謹命秉法
闍梨一員及法事僧一壇 以今月(某日) 就
於(某寺) 開峙冥司十王道場 約一夜揚幡
發牒 結界建壇式遵科儀 特備冥錢香花燈
燭茶果珎 食供養之儀端 請年直四天使者
月直空行使者 日直地行使者 時直琰魔使
者 右伏以聰明正直 捷疾持符 其來也 迅若
雷奔 其去也 速如電急 威風莫測 聖力難思

入洪爐裡 幾望吾王雨露恩 故我一心歸命
頂禮
一心奉請 若無地獄 無一衆生 得成正覺 興
悲降尊 勸成佛道 第十五道轉輪大王 並從
眷屬 惟願承 三寶力 仗秘密語 今夜(日)今
時 來臨法會 受此供養 (三說)

향화청(香花請) (三說) 가영(歌詠)

古聖興悲作此身 逢場降跡現冥因 棒叉若
不橫交用 覺地猶難見一人 故我一心歸命
頂禮

(이상 상단 已上 上壇)

一心奉請 佛在世時 地獄生蓮 下及衰季 不
信佛語 罪決如麻 勞身問事 恐他痴業 二十
六位判官 三元將軍 第一夏判官 第二宋判
官 第三盧判官 第四司命判官 第五舒判官
第六王判官 第七裵判官 第八曹判官 第九
馬判官 第十趙判官 第十一崔判官 第十二
甫判官 第十三熊判官 第十四皇甫判官 第
十五鄭判官 第十六河判官 第十七孔判官
第十八胡判官 第十九傅判官 第二十屈判
官 第二十一陳判官 第二十二陸判官 第二
十三印判官 第二十四掌算判官 第二十五
江漢判官 第二十六庾判官 上元周將軍 中
元葛將軍 下元唐將軍 各並眷屬 惟願承 三
寶力 仗秘密語 今夜(日)今時 來臨法會 受
此供養 (三說)

향화청(香花請) (三說) 가영(歌詠)

四海澄淸共一家 訟庭寥寂絶囂嘩 如今世
亂皆群犬 空使諸司判事多 故我一心歸命
頂禮

一心奉請 牙如鈴樹 口似血盆 揮鈴眼運 擧
棒魂亡 權示嚴威 伏諸惡魔 廣度群迷 三十
七位鬼王 第一無毒鬼王 第二惡毒鬼王 第
三惡目鬼王 第四諍鬼王 第五大諍惡鬼
王 第六白虎鬼土 第七血虎鬼王 第八赤虎

不違有命之期 允副無私之望 今年今月今
日今時 幸丐神慈 同垂光降 仰惟至德 俯察
愚衷 謹疏

某年某月某日疏

行牒

修設冥司勝會所

據娑婆世界南瞻部洲朝鮮國(某處某人)
所伸情志 伏爲現增福壽 當生淨刹之願 預
修十王生七之齋 謹命秉法闍梨一 員及法
事僧一壇 以今月(某日) 就於(某寺) 開峙
冥司十王道場 約一夜揚幡發牒 結界建壇
式遵科儀 嚴俻冥錢香花燈燭 茶果珍食供
養之儀 謹持黃黑二道 普伸迎請 大聖大慈
法報化三身諸佛 地藏大聖 六光菩薩 道明
無毒 六大天曺 一切聖賢等衆 次及召請大
梵天王 帝釋天主 四大天王 一切眷屬等衆
次及召請十大冥王 泰山府君 二十六位判
官 三十七位鬼王 三元將軍 五道大神等衆
次及召請諸位冥君 案列諸司 判官鬼王 善
惡二符 監齋直府 四直使者 牛頭阿旁 卒吏
諸班 不知名位 難思難量 一切眷屬等衆
咸冀上遵密語 俯體精誠 克於子時之前 仗
此加持之力 各依品叙 齊赴法筵 受今施主
廣大供養 右仰四直使者 賫持文牒 上遊天
界 下及幽冥 速疾遍請 咸泟法筵 不憚劬勞
希毋違滯 謹牒(年月日上同)

召請聖位疏

修設冥司勝會所

伏聞妙化無方 必隨機而現相 聖恩廣施 但
應物以利生 今陳妙供 仰望矜容 是晨卽有
朝鮮國(某處某人) 伏爲現增福壽 當生淨
刹之願 預修十王生七之齋 邀命秉法闍梨
一員及法事僧一壇 以今月(某日) 就於(某

鬼王 第九散殃鬼王 第十飛身鬼王 第十一
電光鬼王 第十二狼牙鬼王 第十三千照鬼
王 第十四啗獸鬼王 第十五負石鬼王 第十
六主耗鬼王 第十七主禍鬼王 第十八主食
鬼王 第十九主財鬼王 第二十主畜鬼王 第
二十一主禽鬼王 第二十二主獸鬼王 第二
十三主魅鬼王 第二十四主產鬼王 第二十
五主命鬼王 第二十六主疾鬼王 第二十七
主儉鬼王 第二十八主目鬼王 第二十九四
目鬼王 第三十五目鬼王 第三十一那利叉
鬼王 第三十二大那利叉鬼王 第三十三阿
那吒鬼王 第三十四大阿那吒鬼王 第三十
五主陰鬼王 第三十六虎目鬼王 第三十七
南安鬼王 各並眷屬 惟願承 三寶力 仗秘密
語 今夜(日)今時來臨法會 受此供養 (三說)
향화청(香花請) (三說) 가영(歌詠)
倚天長劍丈夫行 各逞威風眼電光 棒下有
人知痛否 一拳拳倒太山崗 故我一心歸命
頂禮
一心奉請 引魂赴齋 往來冥路 見妙花水 悅
之欲入 謂亡人曰 我見仙溪 汝入是湯 護持
指路 善簿童子 惡簿童子 監齋使者 直符使
者 追魂使者 注魂使者 黃川引路 五位使者
年直使者 月直使者 日直使者 時直使者 諸
地獄 官典使者 諸位馬直使者 府吏使者 護
法善神 土地靈祇等衆 各並眷屬 惟願承 三
寶力 仗秘密語 今夜(日)今時 來臨法會 受
此供養 (三說)
향화청(香花請) (三說) 가영(歌詠)
來往群官持路頭 黃泉風景卽仙遊 行人不
識桃源洞 只說香葩泛水流 故我一心歸命
頂禮
(이상 중단 已上 中壇)
一心奉請 先正自身 考理萬條 不錯一事 不
義之聲 不入王耳 第一秦廣大王 案列從官

寺) 開置冥司十王道場 約 一夜揚幡發牒
結界建壇 式遵科儀 特俗冥錢香花燈燭茶
果珎食供養之儀 謹持黃道 召請法報化三
身諸佛 地藏大聖 六光菩薩 應化天曹 道明
無毒 一切聖賢等衆 謹具稱揚 迎請于后
各位上 一心奉請清淨法身 毗盧遮那佛 圓
滿報身 盧舍那佛 千百億化身 釋迦牟尼佛
圓成悲智大聖 地藏菩薩 咸登覺位 證法度
生 六光菩薩 興非降迹 應化三身 六大天曹
立大誓願 助佛揚化 道明尊者 發弘誓願
助揚眞化 無毒鬼王 釋梵二主 四天王衆
右伏以佛恩周庇 不違有感之心 法力難思
能濟無邊之衆 伏乞覺天金相 慈光普照於
凡情 空界眞靈 威德感通 於此地 今修淨供
望賜哀怜 出定光臨 和南謹疏 仰惟大覺證
明 謹疏(年月日上同)

召請冥位疏
修設冥司勝會所
切以智增靈明 不處天宮而利物 悲心弘廣
常居地府而化生 以四相如乎四心 以十王
如乎十地 殿前酷獄 愍衆生造業 而來案側
善童錄含識修福而往 鑑明善惡 總現無遺
是晨卽有朝鮮國(某處某人) 伏爲現增福
壽 當生淨刹之願 預修十王生七之齋 謹命
秉法闍梨 及法事僧一壇 以今月(某日) 就
於(某寺) 開置冥司十王道場 約一夜揚幡
發牒 結界建壇 謹遵科式 特俗冥錢香花燈
燭茶果珎食供養之儀 謹持黑道 召請冥府
十王 六曹官典 百司宰執 億千眷屬 十八部
官 牛頭馬面 阿旁卒吏 不知名位一切神祇
等衆 伏願同臨道場 普霑妙供 謹具冥銜
開列于后
各位上 一心奉請 諸冥王衆 諸獄王衆 諸判
官衆 諸鬼王衆 諸將軍衆 諸阿旁衆 諸童子

判官鬼王 二符四直 監齋直符 泰山柳判官
泰山周判官 都句宋判官 大陰夏候判官 那
利失鬼王 惡毒鬼王 負石鬼王 大錚鬼王 注
善童子 注惡童子 年直使者 月直使者 日直
使者 時直使者 監齋使者 直符使者等衆 各
並眷屬 惟願承 三寶力 仗秘密語 今夜(日)
今時 來臨法會 受此供養 (三說)

향화청(香花請) (三說) 가영(歌詠)

敬衛庭前鈐戟橫 此王僚佐盡賢良 一宮灑
掃先從外 豈與無辜枉不殃 故我一心歸命
頂禮

一心奉請 不義取財 君子不爲 臣如割民 天
子之咎 直諫於王 罰食使者 第二初江大王
案列從官 判官鬼王 二簿四直 監齋直符 泰
山王判官 泰山宋判官 都推盧判官 泰山楊
判官 上元周將軍 那利失鬼王 三目鬼王 血
虎鬼王 多惡鬼王 注善童子 注惡童子 年直
使者 月直使者 日直使者 時直使者 監齋使
者 直符使者等衆 各並眷屬 惟願承 三寶力
仗秘密語 今夜(日)今時 來臨法會 受此供養
(三說)

향화청(香花請) (三說) 가영(歌詠)

左右無非是正人 肅然行政絶囂塵 赤身奪
暖民休哭 到此門前有諫臣 故我一心歸命
頂禮

一心奉請 世間痴人 費食促命 誠罪人日 念
食來處 可除放逸 第三宋帝大王 案列從官
判官鬼王 二符四直 監齋直符 泰山河判官
司命判官 司錄判官 泰山舒判官 泰山柳判
官 下元唐將軍 白虎鬼王 赤虎鬼王 那利失
鬼王 注善童子 注惡童子 年直使者 月直使
者 日直使者 時直使者 監齋使者 直符使者
等衆 各並眷屬 惟願承 三寶力 仗秘密語 今
夜(日)今時 來臨法會 受此供養 (三說)

향화청(香花請) (三說) 가영(歌詠)

衆 諸卒吏衆 不知名位等衆 右具如前 伏乞
冥府官曺一切聖賢等衆 希降聖慈 望垂靈
造 上禀如來之勅 下愍檀信之心 早布龍旌
速排鳳輦 毋賜叱阻 卒領徒衆 願赴聖壇
廣施妙用 僧某冒犯冥威 無任懇禱激切之
至 具狀伸聞 伏祈聖鑑 謹疏(年月日上同)

修設冥司勝會緘合疏

據娑婆世界(云云) 齋者(某人) 伏爲現增福
壽 當生淨利之願 就於(某寺) 以今月(某
日) 預修十王生(七前)之齋 謹命秉法闍梨
一員 及法事僧(幾員) 約一夜揚幡發牒 結
界建壇 式遵科儀 嚴脩壽生貧欠之錢 廣列
香花珎羞之味 上供十方聖賢之尊 中供十
王冥府之衆 下及各位案列諸司 次至庫司
壇前 普召十二生相諸位聖聽 天曺眞君 地
府眞君 本命元神 本命星官 善部童子 惡部
童子 宅神土地 五道將軍 家大王 水草將軍
祿官 財祿官 衣祿官 食祿官 錢錄官 命祿
官 本庫官 廣布法食 脩諸香花 一一奉獻
一一供養 切以一眞凝寂 物我無形 元氣肇
分 乃有方位之界 妄明忽起 仍玆壽生之差
今夫(某氏某生) 齋者曾於第(某)庫(某)司
君前 禀受人身之時 貸欠冥間之錢(幾貫)
金剛般若經(幾卷) 已於本命 聖聽納於本
庫 生於人間 貧富貴賤 修短苦樂 各得其所
以自受用 而 今所欠冥錢(幾貫幾卷) 脩數
准卷 還納第(某) 庫(某)司君前 幸乞納受
第恨無力 不得脩數 惟承佛力 仗法加持
以僞爲眞 以無爲有 變成金銀之錢 一爲無
量 無量爲一 一多無碍 事理相融 遍滿利海
之中 我以如是 諸佛法力 悉令具足 伏祈聖
聽照察領納 緘合者謹疏
年月日秉法沙門

拈匙先念食之功 粒粒來從佛血中 況有耕
夫當夏日 汗流田土喘無風 故我一心歸命
頂禮

一心奉請 見賢思齊 各守淸白 不貪爲寶 第
四五官大王 案列從官 判官鬼王 二符四直
監齋直符 泰山蕭判官 泰山勝判官 諸司檢
符判官 司曹襃判官 飛身鬼王 那利叉判官
電光鬼王 注善童子 注惡童子 年直使者 月
直使者 日直使者 時直使者等衆 各並眷屬
惟願承 三寶力 仗秘密語 今夜(日)今時 來
臨法會 受此供養 (三說)

향화청(香花請) (三說) 가영(歌詠)

若將珍物落人情 父子相讎拔劍爭 惟有聖
王賢內署 臨財揖讓濟群生 故我一心歸命
頂禮

一心奉請 上下平均 盡力佐王 三界物望 皆
歸於王 第五閻羅大王 案列從官 判官鬼王
二符四直 監齋直符 泰山洪判官 注死馮判
官 都司曹判官 惡福趙判官 儀同三司崔判
官 千照鬼王 唱獸鬼王 狼牙鬼王 大那利叉
鬼王 注善童子 注惡童子 年直使者 月直使
者 日直使者 時直使者等衆 各並眷屬 惟願
承 三寶力 仗秘密語 今夜(日)今時 來臨法
會 受此供養 (三說)

향화청(香花請) (三說) 가영(歌詠)

上水澄澄下派淸 鏡懸千古映分明 邈然海
岳歸王化 自是諸賢佐太平 故我一心歸命
頂禮

一心奉請 念彼貧人 瀝血之誠 供雖不淨 陋
巷非時 勸王赴請 第六變成大王 案列從官
判官鬼王 二符四直 監齋直符 功曹鄭判官
法曹胡利判官 泰山屈利判官 太陰注失判
官 主禍鬼王 主耗鬼王 主食鬼王 阿那咤鬼
王 注善童子 注惡童子 年直使者 月直使者
日直使者 時直使者 監齋使者 直符使者等

衆 各並眷屬 惟願承 三寶力 仗秘密語 今夜
(日)今時 來臨法會 受此供養 (三說)
향화청(香花請) (三說) 가영(歌詠)
用儀清平在得賢 共評公道奏王前 寧將勝
氣凌孤弱 哀念貧兒一紙錢 故我一心歸命
頂禮
一心奉請 恒沙世界 一時同請 一一普應 如
月印海 第七泰山大王 案列從官 判官鬼王
二符四直 監齋直符 泰山五道屈判官 泰山
黃判官 泰山薛判官 掌印判官 掌算判官 主
財判官 大阿那吒鬼王 主畜鬼王 主禽鬼王
注善童子 注惡童子 年直使者 月直使者 日
直使者 時直使者 監齋使者 直符使者等衆
各並眷屬 惟願承 三寶力 仗秘密語 今夜(日)
今時 來臨法會 受此供養 (三說)
향화청(香花請) (三說) 가영(歌詠)
萬國千邦向一時 分身百億應無虧 盛朝際
會何煩問 臣庶來從聖化儀 故我一心歸命
頂禮
一心奉請 不進不退 奉王以道 各履中庸 第
八平等大王 案列從官 判官鬼王 二符四直
監齋直符 功曹司甫判官 泰山凌判官 泰山
陸判官 主産鬼王 主獸鬼王 主魅鬼王 注善
童子 注惡童子 年直使者 月直使者 日直使
者 時直使者 監齋使者 直符使者等衆 各並
眷屬 惟願承 三寶力 仗秘密語 今夜(日)今
時 來臨法會 受此供養 (三說)
향화청(香花請) (三說) 가영(歌詠)
數進如斯退卽忠 事君難得古淳風 此門別
學清平調 緩急齋彈一曲中 故我一心歸命
頂禮
一心奉請 罪人出獄 勸善送之 造惡復來 愍
誡頑痴 第九都市大王 案列從官 判官鬼王
二符四直 監齋直符 六曹皇甫判官 府曹陳
判官 泰山胡判官 泰山董判官 泰山熊判官

主命判官 五目鬼王 主疾鬼王 主陰鬼王 注
善童子 注惡童子 年直使者 月直使者 日直
使者 時直使者 監齋使者 直符使者等衆 各
並眷屬 惟願承 三寶力 仗秘密語 今夜(日)
今時 來臨法會 受此供養 (三說)

향화청(香花請) (三說) 가영(歌詠)

鐵杖金槌響似雷 劍牙蛇口向人開 此方不
是安身處 寧負誠言去復來 故我一心歸命
頂禮

一心奉請 不顧身勞 橫行火裡 爲諸衆生 立
大冥功 第十五道轉輪大王 案列從官 判官
鬼王 二符四直 監齋直符 泰山六曹判官 泰
山鄭判官 泰山趙判官 泰山鄔判官 泰山李
判官 時通卿判官 中元葛將軍 産殃鬼王 注
善童子 注惡童子 泰山府君 年直使者 月直
使者 日直使者 時直使者 監齋使者 直符使
者等衆 各並眷屬 惟願承 三寶力 秘仗密語
今夜(日)今時 來臨法會 受此供養 (三說)

향화청(香花請) (三說) 가영(歌詠)

火裡探湯自不傷 始知門客化非常 世間沐
雨梳風輩 空上凌烟轎短長 故我一心歸命
頂禮

一心奉請 惟佛所知 非我境界 事雖違規 不
記其過 大悲行化 七位靈官 難思難量 聖位
等衆 不知名位 諸判官等衆 不知名位 諸鬼
王等衆 不知名位 諸靈官等衆 不知名位 諸
地獄官典等衆 不知名位 諸使者等衆 不知
名位 一切眷屬等衆 惟願承 三寶力 秘仗密
語 今夜(日)今時 來臨法會 受此供養 (三說)

향화청(香花請) (三說) 가영(歌詠)

古來寃債起於親 莫若多生不識人 向我佛
門如廣濟 無緣眞箇大悲恩 故我一心歸命
頂禮

청부향욕편 제십오(請赴香浴篇 第十五)
切以 至明至聖之冥君 大權大化之臣僚 各
垂慈悲 同臨法會 大衆聲鈸 奉迎赴浴
정로진언(淨路眞言) 옴 소싯지 나자리다라 나
자리다라 모라다예 자라자라 만다만다 하나
하나 훔 바탁 (三說)
입실게(入室偈)
靜室燈明夜色幽 氷壺藻鑑瑞香浮 天行地
步諸神衆 來詣蘭湯擧錦幬

가지조욕편 제십육(加持澡浴篇 第十六)
詳夫 淨三業者 無越乎澄心 潔 萬物者 莫過
乎淸水 是以 謹嚴浴室 特備香湯 希 通力以
昭彰 愍精誠而納浴 下有沐浴之偈 大衆隨
言後和
목욕게(沐浴偈)
我今以此香湯水 灌浴一切十王衆 身心洗
滌令淸淨 證入眞空常樂鄕
옴 미마라 출제 사바하 (三說)

제성헐욕편 제십칠(諸聖歇浴篇 第十七)
헌수게(獻水偈)
今將甘露水 奉獻十王前 鑑察虔懇心 願垂
哀納受 願垂哀納受 願垂慈悲哀納受
헐욕게(歇浴偈)
以此香湯水 灌浴十王衆 願承法加持 普獲
於淸淨

출욕참성 제십팔(出浴參聖 第十八)
惟願 冥府十王 一切僚宰等衆 欲詣道場 先
參聖衆 請出香浴 速赴淨壇 今當專心 合掌
徐步前行 大衆無勞 再伸迎引
내림게(來臨偈)
冥間一十大冥王 能使亡靈到淨邦 願承佛
力來降臨 現垂靈驗坐道場

참례성중편 제십구(參禮聖衆篇 第十九)

謹白 冥府十王一切 僚宰等衆 卽受虔請 已
降道場 當除放逸之心 可發慇懃之意 投誠
千種 懇意萬端 想 三寶之難逢 傾 一心而信
禮 下有普禮之偈 大衆隨言後和

보례게(普禮偈)

稽首十方調御師 三乘五教眞如法 菩薩聲
聞緣覺衆 一心虔誠歸命禮

一心頂禮 南無盡虛空 遍法界 十方常住一
切 佛陀耶衆 惟願慈悲 受我頂禮

一心頂禮 南無盡虛空 遍法界 十方常住一
切 達磨耶衆 惟願慈悲 受我頂禮

一心頂禮 南無盡虛空 遍法界 十方常住一
切 僧伽耶衆 惟願慈悲 受我頂禮

오자게(五字偈)

爲利諸有情 令得三身故 淸淨身語意 歸命
禮三寶

헌좌안위편 제이십(獻座安位篇 第二十)

再白 冥府十王一切 僚宰等衆 旣淨三業 已
禮十方 逍遙自在離無垢 寂靜安閒而有樂
玆者 香燈互列 花果交陳 旣敷筵會以迎門
宜整容儀而就座 下有獻座之偈 大衆隨言
後和

헌좌진언(獻座眞言)

我今敬設寶嚴座 奉獻一切冥王衆 願滅塵
勞妄想心 速圓解脫菩提果

옴 가마라 승하 사바하 (三說)

다게(茶偈)

我今持此一椀茶 便成無盡甘露味 奉獻一
切冥府衆 願垂慈悲哀納受

기성가지편 제이십일(祈聖加持篇 第二十一)

切以 香燈耿耿 玉漏沈沈 正當普供十方 亦
可冥資三有 玆者 栴檀再爇 蘋藻交着 浴成

供養之周圓 須仗加持之變化 仰懇悲智 俯
賜證明
南無十方佛 南無十方法 南無十方僧
無量威德 自在光明勝妙力 變食眞言
나막 살바 다타 아다 바로기제 옴 삼바라
삼바라 훔 (三説)
시감로수진언(施甘露水眞言)
나무 소로바야 다타아다야 다냐타 옴 소로소
로 바라소로 바라소로 사바하 (三説)
일자수륜관진언(一字水輪觀眞言)
옴 밤 밤 밤밤 (三説)
유해진언(乳海眞言)
나무 사만다 못다남 옴 밤 (三説)

보신배헌편 제이십이(普伸拜獻篇 第二十二)
上來 加持已訖 變化無窮 願此香爲 解脱知
見 願此燈 爲 般若智光 願此水 爲 甘露醍醐
願此食 爲 法喜禪悦 乃至幡花互列 茶菓交
陳 卽世諦之莊嚴 成妙法之供養 慈悲所積
定慧所熏 以此香羞 特伸
배헌(拜獻)
上來 加持已訖 變化無窮 以此香羞 特伸供
養 香供養 燃香供養 燈供養 燃燈供養 茶供
養 仙茶供養 果供養 仙果供養 米供養 香米
供養 不捨慈悲 受此供養
가지게(加持偈)
以此加持妙供具 供養十方諸佛陀, 以此加
持妙供具 供養十方諸達磨, 以此加持妙供
具 供養十方諸僧伽, 以此加持妙供具 供養
地藏大聖尊, 以此加持妙供具 供養六光諸
菩薩, 以此加持妙供具 供養三身六天曹, 以
此加持妙供具 供養道明無毒尊, 以此加持
妙供具 供養梵釋諸天衆, 以此加持妙供具
供養護世四王衆, 以此加持妙供具 供養冥
府十王衆, 以此加持妙供具 供養泰山府君

衆, 以此加持妙供具 供養十八獄王衆, 以此
加持妙供具 供養判官鬼王衆, 以此加持妙
供具 供養將軍童子衆, 以此加持妙供具 供
養使者卒吏衆, 以此加持妙供具 供養不知
名位衆, 悉皆受供發菩提 施作佛事度衆生.
보공양진언(普供養眞言) 옴 아아나 삼바바 바
아라 훔 (三說)
보회향진언(普廻向眞言) 옴 삼마라 삼마라 미
만나 사라 마하 자가라 바라 훔 (三說)

공성회향편 제이십삼(供聖廻向篇 第二十三)
上來 修齋情旨 已具敷宣 恭望慈悲 俯垂照
鑑 伏願三界九有 念念證眞 六趣四生 新新
作佛 修齋施主 萬善莊嚴 受薦亡靈 九蓮化
往 風調雨順 國泰民安 佛日增輝 法輪常轉
然後願 堅窮三際 橫偏十方 等沐良緣 齋登
覺岸 念 十方三世 一切諸佛 諸尊菩薩摩訶
薩 摩訶般若波羅蜜

소청고사판관편 제이십사(召請庫司判官篇 第
二十四)
거불(擧佛)
南無十方常住佛, 南無十方常住法, 南無十
方常住僧
금은전이운(金銀錢移運)
이운게(移運偈)
造成錢山山鏡秀 奉獻冥府十王前 案列從
官庫司衆 受此虔誠大因緣
(引導出 三摩訶聲 打鈸引於庫司壇前삼마
하성의 인도에 따라 바라를 울리면서 고사단
앞에 이른다.)
나무마하반야바라밀(南無摩訶般若波羅蜜)
(三說)
봉헌헌전게(奉獻獻錢偈)
紙造錢山兼備數 獻上閻羅列聖前 從官庫

司眷屬等 不捨慈悲哀納受

헌전진언(獻錢眞言) 옴 아자나 훔 사바하 (三
說)

경함이운(經函移運)

妙法何須別處討 花花草草露全機 人人不
識圓珠在 也使能仁捲蔽衣

동경게(動經偈)

珠爲山珍登淨案 藥因療病瀉禁兵 大乘法
力難思議 若薦亡靈轉此經

진령게(振鈴偈)

以此振鈴伸召請 庫司諸君願遙知 願承三
寶力加持 今日今(夜)時來赴會

유치(由致)

切以 閻羅而下 相次十王 各位部署 慮條而
爲治化 乃至分司列職 僚宰諸臣 咸悉備焉
恭惟庫司判官 靈機不測 妙慧難思 上奉冥
界之錢財 下昭人間之壽生 出內取與 不遺
毫髮 由是備諸珍饌 嚴列冥錢 至心懇意 以
伸供養 伏願各運懽忻之意 咸赴法筵之壇
仰表一心 先陳三請

一心奉請 威風凜烈 靈鑑照彰 明察人間 眞
妄是非 本命元神 列局諸曹 第某庫 曹官司
君 並從眷屬 唯願承三寶力 降臨道場 受此
供養 (三說)

향화청(香花請) (三說) 가영(歌詠)

司君位寄閻羅下 明察人間十二生 錢財領
納無私念 靈鑑昭彰利有情 故我一心歸命
頂禮

보례삼보편 제이십오(普禮三寶篇 第二十五)
謹白 庫官等衆 旣受虔請 已降香壇 當除放
逸之心 可發慇懃之意 投誠千種 懇意萬端
想 三寶之難逢傾 一心而信禮 下有普禮之
偈 大衆隨言後和

보례삼보(普禮三寶)

普禮十方無上尊 五智十神諸佛陀 (一拜), 普禮十方離欲尊 五教三藏諸達/摩 (一拜), 普禮十方中衆尊 三乘四果諸僧伽 (一拜)

普禮酆都大帝衆 (一拜), 普禮十王府君衆 (一拜), 普禮判官鬼王衆 (一拜)

법성게(法性偈 云云)

수위안좌편 제이십육(受位安座篇 第二十六)

切以 信心有感 情誠必應於神聰 靈鑑無私 部馭已臨於勝會 如是靈馭 已降道場 大衆 虔誠 諷經安座

반야심경(般若心經 云云)

다게(茶偈)

今將甘露茶 奉獻庫司前 鑑察虔懇心 願垂慈悲哀納受

제위진백편 제이십칠(諸位陳白篇 第二十七)

謹白 闔堂聖衆 今夜(日)今時 虔伸召請 諒垂慈悶 特降香筵 乃緣世俗之相傳 排列寶位之坐次 實慮 尊卑錯序 各位差殊 蓋爲凡流 不知高下 伏望擔鑑 次第就座 各賜寬容 矜恤誠虔 欣受供養 無任懇禱 激切之至

욕건만나라선송(欲建曼拏羅先誦)

정법계진언(淨法界眞言) 옴 남 (七×三說)

다게(茶偈)

我今諷誦秘密呪 流出無邊廣大供 普供無盡三寶前 願垂慈悲哀納受

가지변공편 제이십팔(加持變供篇 第二十八)

(上壇)

切以 淨壇旣設 香供斯陳 微塵之刹在前 滿月之容降會 栴檀再爇 蘋藻交陳 欲成供養之周圓 須仗加持之變化 仰惟三寶 特賜加持

南無十方佛 南無十方法 南無十方僧

무량위덕자재광명승묘력변식진언(無量威
德自在光明勝妙力變食眞言) 나막 살바 다타 아
다 바로기제 옴 삼바라 삼바라 훔 (三說)

시감로수진언(施甘露水眞言) 나무 소로바야
다타아다야 다냐타옴 소로소로 바라소로 바
라소로 사바하 (三說)

일자수륜관진언一字水輪觀眞言 옴 밤 밤 밤밤
(三說)

유해진언乳海眞言 나무 사만다 못다남 옴 밤
(三說)

오공양(五供養)

上來 加持已訖 供養將進 以此香羞 特伸供
養 香供養 燃香供養 燈供養 燃燈供養 茶供
養 仙茶供養 果供養 仙果供養 米供養 香米
供養 不捨慈悲 受此供養

가지게(加持偈)

以此加持妙供具 供養十方諸佛陀, 以此加
持妙供具 供養十方諸達磨, 以此加持妙供
具 供養十方諸僧伽, 以此加持妙供具 供養
地藏大聖尊, 以此加持妙供具 供養六光諸
菩薩, 以此加持妙供具 供養三身六天曹, 以
此加持妙供具 供養道明無毒尊, 以此加持
妙供具 供養梵釋諸天衆, 以此加持妙供具
供養護世四王衆, 悉皆受供發菩提 施作佛
事度衆生

보공양진언(普供養眞言) 옴 아아나 삼바바 바
아라 훔 (三說)

보회향진언(普廻向眞言) 옴 삼마라 삼마라 미
만나 사라 마하 자가라 바라 훔 (三說)

능엄주(楞嚴呪 云云)

불설소재길상다라니(佛說消災吉祥陀羅尼)
나모 사만다 못다남 아바라디 하다사 사나남
다냐타 옴 카카 카혜 카혜 훔훔 아바라 아바
라 바라아바라 바라아바라 지따지따 디리디

리 빠다빠다 션디가 시리예 사바하 (三說)
원성취진언(願成就眞言) 옴 아모카 살바다라
사다야 시베 훔 (三說)
보궐진언(補闕眞言) 옴 호로 호로 사야 모케
사바하 (三說)
축원(祝願)
중단권공(中壇勸供)
욕건만나라선송(欲建曼拏羅先誦)
정법계진언(淨法界眞言) 옴 남 (七×三說)
다게(茶偈)
我今化出百千手 各執香花燈茶果 奉獻冥
間大會前 願垂慈悲哀納受

가지변공편 제이십구(加持變供篇 第二十九)
切以 香燈耿耿 玉漏沈沈 今當上供 大聖之
尊 亦可次獻 冥王之衆 玆者 重伸激切 再爇
茗香 欲求供養之周圓 須仗加持之變化 仰
惟三寶 俯賜證明
南無十方佛 南無十方法 南無十方僧
無量威德自在 光明勝妙力 變食眞言 나막
살바 다타 아다 바로기제 옴 삼바라 삼바라
훔 (三說)
시감로수진언(施甘露水眞言) 나무 소로바야
다타아다야 다냐타옴 소로소로 바라소로 바
라소로 사바하 (三說)
일자수륜관진언(一字水輪觀眞言) 옴 밤 밤 밤
밤 (三說)
유해진언(乳海眞言) 나무 사만다 못다남 옴
밤 (三說)
오공양(五供養)
上來 加持已訖 供養將進 以此香羞 特伸供
養 香供養 燃香供養 燈供養 燃燈供養 茶供
養 仙茶供養 果供養 仙果供養 米供養 香米
供養 不捨慈悲 受此供養
가지게(加持偈)

以此加持妙供具 供養酆都大帝尊, 以此加
持妙供具 供養十王冥府衆, 以此加持妙供
具 供養泰山府君衆, 以此加持妙供具 供養
十八獄王衆, 以此加持妙供具 供養諸位判
官衆, 以此加持妙供具 供養諸位鬼王衆, 以
此加持妙供具 供養將軍童子衆, 以此加持
妙供具 供養衙內從官衆, 以此加持妙供具
供養使者卒吏衆, 以此加持妙供具 供養不
知名位衆, 悉皆受供發菩提 永離一切諸惡
道

보공양진언(普供養眞言) 옴 아아나 삼바바 바
아라 훔 (三說)

보회향진언(普廻向眞言) 옴 삼마라 삼마라 미
만나 사라 마하 자가라 바라 훔 (三說)

금강심진언(金剛心眞言) 옴 오륜이 사바하
(三說)

원성취진언(願成就眞言) 옴 아모카 살바다라
사다야 시베 훔 (三說)

보궐진언(補闕眞言) 옴 호로 호로 사야 모케
사바하 (三說)

탄백(歎白)

地藏大聖威神力 恒河沙劫說難盡 見聞瞻
禮一念間 利益人天無量事

반야심경(般若心經 云云) (三說)

화청중단축원(和請 中壇祝願)

가지변공편 제삼십(加持變供篇 第三十)

香羞羅列 齋者虔誠 欲求供養之周圓 須仗
加持之變化 仰惟三寶 特賜加持

南無十方佛 南無十方法 南無十方僧

無量威德 自在光明勝妙力 變食眞言 나막
살바 다타 아다 바로기제 옴 삼바라 삼바라
훔 (三說)

시감로수진언(施甘露水眞言) 나무 소로바야
다타아다야 다냐타옴 소로소로 바라소로 바

268

라소로 사바하 (三說)

일자수륜관진언(一字水輪觀眞言) 옴 밤 밤 밤 밤 (三說)

유해진언(乳海眞言) 나무 사만다 못다남 옴 밤 (三說)

오공양(五供養)

上來 加持已訖 供養將進 以此香羞 特伸供養 香供養 燃香供養 燈供養 燃燈供養 茶供養 仙茶供養 果供養 仙果供養 米供養 香米供養 不捨慈悲 受此供養

가지게(加持偈)

以此加持妙供具 供養天曹地府君, 以此加持妙供具 供養本命星祿衆, 以此加持妙供具 供養善惡童子衆, 以此加持妙供具 供養宅神將軍衆, 以此加持妙供具 供養家宅大王衆, 以此加持妙供具 供養水草將軍衆, 以此加持妙供具 供養福祿財祿衆, 以此加持妙供具 供養食祿命祿衆, 以此加持妙供具 供養本庫星官衆, 虔誠拜獻妙供具 不捨慈悲受此供

보공양진언(普供養眞言) 옴 아아나 삼바바 바아라 훔 (三說)

보회향진언(普廻向眞言) 옴 삼마라 삼마라 미만나 사라 마하 자가라 바라 훔 (三說)

탄백(嘆白)

司君位寄閻羅下 明察人間十二生 錢財領納無私念 靈鑑昭彰利有情

함합소(緘合疏)

피봉식(皮封式)

召請文疏 拜獻 冥府十王等衆 釋迦如來 遺教弟子 奉行加持 秉法沙門 某謹封

수설명사승회소(修說冥司勝會)

據 娑婆世界 南贍部洲 海東 大韓民國 某居住齋者 某人伏爲 現增福壽 當生淨刹之願 就於某寺 以 今月某日 預修十王生七之齋

謹命秉法闍梨一員 及 法事僧幾員 約一夜
(日) 揚幡發牒 結界建壇 式遵科儀 嚴備壽
生 貸欠之錢 廣列香花珍羞之味 上供十方
聖賢之尊 中供十王冥府之衆 下及各位案
列諸司 次至庫司壇前 普召十二生相諸位
聖聰 天曹眞君 地府眞君 本命元神 本命星
官 善部童子 宅神土地 五道將軍 家竈大王
水草將軍 福祿官 財祿官 衣祿官 食祿官 錢
祿官 命祿官 本庫官 廣布法食 備諸香花 一
一奉獻 一一供養 切以 一眞凝寂 物我無形
一氣肇分 乃有方位之界 妄明忽起 仍玆壽
生之羞 今夫某生某齋者 曾於第某庫某司
君前 稟受人身之時 貸欠冥間之錢某貫 壽
生經 金剛經 某卷 已於本命 聖聰前 納於本
庫 生於人間 貧富貴賤 修短苦樂 各得其所
以自受用 而今所欠冥錢 某貫 金剛經 某卷
備數準備 還納 第 某庫 某司君前 幸乞納受
第恨無力 不得備數 惟承佛力 仗法加持 以
僞爲眞 以無爲有 變成金銀之錢 一爲無量
無量爲一 一多無碍 事理雙融 遍滿刹海之
中 我以如是 諸佛法力 悉令具足 伏祈聖聰
照察領納 緘合者 謹疏
佛紀 ○年 ○月 ○日 秉法沙門 某謹疏
할수재자축원(割授齋者 祝願)
마고단권공(馬廐壇勸供)
변식진언(變食眞言) 나막 살바 다타 아다 바
로기제 옴 삼바라 삼바라 훔 (三七遍)
운심공양진언(運心供養眞言)
願此淸淨妙供饌 供養幽冥神馬衆 受此妙
供大因緣 速離本趣生善道
나막 살바 다타 아제백미 새바 모케배약 살바
타캄 오나아제 바라혜맘 옴 아아나캄 사바하
(三說)
보공양진언(普供養眞言) 옴 아아나 삼바바 바
아라 훔 (三說)

보회향진언(普廻向眞言) 옴 삼마라 삼마라 미
만나 사라 마하 자가라 바라 훔 (三說)

공성회향편 제삼십일(供聖廻向篇 第三十一)
上來 普集大衆 諷誦大悲陀羅尼 諸部神呪
加持淨饌 供養地藏菩薩 六光菩薩 六大天
曹 梵釋四王 酆都大帝爲首 十殿冥王 冥府
等衆 諷誦金剛經 壽生經 圓滿功德 將此殊
因 普皆廻向 修齋施主 及諸有情 現增福壽
當生淨土 所求如願 一一成就 終智頓明 俱
成正覺
십념(十念)
清淨法身毘盧遮那佛　　圓滿報身盧舍那佛
千百億化身釋迦牟尼佛 九品導師阿彌陀佛
當來下生彌勒尊佛 十方三世一切諸佛 十
方三世一切尊法 大智文殊舍利菩薩 大行
普賢菩薩 大悲觀世音菩薩 大願本尊地藏
菩薩 諸尊菩薩摩訶薩 摩訶般若波羅蜜

경신봉송 제삼십이(敬伸奉送篇 第三十二)
上來 法筵告罷 能事已圓 欲伸發遣之儀 須
謝降臨之慶 伏願幡花分道 俱還起於淨筵
樓閣乘空 並各歸於眞界 我今奉送聖人 有
偈當以宣揚 請諸大衆 異口同音 隨我今說
奉送地藏六光尊 拔苦與樂度衆生, 奉送道
明無毒尊 助揚眞化利有情, 奉送應化六天
曹 大權示迹濟衆生, 奉送梵釋四王衆 實報
酬因利人間, 奉送國王龍神衆 各離邪見得
佛身, 奉送酆都大帝衆 廻向菩提無上果 , 奉
送十殿冥王衆 速證如來正法身, 奉送判官
鬼王衆 各離業道證菩提, 奉送庫官司君衆
悉發菩提得三昧, 奉送將軍童子衆 悉除熱
惱得清凉, 奉送使者諸眷屬 遠離憂患常安
樂, 我於他日建道場 不違本誓還來赴
上來 施食諷經 念佛功德 離妄緣耶 不離妄

緣耶 離妄緣則 極樂佛刹 任性逍遙 不離妄
緣則 且聽山僧 末後一偈 四大各離如夢中
六塵心識本來空 欲識佛祖回光處 日落西
山月出東

십념(十念)

淸淨法身毘盧遮那佛　圓滿報身盧舍那佛
千百億化身釋迦牟尼佛 九品導師阿彌陀佛
當來下生彌勒尊佛 十方三世一切諸佛 十
方三世一切尊法 大智文殊舍利菩薩 大行
普賢菩薩 大悲觀世音菩薩 大願本尊地藏
菩薩 諸尊菩薩摩訶薩 摩訶般若波羅蜜
願往生 願往生 往生極樂見彌陀 獲蒙摩頂
授記別, 願往生 願往生 願在彌陀會中坐 手
執香華常供養, 願往生 願往生 往生華藏蓮
華界 自他一時成佛道

소전진언(燒錢眞言) 옴 비로기제 사바하 (三
說)

상품상생진언(上品上生眞言) 옴 마리다리 훔
훔 바탁 사바하 (三說)

봉송진언(奉送眞言) 옴 바아라 사다 목차목
(三說)

파산게(罷散偈)

火湯風搖天地壞　寥寥長在白雲間　一聲揮
破金城壁　但向佛前七寶山

화재수용편 제삼십삼(化財受用篇 第三十三)
復以無上秘密之言　加持冥財　願此一財爲
多財 以多財爲無盡之財 用充本庫 受用無
窮 下有化財之偈 大衆隨言后和

화재게(化財偈)

願諸佛以神通力　加持冥財遍法界　願此一
財化多財　普遍冥府用無盡

소전진언(燒錢眞言)

나무 사만다 못다남 옴 바자나 비로기제 사바
하 (三說)

헌전진언(獻錢眞言) 옴 아자나 훔 사바하 (三
說)

봉송명부편 제삼십사(奉送冥府篇 第三十四)
上來召請 諸大聖衆 陰府靈官 不捨慈悲 已
赴請筵 特賜降臨 受沾供養 饒益我等 能事
已圓 今當奉送 各還本位 我佛有 奉送多羅
尼 謹當宣念

단에 올린 물건을 태울 때 다음 게송을 외운
다.

十殿兀兀還本位 判官扈從歸各店 童子徐
徐次第行 使者常常行次到 奉送冥府禮拜
間 錢爲燒盡風吹歇 消災降福壽如海 永脫
客塵煩惱焰

소재주 후 봉송진언을 하고 삼보불패와 삼신
번등을 태울 때 다음 게송을 외운다.

十方諸刹海 莊嚴悉圓滿 願須歸淨土 哀念
忍界人

보신회향편 제삼십오(普伸廻向篇 第三十五)
上來勝會 並已周圓 凡聖歡喜 共樂無爲之
化 檀那慶讚 同彰有德之名 存亡眷屬 皆安
隨喜 助緣俱利 有如斯 難逢難遇之德 獲 如
斯大慶大幸之恩 大衆虔誠 奉辭聖衆 一心
稽首 用伸廻向 歸依三寶竟 所作諸功德 施
一切有情 皆共成佛道

南無 歡喜藏摩尼寶積佛 (一拜), 南無 圓滿藏
菩薩摩訶薩 (一拜), 南無 廻向藏菩薩摩訶薩
(一拜)

회향게 (廻向偈)

普願衆生苦輪海 摠令除熱得淸凉 皆發無
上菩提心 同出愛河登彼岸

찾아보기

278

승범(곽성영)

경남 밀양 출생.

2005년 밀양 광제사 만진 스님을 은사로 출가하였다.

동국대학교 한국음악과(불교무용 전공)를 졸업하고, 동대학 불교문화대학원에서 불교예술학 석사, 동방문화대학원대학교에서 불교문예학 박사학위를 취득하였다.

한국불교태고종 경남종무원 사회국장 및 교육국장을 역임하였으며, 현재 한국불교태고종 해광사 주지 소임을 맡고 있다.

생전예수재 연구

초판 1쇄 인쇄 2020년 4월 1일 | 초판 1쇄 발행 2020년 4월 10일
지은이 승범 | 펴낸이 김시열
펴낸곳 도서출판 운주사

(02832) 서울시 성북구 동소문로 67-1 성심빌딩 3층
전화 (02) 926-8361 | 팩스 0505-115-8361
ISBN 978-89-5746-591-2 93220 값 18,000원
http://cafe.daum.net/unjubooks 〈다음카페: 도서출판 운주사〉